SPSS 在会计和财务管理中的应用

李金德　欧贤才　主　编

秦　晶　连　娟　黄蕙玲　副主编

清华大学出版社
北京

内 容 简 介

本书采用 SPSS 18.0 中文版，介绍了 SPSS 在财会类专业中的应用。全书共 9 个章节，主要内容包括数据录入、数据处理、数据文件管理、描述统计、t 检验、方差分析、相关分析、回归分析等基础统计分析模块以及非参数检验、聚类分析、判别分析、因子分析等高级统计分析模块。为了方便教学及读者自学，本书除了提供每个章节的演示案例数据外，还专门为读者录制了各个重要知识点的微课教学视频，因而是一本方便实用的 SPSS 学习教材。

除了主要面向财会类专业，本书还可以作为经济、市场营销及其他管理类专业本专科学生的统计分析课程教材，也可以作为财会类从业人员学习 SPSS 统计分析的参考书。

本书封面贴有清华大学出版社防伪标签，无标签者不得销售。
版权所有，侵权必究。举报：010-62782989，beiqinquan@tup.tsinghua.edu.cn。

图书在版编目(CIP)数据

SPSS 在会计和财务管理中的应用/李金德，欧贤才主编. —北京：清华大学出版社，2017（2022.8 重印）
ISBN 978-7-302-46609-3

Ⅰ.①S… Ⅱ.①李… ②欧… Ⅲ.①财务会计—统计分析—软件包 Ⅳ.①F234.4-39

中国版本图书馆 CIP 数据核字(2017)第 031312 号

责任编辑：吴艳华
装帧设计：杨玉兰
责任校对：周剑云
责任印制：朱雨萌

出版发行：清华大学出版社
网　　址：http://www.tup.com.cn, http://www.wqbook.com
地　　址：北京清华大学学研大厦 A 座　　邮　　编：100084
社 总 机：010-83470000　　邮　　购：010-62786544
投稿与读者服务：010-62776969, c-service@tup.tsinghua.edu.cn
质量反馈：010-62772015, zhiliang@tup.tsinghua.edu.cn
课件下载：http://www.tup.com.cn, 010-62791865

印 装 者：三河市龙大印装有限公司
经　　销：全国新华书店
开　　本：185mm×260mm　　印　张：14.75　　字　数：358 千字
版　　次：2017 年 3 月第 1 版　　印　次：2022 年 8 月第 8 次印刷
定　　价：45.00 元

产品编号：072623-02

前言

随着会计信息化的发展,对各类财务和会计数据的处理与分析成为财务管理与会计工作的核心内容。但长期以来,人们对财会数据的处理应用大多只停留在数据的常规处理与管理上,例如数据的采集、编码、分类、核验、运算以及数据文件的管理和数据指标的一般性描述,如样本量、最小值、最大值、平均值等,缺少对不同数据指标之间关系的推断统计与分析,因而不能发现财会数据指标之间的差异性和相关性,难以为企业财务决策提供更为科学有效的统计依据。在财会相关软件上,目前也多局限于 Excel、Access 数据库管理系统、VF(Visual Foxpro)数据库管理系统以及金蝶、用友等专业财务管理软件的应用,而 SPSS、Eviews 等统计分析软件的应用则非常匮乏。在现代社会,产品开发、市场研究与预测及投资管理等企业决策越来越依赖财务数据的分析,对财会数据的统计分析也越来越得到管理者的重视,这一趋势可以体现在市场研究专员、数据分析师、投资分析师、财务分析师和精算师等数据统计分析人才需求持续旺盛上。因此,财会专业学生及从业人员必须紧跟形势,学习掌握数据统计分析的基本原理和软件操作,提高自身数据统计分析技能,成为不仅会做账和管理数据,还会对数据进行统计分析并作出财务决策的高级财会人才。

SPSS(目前称为"PASW")是目前世界上应用最广泛的统计分析软件,具有功能强大、操作简单、界面友好等特点,普遍应用于经济学、管理学、社会学、心理学和教育学等社会科学领域。但目前财务管理、会计领域的 SPSS 应用方面的书籍还非常匮乏,这不利于财会专业学生数据统计分析技能的学习和提高。基于此,我们围绕财务管理和会计工作中常见的数据类型和统计分析工作内容,以 SPSS 18.0 中文版为操作软件,结合具体案例,详细地介绍 SPSS 各个主要功能模块的统计原理、操作步骤及结果解释。

本书主要包括以下几个方面的特点。

1. 贴近实战的数据和案例

本书的演示案例都是财务管理、会计工作经常涉及的数据处理与分析问题,案例所用的数据均来自公开资源的财务数据(少数为经济数据),因而针对性和实践性强。

2. 详细的"原理介绍+步骤演示+结果解释"

本书对每一个统计分析方法都先介绍其基本统计原理、公式,然后配以详细的 SPSS 操作步骤图示,最后对 SPSS 输出结果进行详细说明和解释,因而操作性和实用性强。

3. 配套的"案例数据+课后习题+视频教学"

本书每一章节的案例都有数据供读者自行练习,同时,每一章都有相应的课后习题和答案,此外,我们还在互联网上开设视频教学网址供读者观看学习,因而非常有利于读者的复习和自学。

本书编写人员均来自应用统计领域的一线教师,长期从事财务管理、会计学、市场营销和心理学等专业的 SPSS 统计分析课程教学工作,由广西民族大学李金德、广西大学行健文理学院欧贤才任主编,广西大学行健文理学院秦晶、广西大学行健文理学院连娟、广西大学行健文理学院黄蕙玲任副主编。具体分工如下:连娟负责第 1 章和第 2 章的编写;广西大学行健文理学院欧贤才负责第 3 章的编写;秦晶负责第 4 章和第 5 章的编写;黄蕙玲负责第 6 章和第 9 章的编写;李金德负责第 7 章和第 8 章的编写。全书由李金德统稿,并由李金德和欧贤才审校。

由于编写人员知识和经验所限,书中难免有错漏之处,恳请读者将发现的问题或有关意见和建议反馈给我们,以便我们进行更正和修订。我们的邮箱是 lijinde198526@126.com。此外,我们的案例数据以及视频教学下载网址为 http://www.tup.com.cn。

编 者

目录

第1章 SPSS 概述 1
1.1 SPSS 简介 2
1.2 SPSS 的安装与运行 3
1.2.1 SPSS 的版本及运行环境 3
1.2.2 SPSS 的安装 3
1.2.3 SPSS 的运行 3
1.3 SPSS 的主要窗口及菜单功能 4
1.3.1 SPSS 的主要窗口 4
1.3.2 SPSS 的菜单功能 8
1.4 SPSS 的系统设置 11
小结 13
思考与练习 14

第2章 数据的建立与管理 15
2.1 数据的建立 16
2.1.1 变量的属性 16
2.1.2 数据的直接录入 21
2.2 数据的打开与保存 27
2.2.1 外部数据的打开 27
2.2.2 SPSS 数据的保存 30
2.3 数据的管理 31
2.3.1 数据检验 31
2.3.2 数据的合并 36
2.3.3 数据的排序 41
2.3.4 选择个案 41
2.3.5 计算变量 44
2.3.6 变量值的重新编码 45
小结 49
思考与练习 49

第3章 描述统计 51
3.1 变量类型 52
3.1.1 按数据反映的测量水平划分 52

目 录

  3.1.2 按数据是否具有连续性划分 53
 3.2 统计量 54
  3.2.1 集中量数 54
  3.2.2 差异量数 55
 3.3 数据分布 56
  3.3.1 正态分布 56
  3.3.2 偏态分布 57
 3.4 频率分析的 SPSS 过程 57
  3.4.1 定类和定序变量描述 58
  3.4.2 定距和定比变量描述 63
 3.5 描述分析的 SPSS 过程 68
  3.5.1 标准分数 68
  3.5.2 描述分析的 SPSS 过程 69
 3.6 数据探索的 SPSS 过程 71
 3.7 交叉表分析的 SPSS 过程 75
 小结 79
 思考与练习 79

第 4 章 参数检验 81

 4.1 假设检验 82
  4.1.1 假设检验概述 82
  4.1.2 假设检验的小概率原理 83
  4.1.3 假设检验的基本步骤 83
 4.2 单样本 t 检验 84
  4.2.1 单样本 t 检验概述 84
  4.2.2 单样本 t 检验的步骤 84
  4.2.3 单样本 t 检验的 SPSS 过程 86
 4.3 两独立样本 t 检验 89
  4.3.1 两独立样本 t 检验概述 89
  4.3.2 两独立样本 t 检验的原理和步骤 89
  4.3.3 两独立样本 t 检验的 SPSS 过程 91
 4.4 两配对样本 t 检验 94
  4.4.1 两配对样本 t 检验的研究目的 94
  4.4.2 两配对样本 t 检验的原理和步骤 95
  4.4.3 两配对样本 t 检验的 SPSS 过程 96
 小结 98

目 录

　　思考与练习 99

第 5 章　方差分析 101

5.1　单因素方差分析 102
　　5.1.1　单因素方差分析的基本原理 102
　　5.1.2　单因素方差分析的基本步骤 104
　　5.1.3　方差齐性检验 104
　　5.1.4　多重比较检验 105
　　5.1.5　单因素方差分析的 SPSS 过程 106

5.2　多因素方差分析 113
　　5.2.1　多因素方差分析的基本原理 113
　　5.2.2　多因素方差分析的基本步骤 114
　　5.2.3　多因素方差分析的方法及应用概述 115
　　5.2.4　多因素方差分析的 SPSS 过程 116

5.3　协方差分析 122
　　5.3.1　协方差分析的基本原理 122
　　5.3.2　协方差分析需要满足的假设条件 123
　　5.3.3　协方差分析的 SPSS 过程 123

　　小结 129
　　思考与练习 129

第 6 章　非参数检验 131

6.1　非参数检验简介 132
　　6.1.1　非参数检验和参数检验的异同 132
　　6.1.2　非参数检验的优缺点 133
　　6.1.3　非参数检验的 SPSS 过程 133

6.2　卡方检验 134
　　6.2.1　卡方检验的一般原理 134
　　6.2.2　分布拟合检验 134
　　6.2.3　独立性检验 140

6.3　二项检验 144
　　6.3.1　二项检验的原理 144
　　6.3.2　二项检验的 SPSS 过程 144

6.4　两独立样本非参数检验 146
　　6.4.1　两独立样本非参数检验的一般原理 146
　　6.4.2　Mann-Whitney U 检验 147

目 录

  6.5 两相关样本非参数检验 149
    6.5.1 两相关样本非参数检验的一般原理 149
    6.5.2 符号检验 149
 小结 152
 思考与练习 152

第 7 章 相关分析 155

  7.1 散点图 156
    7.1.1 散点图概述 156
    7.1.2 散点图的 SPSS 过程 157
  7.2 简单线性相关 159
    7.2.1 Pearson 相关系数 160
    7.2.2 Spearman 等级相关 162
    7.2.3 Kendall 的 tau-b 系数 165
  7.3 偏相关分析 166
    7.3.1 偏相关概述 166
    7.3.2 偏相关的 SPSS 过程 167
 小结 169
 思考与练习 169

第 8 章 回归分析 173

  8.1 回归方程的构建步骤 174
  8.2 一元线性回归方程 175
    8.2.1 一元线性回归方程求解 175
    8.2.2 一元线性回归方程拟合度检验 176
    8.2.3 一元线性回归的 SPSS 过程 177
  8.3 多元线性回归方程 180
    8.3.1 多元线性回归方程求解 180
    8.3.2 多元线性回归方程拟合度检验 180
    8.3.3 多重共线性 182
    8.3.4 多元线性回归的 SPSS 过程 182
 小结 189
 思考与练习 189

第 9 章 部分高级分析方法 193

  9.1 聚类分析 194

  9.1.1 两步聚类 195
  9.1.2 K-均值聚类 197
  9.1.3 系统聚类 202
 9.2 判别分析 207
  9.2.1 判别分析概述 207
  9.2.2 判别分析的 SPSS 过程 208
 9.3 因子分析 214
  9.3.1 因子分析概述 214
  9.3.2 因子分析的 SPSS 过程 216
 小结 222
 思考与练习 222

参考文献 224

第 1 章
SPSS 概述

学习目标

- 了解 SPSS 软件的基本特点。
- 了解 SPSS 软件的安装过程。
- 熟悉 SPSS 的主要窗口及菜单功能。
- 掌握 SPSS 系统参数设置的步骤。

SPSS 软件是 IBM 公司推出的一款专业统计软件，是世界上最早的统计分析软件，也是目前世界范围内应用较为广泛的专业统计软件之一，在经济学、数学、统计学、物流管理、生物学、心理学、地理学、医疗卫生、体育、农业、林业和商业等各个领域都有广泛应用。SPSS 软件在全球约有 28 万家产品用户，世界上许多有影响的报纸杂志纷纷就 SPSS 的自动统计绘图、数据的深入分析、使用方便、功能齐全等方面给予了高度的评价与称赞。SPSS 软件在学术领域具有极高的信誉，在国际学术界有条不成文的规定，即在国际学术交流中，凡是用 SPSS 软件完成的计算和统计分析，可以不必说明算法。

SPSS 受到如此多用户的青睐，和其自身的优点密不可分：第一，操作简单。除了数据录入及部分语法命令程序需要键盘输入外，大多数操作可通过鼠标单击菜单栏完成。第二，无须编程。用户只需要了解基本的统计原理，不需要掌握各种统计算法，就可以轻松得到需要的统计分析结果。第三，功能强大。SPSS 提供了从简单的统计描述到复杂的多元统计分析方法，而且版本的更新还在不断地增加着新的功能模块。第四，兼容性强。SPSS 能够读取及输出多种格式的文件，还可以与很多程序实现完美对接。鉴于此，在众多的统计分析软件中，本书选择 SPSS 作为介绍的对象。

1.1　SPSS 简介

最初，SPSS 软件全称为 "Statistical Package for the Social Sciences"，即"社会科学统计软件包"，但是随着 SPSS 产品服务领域的扩大和服务深度的增加，SPSS 公司已于 2000 年正式将英文全称更改为"Statistical Product and Service Solutions"，即"统计产品与服务解决方案"，标志着 SPSS 的战略方向正在作出重大调整。现在 SPSS 统指 IBM 公司推出的一系列用于统计学分析运算、数据挖掘、预测分析和决策支持任务的软件产品及相关服务的总称，有 Windows 和 Mac OS 等版本。

SPSS 是由美国斯坦福大学的三位研究生 Norman H. Nie、C. Hadlai (Tex) Hull 和 Dale H. Bent 于 1968 年研究开发成功的，他们同时成立了 SPSS 公司，并于 1975 年在芝加哥设立了 SPSS 总部。2009 年 4 月，SPSS 公司推出其旗舰统计分析软件 SPSS 的新版本 SPSS 18.0 for Windows。该公司将软件名称及 Logo 改为红色 PASW Statistics 18.0，试图体现 SPSS 公司进入了新的发展阶段及软件功能，但这种更名让很多老用户不习惯，在用户中引起了争议。幸好 2009 年 9 月，IBM 公司宣布收购统计分析软件提供商 SPSS 公司，并没有延续原公司的更名计划。在 19.0 版中 IBM 公司又将软件的名称重新改为 IBM SPSS Statistics，Logo 及界面换成了蓝色。但应当说，18.0 版还是做得比较好的，公司从大量的客户反馈信息中提取有益的建议，并加入到该新版本中，因此，该版本继承了原有产品的特点及功能之外还增加了许多显著的新特性。虽然 SPSS 软件名字经历了变更，但其内容及功能还是一致的，因此本书采用的 18.0 版本还是统称为 SPSS 18.0。

SPSS 18.0 在数据管理、统计分析和可编程性方面增加了许多新的特性。除此之外，应用户的强烈要求，SPSS 18.0 还提供了新的图形选项以及 PDF 格式输出功能。如果用户使用了 Dimensions 软件用于调查研究，SPSS 同样能够直接导入和导出各种 Dimensions 数据模型。对于企业用户来说，SPSS 服务器不仅性能得到了加强，SPSS 用于预测企业服务，能够让企业内部的各个部门更有效地使用一致性的数据。

1.2 SPSS 的安装与运行

1.2.1 SPSS 的版本及运行环境

SPSS 软件经过 40 多年的发展，截止书稿完成时最高版本为 24.0 版，版本越新对电脑的配置要求也就越高。配置比较低的计算机，如 2007 年以前的计算机，建议用 13.0 版本。SPSS 软件在 17.0 版以后开始提供基本成熟的中文界面与输出结果，更加方便国人的使用，本书的编写基于使用度较为广泛的 SPSS 18.0 版本。

SPSS 18.0 版本还具有运行环境适应性强的优势，Windows、Mac 等都可以安装。SPSS 18.0 版本的安装与运行对电脑的内存及硬盘的要求是：内存应大于 512M，建议 1G 以上；硬盘的可用剩余空间应大于 800M，目前绝大多数电脑都能适配。

1.2.2 SPSS 的安装

SPSS 系统的安装途径有两种：对于 SPSS 软件的初学者来说，最主要的一种途径是购买正版的 SPSS 软件，通过光盘进行安装。SPSS 在 Windows 系统下的安装与其他软件并无太大差异，同样是在安装光盘上启动安装程序，然后按照界面的操作步骤指示进行操作即可。用户购买的正版软件有较为详细的安装说明，在此不做过多说明。另一种途径主要是针对有更高软件版本需求的高级软件用户，可以登录 IBM 公司的官方网站 http://www.ibm.com/analytics/cn/zh/technology/spss/#，提交试用申请，然后下载最新版本的 SPSS 产品免费试用版进行安装，但免费试用版有试用期限，在试用期限后需购买正版软件才能继续使用。

1.2.3 SPSS 的运行

1. SPSS 的运行模式

SPSS 的运行模式有以下三种。

1) 批处理模式

这种模式把已编写好的程序(语句程序)存为一个文件，提交给【开始】菜单上的 PASW18.0→Production Mode Facility 程序运行。

2) 完全窗口菜单运行模式

这种模式通过选择窗口菜单和对话框完成各种操作。与其他 Windows 软件操作方式大致相同，用户无须学会编程，简单易用。本书为初学者提供入门教程，采用"完全窗口菜单运行模式"。

3) 程序运行模式

这种模式是在语法窗口中直接运行编写好的程序或者在脚本窗口中运行脚本程序的一种运行方式。这种模式要求掌握 SPSS 的语句或脚本语言。

2. SPSS 的启动

依次选择【开始】→【程序】→SPSS Inc，在它的次级菜单中单击"PASW Statistics 18.0"即可启动 SPSS 软件，如图 1-1 所示，随之进入 SPSS 启动对话框，如图 1-2 所示。这个对话框是询问使用者将执行什么操作，如果我们想要打开最近打开过的文档，只需快捷地从【打开现有的数据源】列表框中直接双击打开这个数据即可。

图 1-1 SPSS 的启动

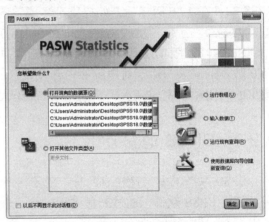

图 1-2 SPSS 启动对话框

如果你不想按照它引导的步骤执行，直接把该对话框关掉，随之数据的编辑窗口处于打开状态，我们将在后面呈现这个数据编辑窗口。当然，如果在电脑桌面上有快捷方式，可以直接双击打开 SPSS，这更符合一般人的习惯，这里不再演示过程。

3. SPSS 软件的退出

SPSS 软件的退出与其他 Windows 应用程序相同，有以下两种常用的退出方法。

(1) 选择数据编辑器窗口的【文件】→【退出】菜单命令退出程序。

(2) 直接单击 SPSS 窗口右上角的"关闭"按钮，回答系统提出的是否存盘的问题之后即可安全退出程序。

1.3 SPSS 的主要窗口及菜单功能

1.3.1 SPSS 的主要窗口

SPSS 软件运行过程中会出现多个界面窗口，各个界面窗口的用处及功能不同。其中，最主要的界面窗口有四个，即数据编辑窗口、结果输出窗口、脚本窗口和语法窗口。数据编辑窗口和结果输出窗口是最常用的两个。

第 1 章　SPSS 概述

1. 数据编辑窗口(SPSS Data Editor)

在用户启动 SPSS 后，关掉如图 1-2 所示的启动对话框后看到的窗口便是数据编辑窗口，如图 1-3 所示。在数据编辑窗口中，用户可以进行数据的录入、编辑以及变量属性的定义和编辑等操作，该窗口是 SPSS 的基本界面，主要由以下几部分构成：标题栏、菜单栏、工具栏、编辑栏、变量栏、观测序号、窗口切换标签和状态栏。

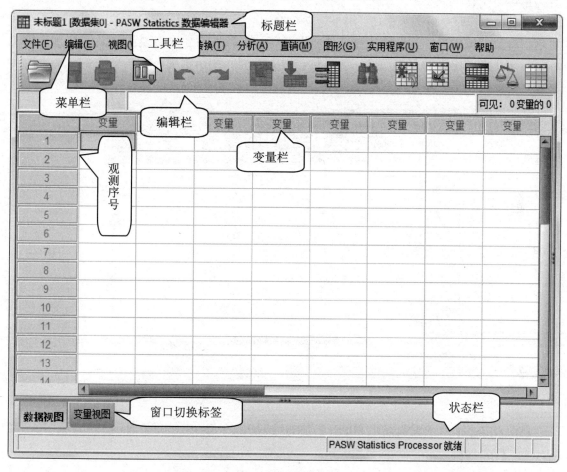

图 1-3　数据编辑窗口

(1) 标题栏：显示数据编辑的数据文件名称。

(2) 菜单栏：通过对这些菜单的选择，用户可以进行几乎所有的 SPSS 操作。关于菜单的详细操作步骤将在后续内容中分别介绍。

(3) 工具栏：为了方便用户操作，SPSS 软件把菜单项中常用的命令放到了【工具栏】里。当鼠标停留在某个工具栏按钮上时，会自动跳出一个文本框，提示当前按钮的功能。另外，如果用户对系统预设的工具栏不满意，也可以选择【视图】→【工具栏】→【设定】菜单命令对工具栏按钮进行自定义。

(4) 编辑栏：可以输入数据，以使它显示在内容区指定的方格里。

(5) 变量栏：列出了数据文件中所包含变量的变量名。无论怎样变动窗口的范围，变量栏上的变量始终保持出现在顶行上，相对于 Excel，这个功能较为人性化。

(6) **观测序号**：列出了数据文件中的所有观测值。观测的个数就是数据的样本容量，一个个案或被试就会占一个观测号。

(7) **窗口切换标签**：用于"数据视图"和"变量视图"的切换。

数据视图：即数据浏览窗口，用于样本数据的查看、录入和修改，每一行代表一个个案，每一列代表一个变量。

变量视图：即变量浏览窗口，用于定义数据的格式(如变量名、类型、宽度等)，如图 1-4 所示，将数据编辑器的视图切换至变量视图后每一行代表对一个变量的定义，每一列则代表定义该变量时用到的某种属性，如名称、数据类型、变量宽度、数据小数点位数、变量标签、变量值标签，等等。

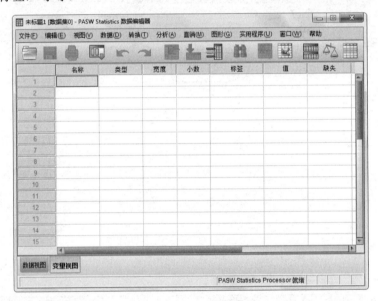

图 1-4　变量视图

(8) **状态栏**：用于说明显示 SPSS 当前的运行状态。SPSS 被打开时，将会显示"PASW Statistics Processor 就绪"的提示信息。

2. 结果输出窗口(SPSS Output Viewer)

在启动 SPSS 软件后用户对数据进行某项统计分析，结果输出窗口将被自动调出。在 SPSS 中，大多数统计分析结果都将以表和图的形式在结果观察窗口中显示，如图 1-5 所示。

结果输出窗口右侧显示统计分析结果；左侧是导航窗口，用来显示输出结果的目录，用户可以通过单击目录来展开右侧窗口中的统计分析结果。统计分析结果的利用也十分方便，可以直接复制粘贴至相应的文档中。需要注意的是，SPSS 结果输出窗口的文件与数据文件采取分别保存的形式，数据文件的格式为".sav"、结果输出文件的格式为".spv"。这样分成两种文件格式的方式方便了用户直接使用及查看相应的文件。和双击打开后缀名为".sav"的数据文件一样，用户也可以通过双击后缀名为".spv"的 SPSS 输出结果文件来打开该窗口。

系统默认的数据图表有时不能符合自己的个性化要求，SPSS 提供了对结果图表进行再编辑的功能，如果用户需要对结果进行编辑，可以通过双击图表对象或右击选择"编辑内容"，选中的图形会出现在"图表编辑器"中，如图 1-6 所示，此时便可以对选中的对象进行有目的的编辑了。

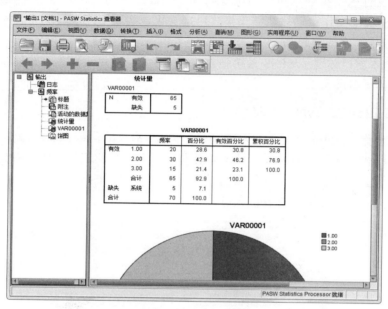

图 1-5　输出结果界面

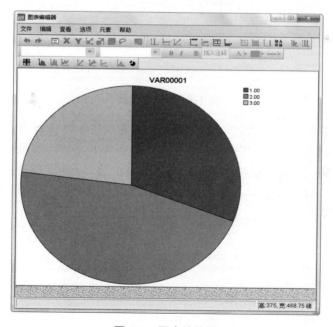

图 1-6　图表编辑器

3. 脚本窗口(SPSS Script Editor)

SPSS 脚本是用 Sax Basic 语言编写的程序,具体可以使用的 Basic 版本有 VBA 和 Visual Basic.NET 两种,在脚本中可以像 SPSS 宏一样构建和运行 SPSS 命令,而且可以在命令中利用当前数据文件的变量信息对结果进行编辑,或者构建一些新的自定义对话框。脚本可以用于使 SPSS 内部操作自动化、结果格式自定义化、实现 SPSS 新功能、将 SPSS 与 VB 和 VBA 兼容应用程序连接起来。

SPSS 的脚本窗口体现了 SPSS 系统强大的扩展功能,适用于较为高级的统计分析需要,作为初学者仅需了解即可。

4. 语法窗口(SPSS Syntax Editor)

语法窗口也称语法编辑器,如图 1-7 所示。SPSS 最大的优势在于其操作的简便性,即它是菜单对话框式的操作,但是为了满足高级数据分析人员的工作需求,SPSS 还提供了语法方式或程序方式对数据进行分析。该方法既是对菜单功能的一个补充,也可以使烦琐的工作得到简化,尤其适用于高级分析人员。

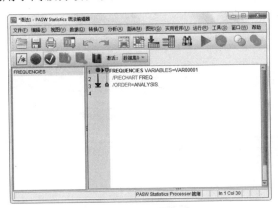

图 1-7 语法编辑器

语法编辑器的启用:打开数据文件,依次选择【文件】→【新建】→【语法】命令,如图 1-8 所示,即会弹出如图 1-7 所示的语法编辑器窗口。在语法编辑器窗口中可以输入命令进行语法编辑。其实,每一次数据分析,在结果输出窗口 SPSS 都会先给出语法命令,再给出统计结果输出,有兴趣的读者可以直接将这些命令复制到语法编辑器中运行。

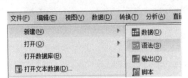

图 1-8 语法编辑器的启用

1.3.2 SPSS 的菜单功能

SPSS 软件每种窗口都有 10 个以上的菜单,本书着重介绍数据窗口中的各个菜单项的具体功能。

1. 文件

文件菜单栏用于对文件进行管理，除了常见的"新建""打开""保存""打印"菜单外，可以新建及打开四个主要的系统窗口。SPSS 中比较特殊的菜单项有以下几个。

(1) 将文件标记为只读：用于锁定当前数据文件为只读状态，如果之后保存文件，则只能重命名并另存。

(2) 重新命名数据集：对当前文件的工作名称进行更改，读者需注意的是，在此修改的是工作名称而不是文件名。

(3) 显示数据文件信息：在输出窗口中以表格的形式列出当前文件或指定外部数据文件的信息，包括变量列表信息以及变量值标签信息等。对于较复杂的数据文件，该功能可以用来查错。

(4) 停止处理程序：用于停止执行当前的 SPSS 命令。如果正在对一个大型数据执行非常复杂度分析时，中途发现选项设定有误，则可以用此命令让系统停止运算。但并非所有的命令的执行都可以中断，许多数据库操作命令(如计算变量、合并变量等)因为涉及数据文件自身的修改，因此无法中断。

2. 编辑

编辑菜单用于对当前窗口进行复制、粘贴、剪切等操作，大部分功能可以望文知意，在此不作赘述。其中，在该菜单栏中用户可以在【选项】菜单项中进行个性化系统设置，我们将在"1.4 SPSS 的系统设置"这一节做详细解释。

3. 视图

视图菜单用于对当前窗口视图进行显示切换，也可以进行自定义，特别是可以进行设定快捷工具栏和菜单项。

4. 数据与转换

这两个菜单栏提供数据管理的相关功能，在第 2 章将对其进行详细讲解。

5. 分析

分析菜单栏是 SPSS 软件强大统计分析功能的重要体现，其提供了 90%以上的常用统计分析功能，以及少数与分析功能紧密相关的统计绘图功能，如质控图、ROC 曲线和时间序列模型相关图形等。另外 10%的统计分析功能使用较少，需要通过程序方程来实现，如岭回归和典型相关分析等。

6. 直销

直销菜单提供了一组用于改善直销活动效果的工具，它可以标识那些用于定义不同消费者群体的人口统计学、购买和其他特征，针对特定目标群体最大限度地提高正面响应率。具体分析方法包括 RFM 分析、聚类分析和邮政编码响应率等。由于该菜单项更多的是基于销售应用分析需要来划分的，而不是基于统计方法分类来划分的，对此本书将不进行介绍。

7. 图形

图形菜单提供了大约 90%的统计绘图功能，另外 10%的绘图功能由于与统计分析结合得较为紧密，因此在分析菜单中提供。

8. 实用程序

实用程序菜单为用户提供了一些较为方便的数据文件管理功能和界面编辑功能，熟悉这些操作可以大大简化工作，提高效率。

(1) 变量：用于显示各个变量的基本信息，包括变量名标签、值标签、存储类型和测量尺寸等。

(2) OMS 控制面板与 OMS 标识符：用于对 OMS，即输出管理系统(Output Management System)进行设定，或给出 OMS 系统的标识符列表。

(3) 定义变量集/使用变量集：这两个菜单项是联合使用的，用于将某些变量定义为一个集合，便于分析时调用。该功能主要是在变量相当多的时候用，例如，数据文件中有 200 个变量，而现在要进行的分析只涉及其中的 30 个变量，那么可以将涉及的 30 个变量设定为一个变量集，然后再使用变量集中指定这个新的变量集，这样设定后，所有的对话框中将只显示相应的 30 个变量，其他的变量将会被屏蔽掉。

9. 窗口

该菜单用于对各个窗口进行切换管理。在数据窗口中该菜单的第一项【拆分】，用于将整个窗口拆分为四个部分，可以冻结行或列。

10. 帮助

该菜单为不同层次的用户提供完整而系统的帮助功能，其中，主要包括学习向导、帮助菜单和高级用户相关的帮助功能三大类。SPSS 18.0 版的帮助菜单功能只有英文版本没有汉化，对于用户使用来说有一定的语言要求。

1) 学习向导

SPSS 为初学者提供了非常完整和系统的自学向导，它类似于一个个人教练，将 SPSS 中基本的统计分析问题以浅显易懂的方式告诉用户，包括统计辅导、教程、个案研究菜单项，这三个菜单项对 SPSS 软件的使用做了十分详细的讲解，"教程"与"统计辅导"这两个功能在 20.0 版本已经实现汉化，但"个案研究"这个功能目前尚未实现汉化。

2) 帮助菜单

该菜单项其实就是 SPSS 的用户手册，用户可以根据目录树找到所需要的内容，从而学习 SPSS 的使用方法。从左侧选择一个主题，右侧内容区即显示该部分的详细内容。

3) 针对高级用户的帮助功能

对于高级用户而言，编程帮助、扩展包和插件的相关信息，甚至系统二次开发的相关信息必不可少。SPSS 针对这些需求提供了非常全面的帮助功能。"指令语法参考"可以给高级用户提供全面深入的 SPSS 系统编程讲解资料。【算法】菜单项中 SPSS 公布了几乎所有的统计分析方法的数学算法，选择【帮助】→【算法】菜单命令就可以打开相应的内容，如图 1-9 所示。

第 1 章 SPSS 概述

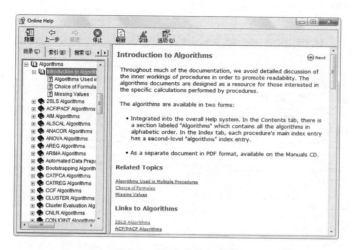

图 1-9 算法菜单的功能

1.4 SPSS 的系统设置

SPSS 软件在安装完成后，用户可以根据个人使用习惯与偏好进行系统设置，这体现了 SPSS 软件的用户友好度。系统初始状态与系统默认值的改变，可以通过选择【编辑】→【选项】菜单命令打开【选项】对话框来完成，如图 1-10 所示。该对话框包括常规设置、查看器、数据、货币、输出标签、图形、枢轴表、文件位置、脚本参数、多重归因和语法编辑等 11 个选项卡，可以进行各种系统设置，下面对几个常用的系统设置操作进行介绍。

1. SPSS 系统语言的切换

在常规设置选项卡中，用户可以按照自己的使用习惯及需要进行系统语言的切换。以中英文切换为例，操作过程如下。

(1) 输出语言：在【常规】选项卡右侧的【输出】选项组，单击【语言】下拉列表框，将其中的设定改为"英语"，最后单击【确定】按钮即可完成设置，如图 1-11 所示。

图 1-10 系统设置

(2) 界面语言：同输出语言步骤一致，即在【常规】选项卡右下侧的【用户界面】选项组，单击【语言】下拉列表框，将设定改为"英语"，最后单击【确定】按钮即可完成设置。

2. 查看器的设置

【查看器】选项卡如图 1-12 所示，在一般情况下不需要更改，如遇到文本输出列对齐混乱的情况时，可以将相应的文本字体设定为 MingLiu，则相应的新输出就会自动对齐。此外，在【查看器】选项卡中还可以对字体尺寸、颜色、加粗和倾斜进行设置，设置完成后单击【确定】按钮即可。

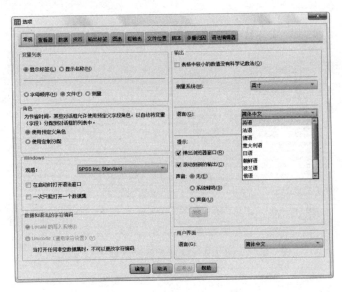

图 1-11　系统语言的切换

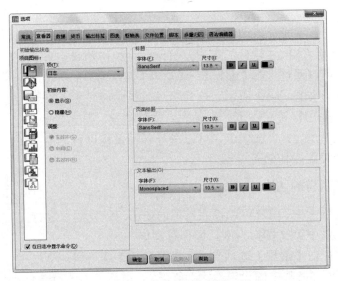

图 1-12　查看器的设置

3. 枢轴表格式的设置

枢轴表即在输出查看器中显示的数据分析结果的相关统计表格,系统默认的表格形式是带有竖线的。对于经常做学术研究的读者,建议在【枢轴表】选项卡左上角的【表格外观】选项组中,将表格模板改为 Academic,如图 1-13 所示。该表格模板是在论文及报告中常用的表格形式,即学术论文中的三线表。

4. 文件位置的设置

SPSS 系统默认的打开和保存文件的位置在电脑的 C 盘,即"Users\Administrator\文档",如图 1-14 所示。这通常与用户习惯存储文件的位置不同,每次打开或保存文件都必须重新

第 1 章 SPSS 概述

选择文件位置，操作起来非常烦琐，因此，用户可以通过修改系统默认文件位置减少烦琐的操作步骤。在【文件位置】选项卡中可以更改默认打开和保存文件夹的位置，做法如下：选中【文件位置】选项卡，在【打开和保存对话框的启动文件夹】选项组中单击【浏览】按钮将会弹出【默认数据文件夹】对话框，选择具体的文件位置，更改默认文件夹后依次单击【应用】→【确定】按钮即可完成设置。

图 1-13 枢轴表格式的设置

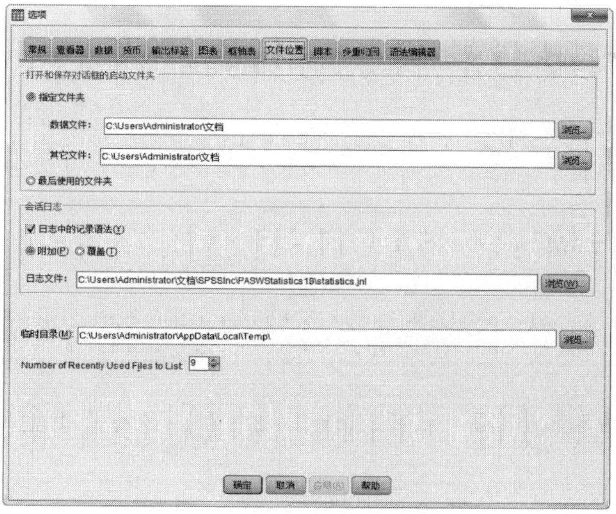

图 1-14 文件位置的设置

小 结

SPSS 软件主要的功能有数据编辑功能、图表生成编辑器功能、与相关软件连接的功能和统计分析功能；SPSS软件有四种主要窗口，其中数据编辑窗口、结果输出窗口是最为常用的两个窗口，数据窗口中的各个菜单项的具体功能是用户需要熟练掌握的；SPSS软件在安装完成后，用户可以根据个人的使用习惯与偏好进行系统设置。

思考与练习

1. SPSS有哪些特点？
2. SPSS有哪些运行方式？
3. SPSS主要包括哪些窗口？
4. 查阅资料了解SPSS经历了怎样的发展历程。

第 2 章
数据的建立与管理

学习目标

- 掌握 SPSS 数据文件变量的设置。
- 掌握 SPSS 数据文件的数据录入。
- 掌握数据文件的合并及拆分的 SPSS 操作。
- 掌握数据排序、选择个案及计算变量的 SPSS 操作。

如何建立数据文件是使用统计软件的第一步,因为数据是所有统计研究的基础,没有数据,统计分析也就无从谈起,因此,介绍 SPSS 数据的建立是本章的首要任务。

在实际的统计研究中,我们所建立的原始数据往往不能直接应用于最终的统计分析。这不仅是因为数据库可能有工作人员录入错误或原始问卷记录错误等情况,使得数据库中包含不正确的数据;还因为针对同一个研究目的,往往要从不同的侧面对数据进行研究,采用多种统计分析方法进行分析,而不同的统计方法对数据文件结构的要求也不尽相同,这就需要对数据文件的结构进行重新调整或转换,以便适合于相应的统计方法使用。以上这些工作被统称为数据管理,数据管理是统计分析工作中非常重要的一个环节,直接关系到数据分析的结果,是统计分析工作中不可缺少的一个关键步骤。在 SPSS 中,数据文件的管理功能基本上都集中在"数据"和"转换"两个菜单中,前者的功能主要是实现文件级别的数据管理,如个案排序、选择个案、文件合并和拆分等;而后者主要实现数据变量级别的数据管理,如计算新变量、变量取值重编码等,主要与变量数值的转换有关。本章将主要介绍这两个菜单的相应功能。

2.1 数据的建立

在 SPSS 中建立数据文件大致有两种情况:一种是将原始数据直接录入 SPSS;另一种是利用 SPSS 读取其他数据格式的资料。数据录入就是把每个个案(公司、被调查者等)的每个指标(变量)录入到软件中。在录入数据时,大致可归纳为三个步骤:定义变量名,即给每个指标起个名字;指定每个变量的各种属性,即对每个指标的一些统计特性作出指定;录入数据,即把每个个案的各指标值录入为电子格式。因此,我们有必要先了解变量的各种属性。

2.1.1 变量的属性

任何一个变量都有相应的变量名与之对应,但为了进一步满足统计分析的需要,除了变量名外,往往还要对每一个变量进一步定义许多附加的变量属性,如变量类型、变量宽度和小数位等。如图 2-1 所示,在变量视图中 SPSS 为每个变量指定了 11 种变量属性。

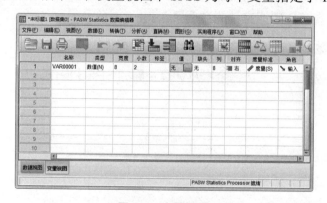

图 2-1 变量视图

第 2 章 数据的建立与管理

1. 名称

该单元格主要的目的是定义变量名称，SPSS 中变量名定义应符合以下要求。

(1) 在一个数据文件中变量名必须是唯一的，不能重名。

(2) 变量名不区分大小写；变量名长度不能超过 64 个字符(32 个汉字)。

(3) 首字符必须是字母、汉字或特殊符号@，但不能是空格或数字；其后的字符可为字母、数字、中文及特殊符号"."、"$"、"@"，但不能为"?"、"!"、"*"等字符。变量名的首尾都不能是"."、"。"或"-"，以免引起误会。

(4) 一些逻辑词语不能作为变量名，如 all、and、or、by、to、with、not 等。

如果用户不指定变量名，SPSS 软件会以"VAR"开头来命名变量，后面跟五位数字，如 VAR00001、VAR00019 等。

2. 变量类型的设置

SPSS 中变量有三种基本类型：数值型、字符串型和日期型。根据不同的显示方式，数值型又被细分成了六种，所以 SPSS 中的变量类型共有八种。在变量视图中选择【类型】单元格时，右侧会出现▭按钮，单击▭按钮会打开【变量类型】对话框，如图 2-2 所示。左侧为具体的变量储存类型，右侧用于进一步定义变量宽度和小数位。

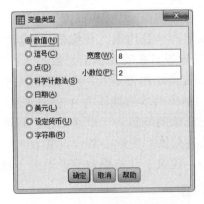

图 2-2 【变量类型】对话框

1) 数值型

在三种基本变量类型中，数值型是 SPSS 最常用的变量类型。数值型的数据是由 0~9 的阿拉伯数字和其他特殊符号，如美元符号、逗号或圆点组成。数值型数据根据内容和显示方式的不同，可以分为标准数值型、每三位用逗号分隔的数值型、每三位用圆点分隔的圆点数值型、科学计数型、显示带美元符号的美元数值型和自定义货币型等六种不同的表示方法。其中，最为常用的只有标准数值型，作为初学者，其他几种使用频率较低，如有兴趣可以自行查阅软件中的帮助信息即可了解详细内容，在此不过多赘述。

2) 字符串型

字符串也是 SPSS 中较为常用的数据类型，变量值是一串字符，字符串变量中的大小写是被区分的，但字符串变量不能参与算数运算，只能在频率与交叉表分析中显示。

数值型变量可以直接转换为字符型变量，不过字符串型变量转换为数值型时，数字数据不会丢失，但非数字数据则会丢失。例如，"部门"变量录入数据时的数据为"后勤"等字符串，若将其变量类型由字符串改为数值型，则"后勤"数据会消失。但若"部门"的数据为数字，例如，用"1"代表"后勤"，尽管此时"部门"的变量类型为字符串，但将其改为数值型时数据还会保留。

3) 日期型

它可以用来表示日期或时间。日期型数据的显示格式有很多，SPSS 在对话框右侧会以列表的方式列出各种显示格式以供用户选择。

3. 变量宽度的设置

"宽度"是指数据视图中数据所占的列宽，一般使用系统默认的设置，默认宽度为 8 个字符宽度，用户也可以根据需要调整。在电脑中的编辑中每个汉字占 2 个字符，每个字母和数字占 1 个字符。

在此需要注意的是，用户设定好字符型变量宽度后，所录入的数据长度将自动被限定在宽度之内。字符型数据的长度不能超过变量设定的宽度。如果字符串的长度超过变量宽度，超过部分将被系统截掉。例如，某单元格的数据为 abcdef，但当设置该变量宽度为 4 时，后面的 ef 将自动被截掉。

4. 小数位的设置

"小数"用于设置变量数值的小数位数，数值型变量默认为 2 个小数位，字符型变量 SPSS 自动设置为 0。小数点的设置只影响显示的位数，而不影响实际数值。例如 0.3456，在小数位为 2 个时将显示为 0.35(自动四舍五入)，但其数值大小依然为 0.3456 而非改为 0.35。当变量小数位为 2 个时，输出结果的均值默认为 4 个小数位，标准差默认为 5 个小数位；当变量小数位为 0 时，则输出结果的均值为 2 个小数位，标准差为 3 个小数位。

录入数据时，系统会默认将数值型变量小数位设置为 2，如果录入的数据多为整数，为了数据视图的视觉效果更简洁，建议手动将整数变量设置小数位为 0。

5. 变量标签与值标签的设置

1) 变量标签的设置

变量标签是对变量名含义进行注释说明的标记，目的是使人更清楚明确地了解该变量的含义。有时一个变量的全称太长，不适合直接作为变量名，此时就用简略词语给变量起名，然后在变量标签中附注完整的名称或具体含义，如图 2-3 中的"q1"变量所示。

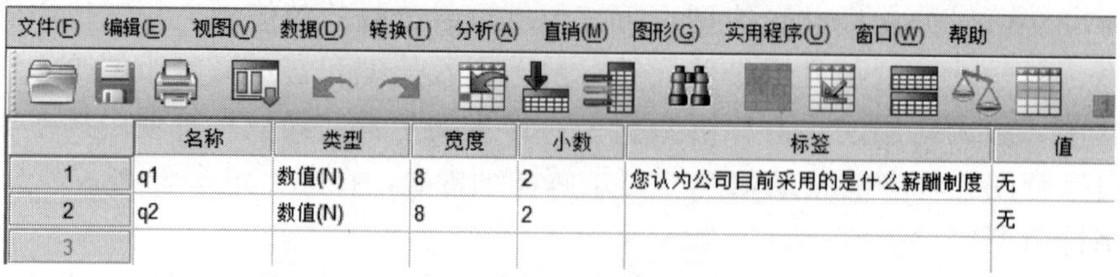

图 2-3 变量标签的设置

当设置变量标签时，在各种统计分析操作的变量列表以及输出结果中，该变量就会以变量标签出现而不是以原变量名出现,如果变量标签比较长,在命令窗口常常只能见到标签,见不到变量名,如图2-4所示,这给使用者带来了不便。如果不想让变量标签代替原变量名出现,则可以选择【编辑】→【选项】命令,在【选项】命令中的【常规】选项卡的【变量列表】选项组中选择【显示名称】,如图2-5所示。这时如果我们再打开命令分析对话框,变量的标签就不再显示了,如图2-6所示。这样设置后我们做统计分析时在选择变量时就十分清楚明了了。

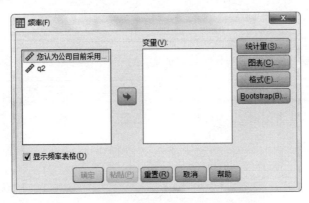

图2-4 显示变量标签的【频率】对话框

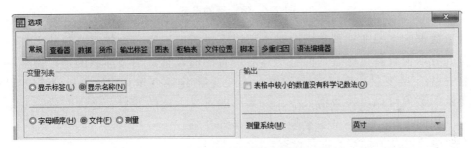

图2-5 变量名显示的设置

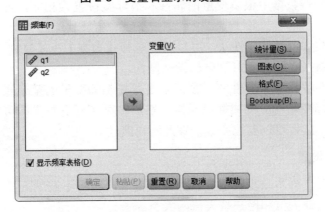

图2-6 未显示变量标签的【频率】对话框

2) 值标签的设置

由于SPSS只能对数值型数据进行算术统计分析,因此在SPSS中录入的内容以数值为主。但数字本身是没有具体意义的，只有在特定的研究项目中才有特定的意义，因而我们需要对变量数据的各种取值的含义进行注释说明，即设置值标签。例如，性别的数据中有"1"和"2"两种取值，具体它们分别代表哪种性别，则需要在值标签中说明，如图 2-7 所示。

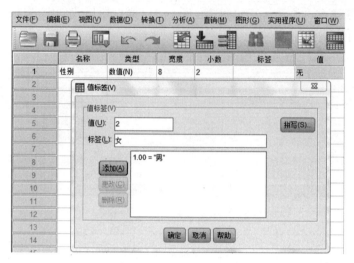

图 2-7　值标签的设置

当变量数据的含义非常直接明确时，可以不设置值标签，如年级。除此之外，读者还可以只对部分取值设置值标签，而不一定对所有的值设置。需要注意的是，值标签一般是针对离散变量(定类变量和定序变量)设置，连续变量(定距变量和定比变量)不需要设置，因为连续变量的数值可以反映数值大小，有具体的意义。离散变量、连续变量等变量类型的相关知识点我们将在"3.1　变量类型"中做详细介绍。

3) 变量属性及值标签的批量设置

如果我们需要将数据中很多变量的属性和值标签设置为相同，可以采用以下两种方法处理。

(1) 复制粘贴数据整体属性法。可以通过选择【数据】→【复制数据属性】命令完成，过程并不复杂，感兴趣的读者可以自己尝试操作。

(2) 复制粘贴数据单个属性法。直接单击要复制的变量的某个属性或值标签单元格，选择复制选中目标变量对应的属性单元格，然后粘贴到新变量中即可，这和一般的复制粘贴过程是一样的，读者可以自己完成，在此不再赘述。

6. 缺失值的设置

缺失值是指某个样本缺少特定变量的数据信息，它将不被纳入各种统计分析中。SPSS中的缺失值有系统缺失值和用户缺失值两大类。

1) 系统缺失值

当变量中某个样本没有提供信息或者提供的是非法格式的信息时，系统自动将其设置为缺失值。在 SPSS 中，对于数据型变量数据，系统缺失值默认用"."表示，而字符串型变量就是空字符串。

2) 用户缺失值

用户缺失值是指用户根据特定目的设置的、自己能够识别的数值。例如，不符合题目要求的答案，不适合某项统计分析条件的数值、录入错误的数据等。一般用特殊的数字表示，如"99""98"等。设置用户缺失值可以保留最原始信息，同时又避免错误数据被纳入统计分析而造成结果偏误。在变量视图中，单击【缺失】下面的单元格出现 …… 按钮，单击 …… 按钮弹出【缺失值】对话框，有三种方式可供定义用户缺失值，如图 2-8 所示。

图 2-8 【缺失值】对话框

(1) 没有缺失值：默认为没有用户缺失值，只有系统缺失值。
(2) 离散缺失值：缺失值是 1～3 个不连续的数值。
(3) 范围加上一个可选离散缺失值：缺失值是一个区间范围，且还可以设置某个零散的缺失值。

需要注意的是，如果数据中有用户缺失值，那就一定要在变量属性中设定，要不就将所有用户缺失值都设定为系统缺失值，即删除为空。

7．变量列宽、对齐、度量标准的设置

(1) 列宽：数据区域中变量所在列的宽度。设置时宽窄要适度，以变量名不换行为佳。
(2) 对齐：字符型变量自动左对齐，数值型变量自动右对齐。建议统一用居中对齐。
(3) 度量标准：字符型、分类变量可以设置为"名义"，等级顺序变量设置为"序号"，连续变量设置为"度量"，也可以采用系统的默认设置。

8．角色的设置

该属性是源自于数据挖掘方法体系中要求某些对话框支持用于预先选择分析变量的预定义角色。当打开其中一个对话框时，满足角色要求的变量将自动显示在目标列表中。由于此类对话框在现有的 SPSS 中很少，因此一般用户可以直接忽略这一属性。

2.1.2 数据的直接录入

将非电子化的原始问卷资料录入到 SPSS 软件中，需要注意数据录入的以下基本原则：①每个个案要设置标记 ID，以便核对数据信息及作为其他数据处理的关键变量；②变量信息要简单独立，一个属性就是一个变量，避免一个变量多重属性(如"农村男生""女研究生");③统计指标(变量)在列,样本在行,一个变量一列,一个样本一行;④录入的数据为原始数据而不是汇总数据;⑤数据应先对变量进行分类编码(数字化)之后再录入。问卷中不同的问题类型录入的方式有所不同,接下来以案例 2-1 "员工薪酬调查问卷"为例,介绍问卷中常见的几种题型的录入方法。

员工薪酬调查问卷

填写说明:
1. 本问卷的目的在于了解填写者对公司员工薪酬问题的建议和看法。
2. 所有填写均为匿名填写,我们承诺对填写者的个人信息保密。
(注:薪酬概念涵盖员工在公司工作所获的各项收益,包括工资、奖金、津贴、保险以及各项福利等)**请在您选择的答案序号上画"√"**。

一、个人信息

S1. 性别:
    A. 男   B. 女

S2. 年龄:_____

S3. 您所在的部门:
    A. 业务部门   B. 管理职能部门

S4. 您的学历:
    A. 大专以下   B. 大专   C. 本科及以上

S5. 您在公司的工作年限:
    A. 1 年以下   B. 1~2 年   C. 2~3 年   D. 3 年以上

S6. 您在本职位的累计工作年限:
    A. 2 年以下   B. 2~5 年   C. 6~10 年   D. 10 年以上

二、薪酬调查

q1. 您认为公司目前采用的是什么薪酬制度?
    A. 岗位(职务)工资   B. 业绩工资
    C. 技能工资   D. 以岗位工资为基础的绩效工资
    E. 其他(请说明)

q2. 您认为现行的薪酬制度
    A. 非常合理   B. 合理   C. 一般   D. 不合理   E. 非常不合理

q3. 从您进入公司以来,薪酬制度是否做过调整?
    A. 是   B. 否

q4. (如果上题回答"是")最近一次薪酬制度调整是哪年?_____年

q5. 您认为调整后的薪酬制度与以前的相比:

A. 改进了很多　　B. 有一些改进　　C. 一般　　D. 不合理　　E. 非常不合理

q6. 您认为您的薪酬所得在同行业中
　　　A. 高很多　　　　B. 偏高　　　　C. 一般　　D. 偏低　　　E. 低很多

q7. 您认为您的薪酬所得在本地区属于
　　　A. 很高的　　　　B. 偏高　　　　C. 一般　　D. 偏低　　　E. 很低的

q8. 您认为您的薪酬所得在本职业属于
　　　A. 很高的　　　　B. 偏高　　　　C. 一般　　D. 偏低　　　E. 很低的

q9. 您认为您的薪酬所得同您的工作难度和责任是否对等?
　　　A. 很对等　　　　B. 较对等　　　C. 一般　　D. 较不对等　E. 很不对等

q10. 您认为您的薪酬所得同付出的努力相比是否对等?
　　　A. 很对等　　　　B. 较对等　　　C. 一般　　D. 较不对等　E. 很不对等

q11. 在现行的薪酬制度下,公司多长时间给您调整一次工资?
　　　A. 半年以下　　　B. 1年　　　　　C. 2年　　　D. 3年　　　E. 没有明确

q12. 您认为薪酬变动的依据是什么? (最多选三项)
　　　A. 岗位或职务变动　　B. 个人业绩大小　　C. 定期升降
　　　D. 公司利润大小　　　E. 工作年限　　　　F. 其他

q13. 目前薪酬调整的趋势是
　　　A. 只升不降　　　B. 升降结合　　　C. 只降不升　　D. 没有变化

q14. 您认为公司目前的工资等级设置与工资级差(每个工资等级之间的差距)是否合理?
　　　A. 工资等级与工资级差设置比较合理
　　　B. 工资等级设置太多(少)
　　　C. 工资级差太大(小)
　　　D. 工资等级与工资级差设置都不合适

q15. 目前薪酬中奖金与业绩的挂钩程度为
　　　A. 20%及以下　　B. 30%　　　　C. 40%　　　D. 50%　　　E. 60%以上

q16. 您认为奖金与业绩的挂钩程度应在
　　　A. 20%及以下　　B. 30%　　　　C. 40%
　　　D. 50%　　　　　E. 60%及以上　 F. 不浮动

q17. 您认为奖金的浮动对自己的工作产生
　　　A. 积极帮助　　　B. 一些帮助　　　C. 没影响
　　　D. 一些困扰　　　E. 很大困扰

q18. 您认为目前的薪酬体系中基本工资与奖金的比例相比
　　　A. 比较合理　　　B. 奖金比例偏大　　C. 奖金比例偏小

q19. 您清楚公司提供的福利和保险项目吗?
　　　A. 清楚　　　　　B. 知道一点　　　　C. 不清楚

q20. 除工资、奖金外,公司提供给员工的其他福利形式有(可选择多项)
　　　A. 住房补贴　　　B. 交通补贴　　　　C. 带薪休假
　　　D. 股票期权　　　E. 医疗补贴

F. 财产或人身保险　　G. 其他(请说明)

q21. 您希望公司增加哪些福利？(请说明)＿＿＿＿＿＿＿＿＿＿

q22. 您认为在现行的薪酬制度下，不同层级之间员工薪酬水平的差距＿＿＿＿＿＿＿

q23. 您对公司薪酬制度的改革和完善有什么意见和建议？(请说明)＿＿＿＿＿＿＿

1. 开放题录入

开放题即没有固定答案选项，由被访者自己填写答案，在变量视图中的名称单元格输入变量名称，并且设置其他变量属性，开放题的变量属性根据问题回答答案是数值或者文字来选择变量类型，在"员工薪酬调查问卷"中的 S2 题目为"年龄"，为数值型变量，则在变量类型中选择"数值"。在此需要注意的是，开放题中由于变量的输入内容具体的实际意义，且内容丰富，因此我们就不需要对每个问题的答案进行"值"标签设置。通常情况下，开放题的数据主要作用是研究人员对于了解研究对象的补充资料，无法进行算术分析。

2. 单选题录入

单选题的录入方法与开放题相似，不同的是，在单选题中需要将选项进行编码后定义变量的值标签。例如，"员工薪酬调查问卷"中 S1 题目为"性别"，有两个选项，将 A 选项"男"编码为"1"，B 选项"女"编码为"2"，在值标签中输入选项编码的标签含义。具体操作步骤如下：在变量视图中，单击性别变量【值】标签单元格右端■按钮，在弹出的【值标签】对话框中输入各个取值以及其标签，每输入完成一个值标签单击【添加】按钮，依次添加，最后单击【确定】按钮即可，如图 2-9 所示。通过这种方式，既可以减少数据录入的工作量，而且可以方便后面的数据分析工作。

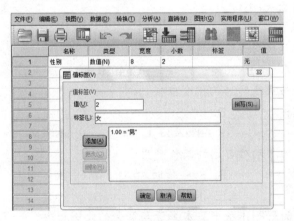

图 2-9　值标签的编辑

3. 多选题录入

多选题，又被称为多重响应，是在社会调查和市场调研中极为常见的一种数据记录类型。一般情况下，对于问卷中的一个单选题一个被访者只有一个答案，对应的变量只有一个取值。而多选题，例如，"员工薪酬调查问卷"中"薪酬调查"部分的 q12 题和 q20 题，均为多选题，被访者可以选择两个或者更多选项。这样一来，多选题中每道题都可能有一个以上的答案，多选题就不能用一个变量来直接编码，否则无法进行分析，这时需要使用几个变量来进行记录。

在统计软件中多选题的录入方法通常有两种：多重二分法和多重分类法。

1)　多重二分法

所谓多重二分法，是指在编码时，对应每个选项都要定义一个变量，有几个选项就有几个变量，这些变量分别代表其中一个选项的选择结果，一般分为“选中”选项与“未选”选项两类。在 SPSS 中，多选题的录入程序与单选题相同，均是先在变量视图中进行变量设置，然后直接录入数据。但多选题的不同之处是变量的定义方式不同，在数据录入完毕，分析数据之前，还需要定义多选题变量集，利用变量集进行多重响应分析，而不能直接使用变量分析。

在定义变量时，每个选项对应一个变量，例如“员工薪酬调查问卷”中 q20 题，对应所选择的七种选项，分别设定了 q20.1、q20.2、q20.3、q20.4、q20.5、q20.6、q20.7 这七个变量，均以 0 表示未选中，1 表示选中，如图 2-10 所示。可见第 1 个个案除工资、奖金外，公司还提供给他的其他福利形式有住房补贴、交通补贴、带薪休假、股票期权、医疗补贴及其他补贴，但是没有提供财产或人身保险。而第 4 个个案只有住房补贴、交通补贴和医疗补贴。

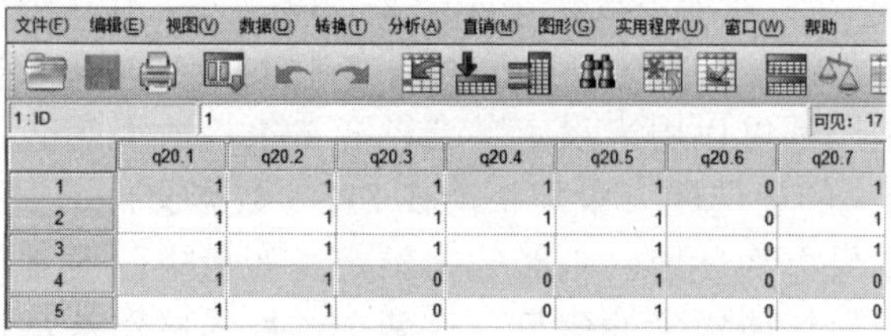

	q20.1	q20.2	q20.3	q20.4	q20.5	q20.6	q20.7
1	1	1	1	1	1	0	1
2	1	1	1	1	1	0	1
3	1	1	1	1	1	0	1
4	1	1	0	0	1	0	0
5	1	1	0	0	1	0	0

图 2-10　多重二分法的数据录入

在多重二分法中，无论多选题拆分成多少个变量，其变量值标签的定义应该一致，否则将会出现混乱。多重二分法适用于未限定选择答案数量的多选题。

2)　多重分类法

多重二分类法实际上是多选题的标准格式，但这种数据格式有时会给数据录入带来麻烦，比如“员工薪酬调查问卷”中 q12 题，每个被访者被限制回答最多三个选项，但总选项数量有六个，显然，如果使用多重二分法录入，则有一半的数据需要录入为“未选中”，徒增了许多数据录入的工作。对于这类限定选择选项数量的多选题，则较多使用多重分类法进行数据录入。

多重分类法与多重二分法一样，也是利用多个变量对一个多选题的答案进行定义，应该用多少个变量来定义，由被访者实际可能给出的答案数量而定。这些变量采用一套值标签，并且每个变量都是多分类的，每个变量代表被访者的一次选择。

以 q12 题为例，由于限定最多回答三个选项，因此只需要设定 q12.1、q12.2、q12.3 三个变量即可。如图 2-11 所示，个案 1 选择了“个人业绩大小”“定期升降”“公司利润大小”三个选项；个案 2 只选择了“个人业绩大小”“公司利润大小”两个选项，q12.3 为缺失值，这种数据缺失现象在多重分类法中其实是一种正常现象。

图 2-11 多重分类法的数据录入

4. 定义变量集

多选题录入完毕后 SPSS 只会默认它们是若干分散独立的变量,并不会把它们识别成一道多选题,只有将其设定为多选题变量集(也称为多重响应集),SPSS 才会对其进行正确的识别,从而将多选题的全部变量当成一整道题目来判断。但需要注意的是,统计分析的逻辑是利用样本去估计分析总体,只有当样本值是唯一时对总体的估计分析才能准确,而多选题的被访者的回答存在多种可能,变量的取值并不是唯一的。因此,我们认为多选题的分析只适合进行简单的频率分析,而不适合进行更高级的统计分析,事实上,SPSS 到目前为止也没有提供任何直接分析多选题数据的统计方法和功能模块。

SPSS 中提供了多种方式处理多选题,如图 2-12(a)所示,在【分析】菜单中的【多重响应】子菜单项的【定义变量集】模块,以及如图 2-12(b)所示,在【数据】菜单中的【定义多重响应集】子菜单项,都可以用来设定多选题变量集。所不同的是,【多重响应】菜单项的【定义变量集】定义的多选题变量集不能在 SPSS 数据文件中保存,关闭数据文件后相应的信息就会丢失,如果再次使用,则必须重新定义变量集;而【数据】菜单中的【定义多重响应集】模块可以保存所定义的信息。这两个过程的操作基本相同,现在以【分析】菜单设定为例介绍如何定义多选题。

(a) 利用【分析】菜单定义多选题　　(b) 利用【数据】菜单定义多选题

图 2-12　定义多重响应集

步骤1：打开本章数据"员工薪资调查"，依次选择【分析】→【多重响应】→【定义变量集】命令，如图 2-12(a)所示。

步骤2：单击【定义变量集】进入其对话框，将表示同一多选题的变量一起选入右侧的【集合中的变量】框中。在【将变量编码为】选项组中选中变量编码方式，多重二分法方式的题目选中【二分法】，需要在其右侧的【计数值】文本框中填入数字"1"。多重分类法方式的题目选中【类别】，需要设定变量的取值范围，在该范围内的记录值将纳入分析。将新定义的变量名称和标签填上，该例在【名称】文本框中填上"Q20"，并在【标签】文本框中填上"其他福利形式"，如图 2-13 所示。然后将【集合中的变量】框中的变量添加到右侧的【多响应集】框中，单击【关闭】按钮即可。

步骤3：重新依次选择【分析】→【多重响应】命令时就会发现，原来呈现灰色的【频率】和【交叉表】命令现在已经被激活，如图 2-14 所示。这时我们便可以对定义的多重响应集进行分析了，不过用【分析】菜单所定义的多重响应集只能做频率分析和交叉表分析，对于其他分析使用的集，可以使用【数据】菜单上的定义多重响应集，有兴趣的读者可以自己查阅相关数据学习，限于篇幅，这里就不再详细列举过程了。本书在第 3 章时会介绍频率分析和交叉表分析，完成第 3 章学习后读者可以再回来尝试完成多响应集的分析。

图 2-13　【定义多重响应集】对话框

图 2-14　多重响应集

2.2　数据的打开与保存

2.2.1　外部数据的打开

SPSS 软件在数据文件兼容性方面做得非常出色，除了可以打开 SPSS 格式文件数据(.sav)以外，还可以直接读入许多常用格式的数据文件，包括 Excel、dBase、SAS、Stata 和 txt 格式等，本书只介绍最常见的 Excel 和 txt 文件的读取。

1. 读取 Excel 文件

在读入数据前，首先要打开 Excel 数据，观察数据的基本结构是否与 SPSS 数据视图一致，是否一行表示一个个案、一列表示一个变量。如果与 SPSS 数据视图不一致，需要在 Excel 工作表中进行数据处理，转置单元格行与列。然后关闭 Excel 工作表，再进行接下来的读入数据的操作，依次选择【文件】→【打开】→【数据】菜单命令调出打开数据对话框。

因为系统会默认打开".sav"文件，所以需要在【文件类型】下拉列表框中选择 Excel(.*xls,*.xlsx,*.xlsm)文件，这时 Excel 文件会显示在数据框中，如图 2-15 所示。选择要打开的 Excel 文件，单击【打开】按钮，弹出【打开 Excel 数据源】对话框，如图 2-16 所示。【从第一行数据读取变量名】选项用于确定 Excel 数据文件的第一行是否应被识别为变量名称。在【工作表】下拉列表框中选择 Excel 数据文件的一个工作表(如果存在多个工作表的话)。在【范围】文本框中指定被读取数据在 Excel 工作表中的位置，用单元格的起(所要选择的 Excel 数据区域左上角单元格名，如 A1)止(所要选择的 Excel 数据区域右下角单元格名称，如 F6)位置来表示，中间用":"隔开。例如，A1:F6 表示选择宽度为 A1-A6、长度为 F1-F6 的方块区域数据。设置完毕后，单击【确定】按钮数据就会被顺利读入 SPSS 中。如果要读入整个 Excel 文档，则不需要设置"范围"。

图 2-15　选择 Excel 文件

图 2-16　【打开 Excel 数据源】对话框

2. 读取 txt 文件

SPSS 可以通过两种菜单操作方式读取文本数据：一种是选择【文件】→【打开文本数据】菜单项，如图 2-17 所示；另一种方式与打开 Excel 文件的方式一样，选择【文件】→【打开】→【数据】菜单项，两种途径是一样的，系统会弹出打开数据对话框，只是第一种方式的文本类型自动跳到了 Text(.txt)，后者需要在"文件类型"下拉列表框中进行选择。

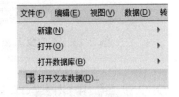

图 2-17　打开文本数据

文本数据的读取与 Excel 数据一样，首先打开该数据，观察这数据的基本结构，例如，变量间是固定宽度的，还是用某种分隔符区分的，第一行是否为变量名等。然后关掉这个文本文件，再进行 SPSS 读入数据操作。以导入本章"001 数据"文本数据为例，在【打开文件】对话框中【文件类型】下拉列表中选择"文本格式(*.txt，*.dat)"，然后选中相应的文本，单击右侧的【打开】按钮后会弹出"文本导入向导"对话框，如图 2-18(a)所示，从对话框标题中可以看到该导入导向共分六步，具体如下。

步骤 1：系统首先会询问有无预定义格式，如图 2-18(a)所示，如果将要打开的文本数据有预定义格式，则在此处选择相应的预定义格式文件，在下方为按预定格式读入的数据文件的预览效果。若没有预定格式，保持默认的选择【否】并直接单击【下一步】按钮即可。

步骤 2：在如图 2-18(b)所示的对话框中设定变量排列方式和变量名称，变量的排列方式有两种选择，一种变量间是采用某些符号进行分隔的，在【变量是如何排列的？】选项组中选择【分隔】；另一种变量间采用的是固定项宽度来分隔变量，选择【固定宽度】，然后在下方的【文本文件】选项组中调整标尺上的分隔线位置来设定变量的固定宽度。如果文件中有变量名称，则需要将【变量名称是否包括在文件的顶部？】选项组中选择【是】，单击【下一步】按钮。

(a)

(b)

图 2-18　文本导入向导的第 1、2 步

步骤 3：在如图 2-19(a)所示的对话框中确定数据开始行每个个案所占的行数、希望导入的个案数量，一般前两者的默认设定就是最常见的情况，第三个功能则可以用于个案进行随机抽样。

步骤 4：对变量分隔符以及文本限定符进行设定，如图 2-19(b)所示，根据相应选项的设定情况，下方会动态显示出数据的预览情况。这里选择的导入文本文件中变量之间采取的是逗号分隔变量，因此在【变量之间有哪些分隔符？】选项组中选中【逗号】，下方的数据预览窗口会显示出正确的数据读入情况。右侧的【文本限定符是什么？】选项组提供了"无""单引号""双引号"和"自定义"四种选择。如果数据中的字符串变量使用了限定符进行分隔，则需要在此处进行设定。

步骤 5：在如图 2-20(a)所示的对话框中对各个变量做进一步的属性设定，包括更改变量名和更改数据格式类型，在下方的【数据预览】选项组中选择某一列需要更改的变量即可进行操作，如果这里不需要进行更改，可以直接单击【下一步】按钮。

步骤 6：在如图 2-20(b)所示的对话框中确定是否希望重复利用本次操作的选择，可以考虑将这次的文件设定保存为预定义格式文件,或者将本次操作粘贴为 SPSS 语句。如果直接单击【完成】按钮,则向导结束,随后就可以看到 SPSS 成功读入该文本数据。

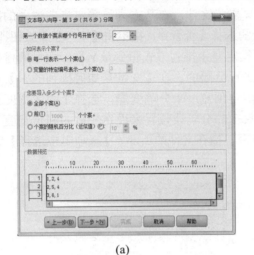
(a)

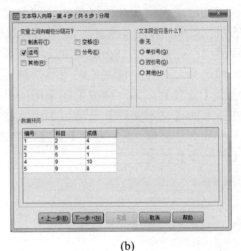
(b)

图 2-19　文本导入向导的第 3、4 步

(a)

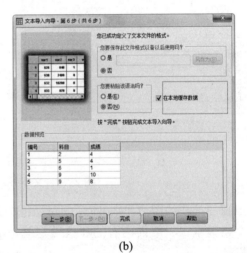
(b)

图 2-20　文本导入向导的第 5、6 步

2.2.2　SPSS 数据的保存

SPSS 数据录入并编辑整理完成以后应及时保存,以防数据丢失,SPSS 的数据文件默认保存格式为".sav",如图 2-21 所示。保存数据文件可以通过【文件】→【保存】或者【文件】→【另存为】命令来执行。当然,SPSS 也可以将数据另存为其他格式的文件,例如常用的 Excel 文件,只要在【另存为】对话框中选择你要存储的格式即可。

图 2-21　数据的保存

2.3 数据的管理

2.3.1 数据检验

数据录入 SPSS 之后，需要先检查核对数据是否存在录入错误，有的话需要及时修正，以保证在使用数据时得到正确的分析结果。

1. 是否存在空行/空列

首先需要核对数据录入时是否存在空行或空列，这些空行或空列并不是数据缺失，而是由于在数据录入时操作的疏忽所导致的，这会影响到后继的数据分析结果，因此，我们必须将这些空行或空列查找出来，并删去。检查的方法十分简单，可以单击选中某一列的变量名，右击后在弹出的菜单栏中选择【升序排序】，如果存在空行，空行将自动呈现在最前面，如图 2-22 所示。

图 2-22 查找空行

2. 变量数值是否超出特定范围

在数据录入过程中有时会出现录入的数值与问卷中的变量值范围不一致的情况。这种不一致有两种可能性：一种是数据在录入时出现的操作失误，另一种则可能是在调查过程中被访者的误答。前一种情况我们需要找到原始问卷对录入数据进行修改，后一种情况则只能将该被访者填答的变量标记为缺失值。检查的方法也可以通过上文提到的对变量进行升序排列的方式来查找超出特定范围的值。

3. 变量数据是否存在重复样本

在进行大量数据录入时，当数据录入工作中断或多人分别录入时，经常会出现重复录入的情况，从而产生重复样本数据。重复样本的检查可以选择【数据】→【标识重复个案】命令完成，如图2-23所示，现以案例演示其基本过程。

请将本章数据"标识重复个案.sav"中的重复个案找出来。

案例分析：标识重复个案最重要的是确定筛选重复个案的变量，变量越具有区分性越好。例如，身份证号就是一个好的筛选变量，因为每个个案只有一个号；而性别就不是一个好的筛选变量，因为个案在该变量取值相同的概率太大。

步骤1：打开本章数据"标识重复个案.sav"，选择【数据】→【标识重复个案】命令，如图2-23所示。

步骤2：单击【标识重复个案】进入其主对话框，选择"查重"的依据，将作为筛选重复样本标准的变量置入【定义匹配个案的依据】框中。在此需要注意的是，除非确认某筛选变量每个个案的取值是唯一的，否则建议尽可能多选择几个变量作为筛选依据，以防误判。这里把"ID"和"s1"作为"查重"的依据，如图2-24所示。

图2-23 标识重复个案

步骤3：标识重复个案会生成新的变量，我们需要对这个变量做基本设置。基本个案指示符是指对于重复个案，可以指定其中一个为主个案，其余为多余的"重复"个案。可以将第一个个案或最后一个个案设定为主个案，主个案标识变量取值为1，重复个案标识为0。这里选择系统默认状态，即【每组中的最后一个个案为基本个案】，如图2-24所示。

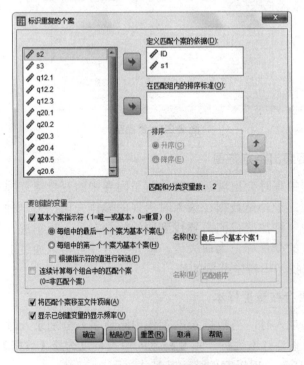

图2-24 【标识重复的个案】对话框

步骤4：单击【确定】按钮后，数据视窗的左侧将生成新的变量"最后一个基本个案"，如图2-25所示。我们可以看到，第一个个案的变量值为"0"，第二个个案为"1"，这就意味着第一个个案和第二个个案是重复的，其余的数据依次类推。最后，在结果输出窗口中还会给出本次操作的信息汇总，如表2-1所示，可见一共有三个重复的个案，占总数据的18.8%。重复个案通常需要删除，可以对"最后一个基本个案"升序排序，然后删除前面取值为0的所有个案即可。

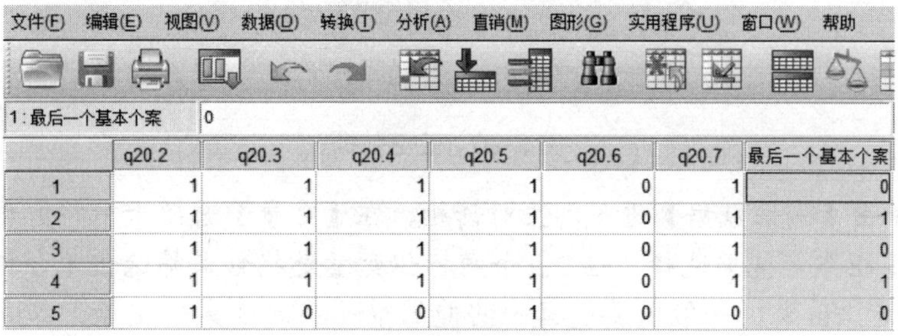

图2-25 标识重复个案生成的新变量视图

表2-1 重复个案输出窗口结果

		频 率	百分比	有效百分比	累积百分比
有效	重复个案	3	18.8	18.8	18.8
	主个案	13	81.3	81.3	100.0
	合计	16	100.0	100.0	

4. 变量数值之间是否符合特定逻辑

在研究中的变量数值之间可能存在趋同关系、互斥关系和函数关系等逻辑关系。SPSS提供了数据验证模块帮助用户进行数据的核查，用户可以通过自行定义数据验证的规则对数据进行检查。例如，性别s1只有1、2两种取值码；年龄s2取值应当在18～60岁之间；q3选择"2"时q4应当为缺失等，否则该题被视为无效题。前两种验证方式叫作单变量验证方式，后一种验证方式叫作交叉变量验证方式，即涉及多个变量的交互关系。连续单变量验证方式是将变量值设定在某个范围，而离散单变量验证方式是将变量值设定出某些特殊的取值。这里简单介绍连续单变量的验证不过程，其他形式的验证，有兴趣的读者可以参考相关书籍尝试。

案例 2-3

用【验证数据】命令找出本章数据"员工薪资调查.sav"中年龄不在30～50岁的被试。

案例分析：验证数据最重要的是明确验证规则，该例的验证规则很简单，即年龄在30～50岁，超出该范围的可能是不符合条件的数据。

步骤1：打开本章数据"员工薪资调查.sav"，依次选择【数据】→【验证】→【验证数据】命令,如图 2-26 所示。

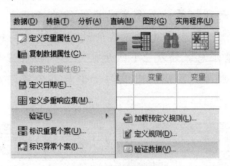

图 2-26 验证数据

步骤 2: 单击【验证数据】进入其主对话框,在【变量】选项卡中将需要验证的变量放入【分析变量】框中,这里选择"s2"。个案标识变量是指如果筛选出不合格的数据,用什么的方式将其标识出来,一般需要选择一些能够唯一确定个案的变量,如学号、工号、编号等。这里选择"ID 号",如图 2-27 所示。

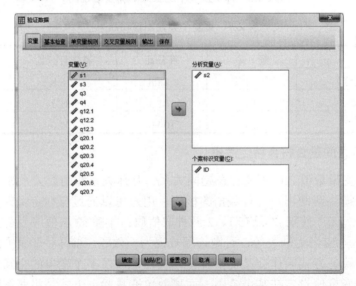

图 2-27 【验证数据】对话框

步骤 3: 【基本检查】选项卡的选项选择默认,主要对【单变量规则】选项卡的内容进行设定,单击【单变量规则】选项卡进入其界面,如图 2-28 所示,单击其右下角的【定义规则】按钮进入【验证数据:定义验证规则】对话框。这里需要对验证规则进行设定,先命名该规则为"年龄规则",填入其最大值"50"和最小值"30",如图 2-29 所示,单击【继续】按钮回到上一层界面并勾选刚才所设定的"年龄规则",表示将应用到目标变量"s1"上。如果需要将筛选出来的个案保存到数据上,可以单击【保存】选项卡进入其界面,选中【保存用来记录所有验证违规的指示变量】复选框,如图 2-30 所示。最后单击【确定】按钮,提交系统分析,输出结果如图 2-31 和表 2-2 所示。

第 2 章　数据的建立与管理

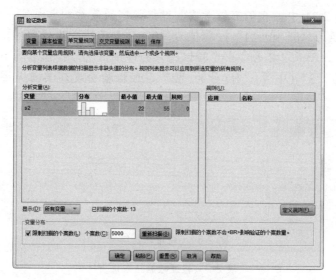

图 2-28　【单变量规则】选项卡

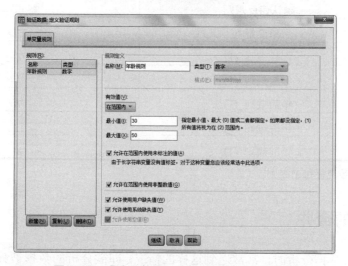

图 2-29　【验证数据：定义验证规则】对话框

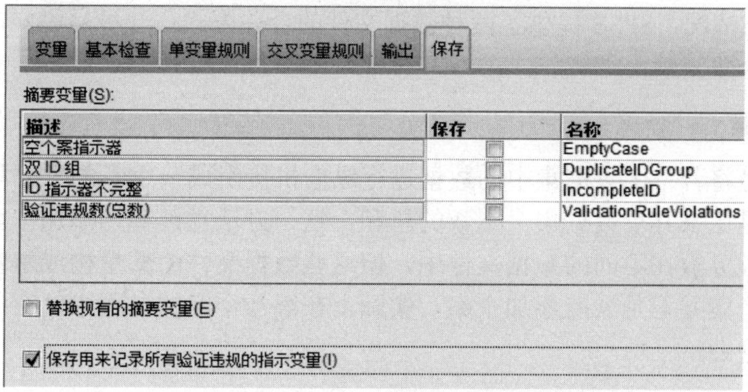

图 2-30　保存违规指示变量

步骤 4：从图 2-31 中，我们可以看出，数据视窗的最右侧生成了一个新的变量"年龄规则_s2"，其取值为"0"和"1"，取值为"0"的表示符合验证条件，取值为"1"的表示不符合验证条件。而表 2-2 也给出了验证结果的详细信息，标识了其个案 ID 号，我们看到第一个个案号为"3"(序号)，ID 号为"2"，经检验会发现其正是图 2-31 上的第三个个案。

	q20.3	q20.4	q20.5	q20.6	q20.7	年龄规则_s2
1	1	1	1	0	1	0
2	1	1	1	0	0	0
3	1	1	1	0	0	1
4	0	0	1	0	0	0
5	0	0	1	0	0	0

图 2-31　验证数据结果

表 2-2　验证数据结果报告

案　例	确认违反规则	标识符
	单变量[a]	ID
3	年龄规则 (1)	2
6	年龄规则 (1)	3
9	年龄规则 (1)	7
10	年龄规则 (1)	13
12	年龄规则 (1)	8

a. 违反规则的变量数遵循每个规则。

2.3.2　数据的合并

在进行 SPSS 数据分析时，常常遇到这样的情况，即欲分析的数据被分别存储在几个不同的文件中，此时我们需要将这些文件合并成一个总文件才能进行后续的统计分析。针对不同的数据构成情况，SPSS 提供了两种数据文件的合并方式：一种是纵向的合并个案，另一种是横向的合并变量。

1. 合并个案

合并个案是将若干个数据集中的数据进行纵向拼接组成一个新的数据集，合并后的数据集的个案数是原来几个数据集个案数的总和，这一方法也被称为添加个案。添加个案的特征是，个案被分散在不同的数据文件中，但这些数据文件的变量构成基本相同。需要注意的是，添加个案并不是只能添加个案，实际上在添加个案的过程中，有些变量也因为是新的而被添加进去。

将本章数据"合并数据 1.sav"和"合并数据 2.sav"合并。

案例分析：观察两份数据的基本结构，发现两份数据的大部分变量是相同的，只是"合并数据 1"(见图 2-32(a))，比"合并数据 2"，(见图 2-32(b))多了一个"年龄"变量，另外从"编号"看其个案数，可以看出两份数据的个案是不同的，对于这样的数据采用"添加个案"进行合并较为妥当。

编号	性别	年龄	民族	职位	工资
1	2	39	1	3	5700
2	2	37	2	3	6200
3	1	40	1	3	6200
4	2	35	1	2	5700
5	1	41	1	1	6900

(a) 合并数据 1

编号	性别	民族	职务	工资
6	2	1	3	5000
7	1	2	3	6000
8	1	1	3	6200
9	2	1	3	5700
10	1	1	1	7010

(b) 合并数据 2

图 2-32　数据比较

步骤 1：首先打开两份数据文件，以其中任何一份数据作为源数据进行合并，这里选择"合并数据1"作为源文件。在"合并数据1"上，依次选择【数据】→【合并文件】→【添加个案】命令，如图2-33所示。

步骤 2：单击【添加个案】进入到合并数据向导框，如图2-34所示，上面提供了已经在桌面打开的数据，如果不想合并已打开的数据，可以重新选择文件。这里选择"合并数据 2"，单击【继续】按钮后进入添加个案对话框，如图2-35(a)所示。在【非成对变量】框中显示的变量是两个数据集中没有成对的变量，这些变量名后面都附加了"*"或"+"号，"*"表示该变量名是当前活动数据集中有的变量，"+"表示该变量名是外部待合并数据文件中的变量，从图2-35(a)中我们可以看出，"年龄""职位"和"职务"这三个变量是没有配对成功的，前两个变量是

图 2-33　添加个案

原来数据的变量，后一个变量是新添加进来的变量。【新的活动数据集中的变量】框中显示的是将要合并的新数据的变量，它们都是两个待合并的数据中共有的变量名。如果希望对数据集中的变量名重新命名，可以单击【重命名】按钮重新设置变量名，这里不做改变。

步骤 3：对于没有能匹配成功的变量，我们需要进一步分析变量的关系，例如，"职位"和"职务"两个变量，经过分析发现是同一个变量，所以需要对其进行强制配对，可以通过 Ctrl 键选中两者，然后单击【对】按钮把两者配对进右侧的【新的活动数据集中的变量】框。而对于"年龄"这个变量，并没有和它重复且不同名的变量，所以直接单击向右箭头

进入【新的活动数据集中的变量】框便可。如果希望在合并后的数据文件中看出个案的来源，可以选中【将个案源表示为变量】复选框，此时合并后的数据文件中将自动出现名为"源01"的变量，取值为0或1。"0"表示记录来自当前活动的数据集，"1"表示被合并的外部数据集，这里也选中该选项。所有设置完成后如图2-35(b)所示，最后单击【确定】按钮，提交系统分析，可以看到新的数据集已经合成，如图2-36所示。

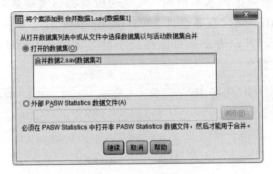

图 2-34　合并数据向导框

 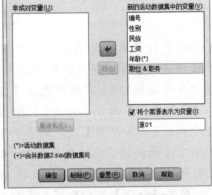

(a) 合并设置前　　　　　　　　　　(b) 合并设置后

图 2-35　添加个案对话框

步骤 4: 从图 2-36 中我们可以看出，"年龄"变量下有部分缺失值，那是因为新增加的数据没有这个变量所致。新数据增加了一个变量，即"源01"，其有"0"和"1"两种取值，"0"取值是指这些个案属于源文件的，"1"取值是指新增加的个案。

	编号	性别	年龄	民族	职位	工资	源01
1	1	2	39	1	3	5700	0
2	2	2	37	2	3	6200	0
3	3	1	40	1	3	6200	0
4	4	2	35	1	2	5700	0
5	5	1	41	1	1	6900	0
6	6	2	.	1	3	5000	1
7	7	2	.	2	3	6000	1
8	8	1	.	1	3	6200	1
9	9	2	.	1	2	5700	1
10	10	1	.	1	1	7010	1

图 2-36　合并后的数据

2. 合并变量

合并变量是指将若干个数据文件中的变量与已有的数据变量进行合并，即在某个数据中增加变量(添加列)，这一方法也被称为添加变量。添加变量的特征是，数据文件中的个案基本相同，但是每个数据文件的变量基本不同。需要注意的是，添加变量并不是只能添加变量，实际上在添加变量的过程中，有些个案也因为是新个案而被添加进去。

案例 2-5

将本章数据"合并数据3.sav"和"合并数据4.sav"合并。

案例分析：观察两份数据的基本结构，发现两份数据的大部分个案是相同的，只是"合并数据3"(见图2-37(a))，比"合并数据4"(见图2-37(b))多了一个编号为"6"的个案；观察变量，我们可以看出，两份数据的变量部分相同，但是也有很多是不同的，对于这样的数据采用"添加变量"进行合并较为妥当。

编号	性别	民族	年级	Q6	Q7	Q8	Q9	Q10
1	2	1	4	2	3	5	2	4
2	2	1	4	2	2	4	3	4
3	1	1	4	1	1	3	4	4
4	1	1	4	5	5	1	1	3
5	2	2	4	3	5	1	5

(a) 合并数据 3

编号	性别	民族	年级	Q1	Q2	Q3	Q4	Q5
1	2	1	4	4	4	2	5	3
2	2	1	4	4	2	1	2	1
3	1	1	4	3	2	3	6	4
4	1	1	4	1	5	4	5	5
5	2	1	4	1	5	3	6	5
6	2	1	4	2	3	1	2	3

(b) 合并数据 4

图 2-37 数据比较

步骤1：首先打开两份数据文件，以其中任何一份数据作为源数据进行合并，这里选择"合并数据3"作为源文件。在"合并数据3"上，依次选择【数据】→【合并文件】→【添加变量】命令，如图2-38所示。

步骤2：单击【添加变量】进入到合并数据向导框，如图2-39所示。选中"合并数据4"，单击【继续】按钮后进入添加变量对话框，如图 2-40(a)所示。在【已排除的变量】框中显示的变量是两个数据集中重复的变量，这些变量的变量名后面都附加了"+"号，从图 2-40(a)中我们可以看出，"年级""性别""民族"和"编号"是两份数据重复的变量。【新的活动数据集】框中显示的是合并后的新数据的变量名，该列表框中的变量名后都附加有"*"或"+"号，"*"表示该变量名是当前活动数据集中的变量，"+"表示该变量名是外部待合并数据文件中的变量。在默认情况下，如果变量名没有在两个数据集中同时出现，则 SPSS 会自动将其列入新数据文件的变量列表中。

步骤3：如果两个待合并的数据文件中的记录数据排列的顺序是按照记录编号横向一一对应的(即个案完全一样)，则可以直接单击【确定】按钮完成合并工作，否则必须按照"关键变量"将两份数据进行匹配，实际上如果数据比较庞大，去检查数据是不是一一对应是不太方便的，所以一般都是按照匹配关键变量进行操作，这个步骤是合并变量最关键的步骤。被匹配的关键变量名必然因为重名出现在"已排除的变量"框中，由上面的分析可知，这里有"年级""性别""民族"和"编号"四个变量名是重复的，先选择最优的匹配变量"编号"，因为它的取值是唯一的，而其他变量取值都不是唯一的。把重复变量放进【关键变量】框前需要先选中【按照排序文件中的关键变量匹配个案】复选框。但是如果仅仅以"编号"匹配，新的个案的其他重复变量的值是缺失的，所以还需要添加"年级""性别""民族"三个变量到【关键变量】框中，如图 2-40(b)所示，最后单击【确定】按钮，提交系统分析，系统此时会提醒关键变量是否已经按升序排好序，如果未排序，需要关闭命令先对数据进行排序。因为这里"编号"变量已经排好序，所以单击【确定】按钮就可以看到新的数据集已经合成，如图 2-41 所示。

图 2-38　添加变量

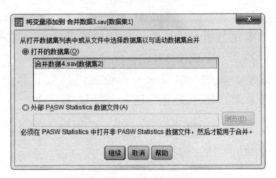

图 2-39　合并数据向导框

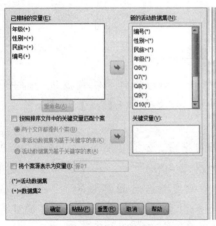

(a) 添加关键变量前

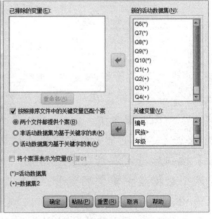

(b) 添加关键变量后

图 2-40　添加变量对话框

编号	性别	民族	年级	Q6	Q7	Q8	Q9	Q10	Q1	Q2	Q3	Q4	Q5
1	2	1	4	2	3	5	2	4	4	4	2	5	3
2	2	1	4	2	2	4	3	4	4	2	1	2	2
3	1	1	4	1	1	1	3	4	3	2	1	2	4
4	1	1	4	5	5	1	3	4	1	5	1	3	5
5	2	2	4	3	3	5	1	5	4	1	1	1	5
6	2		4		4		.	.	3	4	1	2	3

图 2-41　合并后的数据

步骤 4：从图 2-41 中我们可以看出，新数据集的变量除了两者重复的四个变量，还增加了 Q1～Q5 这五个新的变量。个案数上也由原来的五个增加到了六个。第六个个案中的缺失值是因为该个案在第一份数据(即"合并数据 3")上没有取值。

2.3.3 数据的排序

SPSS 数据编辑窗口的记录前后次序在默认情况下是由录入时的先后顺序决定的，在实际工作中，有时希望按照某种顺序来观察一批数据。例如，在"员工薪酬调查"数据中，将数据按照 ID 顺序来进行排列，以便随时检索和浏览。下面简单介绍 SPSS 提供的三种数据排序方式。

1. 单变量排序

单变量排序在 SPSS 中操作最为简单，在要排序的列变量名处右击，弹出快捷菜单，选择后两项"升序排序"或"降序排序"即可。

2. 多变量单向排序

多变量单项排序与单变量排序操作步骤类似，同时选中要排序的各个变量后在变量名处右击，弹出快捷菜单选择"升序排序"或"降序排序"即可。这种个案排列的原理是，先按第一个变量排序，当第一个变量取值相同时再对相同取值的个案按第二个变量做同向排序。

3. 多变量混合排序

多变量混合排序是指根据多个变量各自不同的排序方式对个案进行排序，其中有的是升序，有的是降序排序，这种情况需要使用菜单中的"排序个案"进行操作。选择【数据】→【排序个案】命令后，如图 2-42 所示，在【排序依据】框中选入排序依据的各个变量，然后分别单独设置各个变量的排序方式，设置为升序的变量后有"(A)"标识，设置为降序的变量后有"(D)"标识。单击【确定】按钮提交系统分析后，系统的结果输出窗口不会输出排序的结果，通过查看数据视图可以发现个案顺序发生了改变。

图 2-42 【排序个案】对话框

2.3.4 选择个案

在实际统计分析中，有时并不需要对所有的个案进行统计分析，而只要求对某些特定的个案进行分析，此时就需要先选出这部分个案才能进行后续分析。例如，只分析男性员工的数据，或者只分析业务部门员工的数据。从样本中选择部分个案，这可以利用【选择个案】菜单来操作。

打开本章数据"员工薪酬调查.sav",筛选出业务部门的男性员工。

案例分析：这里筛选的条件有两个，一个为业务部门，一个为男性。当然，筛选的条件不仅可以是一个、两个，还可以是任意多个。多个条件的合并，需要用字符"&"将条件进行链接。

步骤 1：打开本章数据"员工薪酬调查.sav"，依次选择【数据】→【选择个案】命令，如图 2-43 所示。

步骤 2：单击【选择个案】进入其主对话框，如图 2-44 所示。【选择个案】对话框由【选择】选项组和【输出】选项组组成，系统提供了五种选择个案的方式：第一，"全部个案"，表示全部个案都纳入分析，不进行筛选，这是默认设置；第二，"如果条件满足"，表示按指定条件进行筛选个案，这是初学者使用最多的方式；第三，"随机个案样本"，表示从原始数据中按照某种条件随机抽样，使用下方的【样本】进行具体设定，可以按百分比抽取个案，或者精确设定从前若干个个案中抽取多少个个案；第四，"基于时间或个案全距"，表示基于时间或个案序号来选择相应的个案，使用下方的【范围】按钮设定个案序号范围；第五，"使用筛选器变量"，此时需要在其下方选择一个筛选指示变量，该变量取值非 0 的个案将被选中，进行之后的分析。

图 2-43 选择个案

图 2-44 【选择个案】对话框

步骤 3：选择"如果条件满足"方式，单击其下方的【如果】按钮将会打开【选择个案：If】对话框，用于定义筛选条件的数学表达式，如图 2-45 所示。将左侧待筛选的变量选入右侧顶部空文本编辑框中，利用其下方的小键盘编辑变量的筛选条件，小键盘提供了最基本的算数运算方法。如果个案的筛选需要进行更复杂的函数运算，小键盘右侧的【函数组】列表框还提供了更丰富的运算函数，用户可以在【函数组】列表框中单击一个函数选入上方的文本编辑框，然后在函数公式中插入变量。这里条件有两个，一为业务部门，一为男性。双击变量 s1 进入右侧的运算框，然后再编写等式，即"s1=1"，同理，把"s3=1"在框中编辑好，因为是两个条件，需要用"&"连接，所以数学表达式最终为"s1=1& s3=1"。条件设置好后，单击【继续】按钮回到上一层对话框。

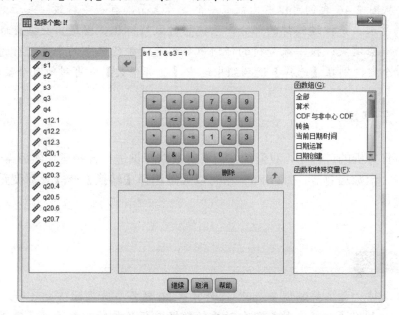

图 2-45 【选择个案：If】对话框

步骤 4：选择个案的输出方式。在图 2-44 所示的对话框中，【输出】选项组提供了三种方式处理选择结果：第一，"过滤掉未选定的个案"。未选定的个案将不包括在分析中，但仍然保留在数据文件中，使用该选项后会在数据文件中生产命名为"filter_$"的变量，对于选定的个案该变量的值为"1"，未选中的个案该变量值为"0"，在数据视图中未被选中的个案号会以"/"加以标记。第二，"将选定个案复制到新数据集"。将选定的个案复制到新数据集时，原始数据集不会受到影响，只是另外生成了一个只包含被筛选出的个案的新数据文件。第三，"删除未选定个案"。直接从数据文件中删除未选定个案。需要注意的是，一旦选择此项操作，原有未被选定的个案数据将从原始数据文件中删除，此外，由于此项操作不能后退撤销，因此我们要谨慎操作，以免数据丢失。如果不小心选择此项操作但还没保存文件，那可以退出文件不保存任何修改，这样才能恢复原来的完整数据。这里选择系统默认设置，即选择【过滤掉未选定的个案】，最后单击【确定】按钮，提交系统分析，输出结果如图 2-46 所示。

	ID	s1	s2	s3	q3	q4
1	1	1	33	1	2	2014
2	11	1	34	1	2	2014
3	2	2	28	1	1	2015
4	10	2	40	2	1	2013
5	12	2	30	2	1	2014
6	3	1	55	2	1	2011
7	4	1	41	1	1	2013
8	5	1	43	1	1	2011

图 2-46 选择生效后的数据界面

步骤 5： 从图 2-46 我们可以看出，有些个案号上面画有一条斜线，表示这些个案不符合我们分析的要求，是被过滤掉的部分，系统暂时做好标识，当退出数据文件再打开的时候，这些斜线就会消失。接下来分析的任何命令都是针对已选中的个案进行的，如果想要重新选择全部个案，则在【选择】选项组中选中【全部个案】即可对所有个案进行分析。

2.3.5 计算变量

在数据统计分析的过程中，我们经常需要对数据变量进行各种运算然后得到新的变量，如数据的求和、函数运算等。在 SPSS 中可以通过选择【转换】→【计算变量】命令来产生这样的新变量。

打开本章数据"员工薪酬调查.sav"，计算第 20 题各个选项的得分之和。

案例分析：利用【计算变量】命令对原始数据进行必要的四则运算是数据整理的常见工作，初学者需要掌握。【计算变量】命令还可以与【选择个案】命令结合使用。

步骤 1： 打开本章数据"员工薪酬调查.sav"，选择【转换】→【计算变量】命令，如图 2-47 所示。

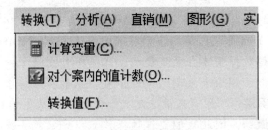

图 2-47 计算变量

步骤 2： 单击【计算变量】进入其对话框，如图 2-48 所示。在左侧【目标变量】文本框中输入欲生成的新变量的变量名"Q20 分数"。单击【类型与标签】按钮，在弹出的对话框中可以对新变量的类型和标签进行设置，这里不做设置。在【数字表达式】框中输入新变量的数学表达式,这里输入"q20.1 + q20.2 + q20.3 + q20.4 + q20.5 + q20.6 + q20.7",如图 2-48 所示。需要注意的是,尽量利用【计算变量】对话框中的小键盘编辑数学表达式,如果读者要用外置键盘编辑,则要确保在英文状态下编辑数学表达式。如果仅仅对满足特定条件的个案进行计算,则可以单击【如果】按钮,进入【选择个案】对话框,选择个案的操作请参考"选择个案"的操作步骤,这里不再重复介绍。最后,单击【确定】按钮,提交系统分析,则可以看到在数据文件中新生成了一个变量"Q20分数",如图 2-49 所示。

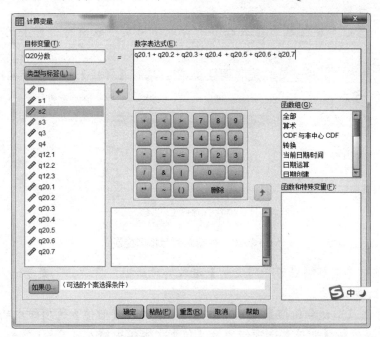

图 2-48 【计算变量】对话框

q20.4	q20.5	q20.6	q20.7	Q20分数
1	1	0	1	6.00
1	1	0	1	6.00
1	1	0	1	6.00
0	1	0	0	3.00
0	1	0	0	3.00

图 2-49 计算变量结果

2.3.6 变量值的重新编码

当我们需要将连续变量转化为等级变量,或者对变量取值进行重新修改或合并时,通过变量值的重新编码就可以实现。SPSS 提供了两种变量数值重新编码的方式:一种是对原始变量值直接进行重新编码并替换原数值的"重新编码为相同变量"方式;另一种是根据原始变量的取值生成新变量来记录重新编码结果的"重新编码为不同变量"方式。

1. 重新编码为相同变量

打开本章数据"员工薪酬调查.sav"中变量 q3，"是"被编码为 1，"否"被编码为 2，现在请把"是"重新编码为 2，"否"重新编码为 1。

案例分析：修改原变量的取值或合并部分取值为某个取值时，可采用重新编码完成设置。

步骤 1：打开本章数据"员工薪酬调查.sav"，选择【转换】→【重新编码为相同变量】命令，如图 2-50 所示。

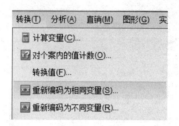

图 2-50　重新编码为相同变量

步骤 2：单击【重新编码为相同变量】进入其对话框。将"q3"变量选入【数字变量】框中，如图 2-51 所示。

步骤 3：单击【旧值和新值】进入其对话框，在左侧【旧值】选项组中的【值】文本框中输入"1"，在右侧【新值】选项组中的【值】文本框中输入"2"，单击【添加】按钮，表示将"旧值 1"改为"新值 2"；依次类推，就可以将"旧值 2"改为"新值 1"，如图 2-52 所示。全部旧值和新值转换关系建立之后，单击【继续】按钮回到主对话框，最后单击【确定】按钮，提交系统分析，这时系统就将原始数据变量 q3 中的取值进行了转化，即把原来的数据"1"变成了"2"，把数据"2"变成了"1"。

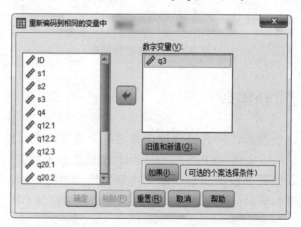

图 2-51　【重新编码到相同的变量中】对话框

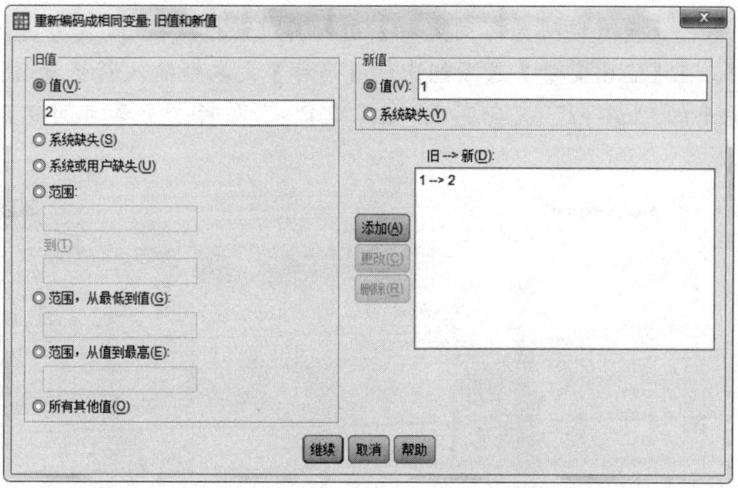

第 2 章 数据的建立与管理

图 2-52 【重新编码成相同变量：旧值和新值】对话框

此外，当需要将分类或定序变量的某些取值水平合并为若干少数水平时，也可以采用这种重新编码的方法。例如，将大学四个年级的大一和大二合并为低年级，大三和大四合并为高年级，这个过程实际上就是将原数据的"1"和"2"重新编码为"1"(表示低年级)，"3"和"4"重新编码为"2"(表示高年级)，具体的操作方法与上述方法相同。如果需要生成新的年级分组变量，则可以采用下面介绍的"重新编码为不同变量"的方法。

2. 重新编码为不同变量

案例 2-9

打开本章数据"员工薪酬调查.sav"，对 q4 划分年份组，其中 2011—2014 年为组 1，2015 年为组 2，缺失值为组 0。

案例分析：在 SPSS 中，将连续变量转换成离散变量，按照某种一一对应的关系生成变量值，可以将新值赋给原变量，也可以生成一个新变量，通过"重新编码为不同变量"这一命令可完成这一任务。

步骤 1：打开本章数据"员工薪酬调查.sav"，选择【转换】→【重新编码为不同变量】命令，如图 2-53 所示。

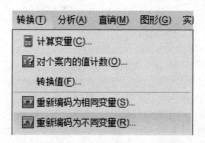

图 2-53 重新编码为不同变量

步骤 2: 单击【重新编码为不同变量】进入其对话框。将 q4 变量选入【数字变量→输出变量】框中,在【输出变量】选项组中的【名称】文本框输入新变量名 "T4",单击【更改】按钮,原来的 "q4->?" 就会变成 "q4->T4",即新老变量名间建立了对应关系,如图 2-54 所示。

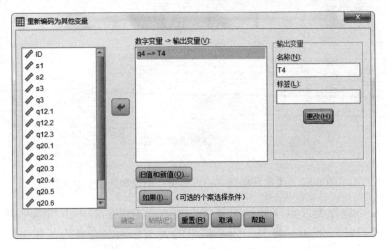

图 2-54 【重新编码为其他变量】对话框

步骤 3: 单击【旧值与新值】按钮进入其对话框,如图 2-55 所示。对话框左侧的【旧值】选项组为原有变量的取值,右侧的【新值】选项组为新变量的赋值设定。两边设定完毕后单击【添加】按钮,新旧变量间的对应编码规则就会被加入到右下方的规则列表框中。这里在【旧值】选项组的【范围】框中设定 2011—2014 年为 "新值 1",在【值】文本框中设定 2015 年为 "新值 2",在【系统缺失】处设定系统确实值为 "新值 0",最后添加结果如图 2-55 所示。上述重新编码过程既可以将连续变量转换成数值型或字符型离散变量,也可以将数值型字符变量转换成数值型变量,只需选中图 2-55 右下角的【将数值字符串移动为数值】复选框即可。单击【继续】按钮回到主对话框。

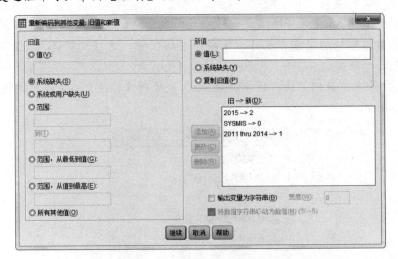

图 2-55 【重新编码到其他变量:旧值与新值】对话框

步骤 4：所有操作完成后单击【确定】按钮，提交系统分析，输出结果如图 2-56 所示。从图 2-56 中我们可以看出，新变量 T4 的取值有"1""2"和"0"三种取值，分别对应 q4 变量的取值范围，即"2011—2014""2015"和"缺失值"。

	s2	s3	q3	q4	T4
1	33	1	2	2014	1
2	34	1	2	2014	1
3	28	1	1	2015	2
4	40	2	1	2013	1
5	30	2	1	2014	1
6	55	2	1	2011	1
7	41	1	1	2013	1
8	43	1	1	2011	1
9	22	1	2		0

图 2-56　旧值与新值转换后的结果

小　结

在数据分析之前，我们需要先建立数据文件，要建立文件需要先设置变量；变量的设置在名称上需要符合多个条件，如不能重名，此外，还需要根据数据的特点设置数据类型、小数位以及设置变量标签和值标签等属性；数据的录入可以采用直接录入的方式，也可以采用导入外部 Excel、txt 等格式数据文件的方式，其中多选题的录入又可以分为多重二分法和多重分类法两种；数据文件建立后，为保证后期数据统计分析结果的准确性，我们还要对空行、超出特定范围的数值、重复个案以及不符合特定逻辑规则的个案进行处理；最后，我们可以对数据进行文件合并、计算变量、选择个案及重新编码等操作，为后期统计分析做准备。

思考与练习

1. 简述 SPSS 变量名的设置应注意的事项。
2. 简述变量标签和值标签的区别。
3. 将本章"合并数据 1.sav"和"合并数据 5.sav"合并。
4. 将本章"合并数据 3.sav"和"合并数据 6.sav"合并。
5. 打开本章数据"员工薪酬调查.sav"，筛选出管理部门的女性，并为其建立一个新数据。
6. 表 2-3 是我国的一些经济指标(本章数据"国民经济核算.sav")，请根据以下要求对该数据进行统计与分析。

(1) 计算出人均国内生产总值，在原数据上生成"人均国内生产总值"变量。
(2) 将三大产业增加值加总，在原数据上生成"三大产业增加值"变量。
(3) 对国内生产总值进行等级划分，在原始数据中生成"规模等级"新变量。其中 300 000 亿元以下为"小规模"，编码为"1"；300 000 亿～500 000 亿元为"中等规模"，编码为"2"；500 000 亿元以上为"大规模"，编码为"3"。

表 2-3　国民经济核算

时间	国内生产总值/亿元	人口数/亿	第一产业增加值/亿元	第二产业增加值/亿元	第三产业增加值/亿元
2014 年	643 974.00	13.64	58 343.50	277 571.80	308 058.60
2013 年	595 244.40	13.57	55 329.10	261 956.10	277 959.30
2012 年	540 367.40	13.51	50 902.30	244 643.30	244 821.90
2011 年	489 300.60	13.44	46 163.10	227 038.80	216 098.60
2010 年	413 030.30	13.38	39 362.60	191 629.80	182 038.00
2009 年	349 081.40	13.31	34 161.80	160 171.70	154 747.90
2008 年	319 515.50	13.25	32 753.20	149 956.60	136 805.80
2007 年	270 232.30	13.18	27 788.00	126 633.60	115 810.70
2006 年	219 438.50	13.11	23 317.00	104 361.80	91 759.70
2005 年	187 318.90	13.04	21 806.70	88 084.40	77 427.80

注：数据来源于国家统计局。

第 3 章
描述统计

学习目标

- 掌握变量的类型和数据分布特征。
- 掌握常用的集中量数和差异量数。
- 掌握频率分析的 SPSS 操作及结果解释。
- 掌握描述分析的 SPSS 操作及结果解释。
- 掌握探索和交叉表分析的 SPSS 操作及结果解释。

任何一项科学研究其首要的工作都是对研究对象进行描述，统计分析的研究对象是数据，其首要任务就是对数据进行描述。如果样本量小，我们可以一个个地了解原始数据的特征；但如果样本量比较大，一个个地了解原始数据就非常费时，关键是这样做对我们把握数据变量的特征和规律帮助不大。因此，我们需要采用合适的方式对数据尤其是大样本数据进行有效的描述，我们称这个过程为描述统计。它主要是指通过图表和数学方法，对数据资料进行整理和分析，并对数据的分布状态、数字特征和随机变量之间的关系进行估计和描述的方法。

描述统计的统计图表法，顾名思义就是利用图和表来描述数据的特征、分析数据的规律。统计图表的最大优势是直观，能直接看出数据的总体概貌。常用来表示单个变量特征的统计表有简单次数分布表、相对次数分布表和累加次数分布表等，图有条形图、直方图、饼图、茎叶图和累加次数分布图等；常用的表示两个变量特征的统计表有双列次数分布表，图有散点图。本章主要介绍直方图、条形图和饼图，散点图将在第 7 章介绍。描述统计的数学方法，顾名思义就是采用数字指标、数学等式等方式来描述数据的特征，主要包括计算出反映单个变量数据特征的统计指标，即统计量，也包括计算出反应两变量相关关系的相关系数。本章主要介绍统计量，相关分析将在第 7 章介绍。统计量主要分两类，一类是反映集中趋势的集中量数，包括平均数、中数和众数；另一类是反映离散趋势的差异量数，包括全距、标准差、方差和四分位数等。统计量中也包括描述数据分布特征的指标，如数据分布的峰度值和偏度值。

在做数据描述的时候，常常需要先判定数据的类型，为其找到合适的图表和统计量进行描述。因此，本章首先介绍变量的两种分类，一种是按数据反映的测量水平分类，包括定类变量、定序变量、定距变量和定比变量四种；另一种是按照数据是否具有连续性特征分类，包括离散变量和连续变量。其次，介绍用于描述数据集中趋势、离散趋势以及分布特征的主要统计指标。最后，结合具体数据案例演示频率分析、描述性统计、数据探索及交叉表的 SPSS 操作步骤及结果解读。

3.1 变量类型

3.1.1 按数据反映的测量水平划分

根据数据反映的测量水平，我们可以把变量分为四种类别，即定类变量、定序变量、定距变量和定比变量。这四种变量在表示事物的属性上有高低之分。

1. 定类变量

定类变量，又称分类变量、类别变量，它只反映事物的性质类别，而无高低大小之分。例如，性别、民族、职业、城市、婚姻状况、公司类别、是否分配红利等。定类变量的具体类别可以用符号或数字表示，例如"1"代表男性，"2"代表女性；"是"表示分配红利，"否"表示未分配红利等。需要注意的是，用数字表示事物属性时，数字只是符号而已，并不表示大小高低。正因为类别变量不反映事物的数量特征，所以它不能进行加减乘除运算，只能做一般的频数和比例描述。

2. 定序变量

定序变量也叫作顺序变量、等级变量，它反映事物的等级高低、大小顺序、程度强弱等特征。例如，根据公司人数设置的公司规模(有大、中、小三种规模)、公司业绩排名、学历等级、家庭年收入水平、年龄段等。问卷调查中常用的计分等级，如"完全同意""比较同意""一般""不太同意""完全不同意"也是一种定序变量。定序变量中等级与等级之间也没有相等的单位，因而不能做加减乘除运算，只能做频数分析、比例分析以及等级相关、秩和检验等。

3. 定距变量

定距变量反映事物的大小高低以及数值之间的距离特征，它兼有定类变量的性质特征和定序变量的顺序特征，同时还反映事物之间具体的数值大小距离。定距变量没有实际意义的绝对零点，只是人为设置的相对零点。例如，心理学中的智商和心理健康得分，当智商和心理健康测试得分为 0 时，并不表示完全没有智商、没有心理健康水平。类似的变量还有温度、海拔等。但是，定距变量具有相等的单位，正因为如此，定距变量可以进行加法和减法的运算，但不能进行乘除运算。

4. 定比变量

定比变量反映事物的比例或比率关系，具有实际意义的绝对零点，并且测量单位相等。因此，定比变量不仅可以做加减法运算，还可以做乘除法运算。经济、财会领域中的很多数据都是定比变量，如收入、利润等。

3.1.2 按数据是否具有连续性划分

人们还经常根据数据数值的连续性与否将变量分为连续变量和离散变量两种。

1. 连续变量

当变量的取值是连续的，任意相邻两个取值之间还可以取无限个其他数值时，我们称之为连续变量。通常情况下，那些可以用任意小数表示的变量都是连续变量，如重量、长度、价格、工资和利润率等。定比变量和部分定距变量都是连续变量。

2. 离散变量

当变量的取值不是连续的，而是间断的，相邻取值之间只能取有限个其他数值时，称为离散变量。通常情况下，离散变量都只能用整数而不能用小数来表示，如民族类别、公司个数和产品数量等。定类变量和定序变量都属于离散变量。

在实际统计分析中，当一个变量的取值范围比较大、取值水平比较多的时候，人们通常将其视为连续变量，以便进行各种复杂的统计分析，如年龄、人数和产品数量等变量。

3.2 统计量

我们常常需要根据一定的目的去研究一些事物或现象，根据这些研究目的而确定的具有共同特征、可观察的全部样本被称为该类事物或现象的总体。但是，实践中因为客观条件的限制，想要研究完总体所有的样本常常是做不到的。于是，统计学家们想到了抽样的方法，即从总体中抽取出有代表性的样本对其研究，获得样本相应的统计指标，并把这些样本中得到的结论推论到总体上。这些样本的统计指标就是统计量，与其对应的总体的统计指标被称为参数，参数是固定的，但样本统计量与参数不同，它是变化的。常用的统计量有集中量数和差异量数。

3.2.1 集中量数

集中趋势也可称为"中心趋势"，是指一组数据存在向特定中心取值靠拢的倾向，变量数值围绕中心值上下波动。正因为变量的原始值围绕中心值波动，人们就用各种中心值来近似表示某一变量的总体取值特征，我们称它们为集中量数。常用的集中量数有平均值、中位数和众数等。例如，我们经常用抽样调查得到的人均收入表示某个地区或行业的收入水平，用成绩的中位数表示某个班级的成绩状况。

1. 平均值

平均值是最常用的集中趋势统计指标，包括算术平均值、几何平均值和调和平均值等。其中，最常用的是算术平均值，它是各数据相加除以数据个数的得数。平均值容易受到极端值的影响，这种情况它不能很好地代表整体数据特征。例如，一个村子有99户普通家庭，另有1户亿万富翁家庭，那么这个村子按人均收入统计出来的结果就可能是富裕的村庄，而实际情况是总体上是经济水平普通的村庄。

2. 中位数

中位数又称中点数、中数、中值。中位数是将各种数据取值从小到大排列之后中间位置的那个数。即在这组数据中，有一半的数值比它大，有一半的数值比它小。这个数可能是数据中的某一个，也可能根本不是原有的数据。例如，数列3，5，7，9，10的数据个数为奇数，则其中位数是$(N+1)/2$，即第三个数字"7"。而数列3，5，7，9，10，13的数据个数为偶数，其中位数就是第$N/2$和第$[(N/2)+1]$个数的和的均值，所以该数列的中位数是第三和第四个数据的平均值，即$(7+9)/2=8$。中位数不受极端值的影响，因此，适合用于描述存在个别极端值的数据的集中趋势。

3. 众数

众数是一组数据中取值个数或次数最多的数值，一组数据的众数可以有多个。例如，数列1，1，2，3，3，3，4，4的众数是3，而数列1，1，2，3，3，3，4，4，1的众数则是1和3。众数与原始数据的其他取值没有数值大小上的关联，不能给一组数据提供太多的统计信息，因而一般比较少用，只是有时用于粗略地了解一组数据最常见的取值。

3.2.2 差异量数

一组数据既有集中趋势又有离散趋势，离散趋势反映一组数据原始值之间的差异和波动情况，其指标被称为差异量数。例如，两个公司的员工平均月工资同样是 3500 元，但 A 公司员工之间的月工资差异可能很大，工资很低(如 1500 元以下)和很高(如 8000 元以上)的人数都较多，而 B 公司员工之间的月工资差异可能很小(如绝大多数员工的月工资在 2500~5000 元之间)，这种情况下，单纯用集中趋势的统计指标(如均值、中位数)就难以反映这两个公司员工月工资数据的分布特点。因此，一组数据的取值分布特征通常要结合集中趋势统计指标和离散趋势统计指标来表示。例如，在统计报告中，通常用平均值和标准差结合表示变量的数据特征。常用的离散趋势统计指标主要有全距、方差、标准差、百分位数等。

1. 全距

全距也称变量数据的取值范围，即最大值减去最小值所得的数值。显然，全距越大，数据离散程度可能就越大；反之，全距越小，数据离散程度可能就越小。全距方便我们了解一组数据的分布范围广度，但是它却容易受到极端数值的影响。例如，一列数据有一个极端值 100，但是其他值的范围只是在 5 到 9 之间波动，这个时候单纯用最大值减去最小值作为离散程度的刻画指标就显得不太合适了。此外，如果单位不统一，不同数据的全距是不能进行比较的。

2. 方差

方差反映了一组数据偏离平均值的总体情况。将一组数据中所有的原始数值减去该组数据的平均值就得到相应的离均差，所有数据离均差的平方和再除以总体的个案数就是总体的方差。方差越大，数据间的差别越大；相反，方差越小，数据间的差别就越小。其公式为

$$\sigma^2 = \frac{\sum_{i=1}^{n}(x_i - \mu)^2}{N} \tag{3.1}$$

式中，σ^2 为总体方差；x_i 为原始数据；μ 为总体均值；N 为总体数量。

但对于样本数据而言，方差是所有数据离均差的平方和除以自由度($n-1$)，其公式可以写作

$$S^2 = \frac{\sum_{i=1}^{n}(x_i - \bar{x})^2}{n-1} \tag{3.2}$$

式中，S^2 为样本方差；x_i 为原始数据；$\bar{x}$ 为样本均值；n 为样本量。

3. 标准差

将方差开平方得到的数值即变量的标准差，其解释和方差是一样的。总体的标准差公式为

$$\sigma = \sqrt{\frac{\sum_{i=1}^{n}(x_i - \mu)^2}{N}} \qquad (3.3)$$

样本的标准差公式为

$$S = \sqrt{\frac{\sum_{i=1}^{n}(x_i - \overline{x})^2}{n-1}} \qquad (3.4)$$

4. 百分位数

提到百分位数，不得不先提百分等级，百分等级是指在一个分数分布中低于这个分数的人数百分比，用字母 P 表示。例如，百分等级为 90 的数据是指在人群中有 90%的人数比这个分数要低。而百分位数是指与某个百分等级 P 对应的那个分数点。例如，某数列 90%的百分等级对应的分数点是 80，10%的百分等级对应的分数点是 60，我们就可以知道有 80%的人的分数在 60～80 分之间。百分位数可以分成很多种类，常用的百分位数有四分位数和十分位数，四分位数是将数据划分为四等份，每一等份包含 25%的数据，处在各分位点的数值就是四分位数。四分位数就有三个，第一个四分位数称为下四分位数，第二个四分位数就是中位数，第三个四分位数称为上四分位数，分别用 Q_1、Q_2、Q_3 表示。统计上利用四分位差来判断数据的离散情况，四分位差是将第三个四分位数减去第一个四分位数的一半，即 $Q_R=(Q_3-Q_1)/2$，显然，其值越大说明数据离散程度越大，相反，其值越小离散程度就越小。四分位差与全距比起来，其优势是可以剔除两端的极值对离散程度的影响。

3.3 数据分布

除了通过集中量数和差异量数了解数据特征，我们还可以通过数据分析了解数据特征。数据的分布种类繁多，这里主要介绍常见的正态分布以及与之对应的偏态分布。

3.3.1 正态分布

一组数据如果服从正态分布，那么其形状就是左右对称的"钟形"曲线，如图 3-1 所示。并且，距离平均值上下一个标准差范围内的个案数约占 68%，距离平均值上下两个标准差范围内的个案数约占 95%，距离平均值上下三个标准差范围内的个案数约占 99.7%。所有的正态分布都可以转化为标准正态分布，标准正态分布是均值为 0、标准差为 1 的一个固定数据分布。

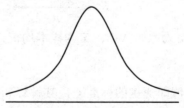

图 3-1 正态分布

3.3.2 偏态分布

有时数据并不都呈现出理想的正态分布,而是以一种偏态的方式出现,这样的分布可以通过它的偏度和峰度加以描述。

1. 偏度

偏度描述的是变量取值的累积频率分布偏离中心的程度,表现在累积频率分布图的长尾(注意,不是高峰)偏左还是偏右。当偏度系数等于 0 时,图形双尾对称分布,峰尖居中;当偏度系数大于 0 时,长尾在右(右侧尾部长于左侧尾部),峰尖偏左,如图 3-2(a)所示,此时被称为正偏态;当偏度系数小于 0 时,长尾在左(左侧尾部长于右侧尾部),峰尖偏右,如图 3-2(b)所示,此时被称为负偏态。

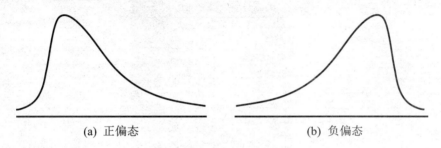

图 3-2 正偏态与负偏态

2. 峰度

峰度是用来描述变量取值的累积频率分布陡峭或平缓程度的统计量,表现在累积频率分布图上就是图形的尖或平的程度。当峰度系数等于 0 时,图形就是和正态分布图一样的正态峰,如图 3-3 所示的实线分布图;当峰度系数大于 0 时,图形就比较尖、陡,如图 3-3 顶点上层的那条虚线分布图;当峰度系数小于 0 时,图形就比较平缓,如图 3-3 顶点下层的那条虚线分布图。

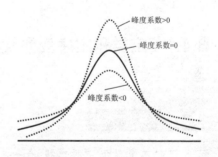

图 3-3 不同峰度的分布

3.4 频率分析的 SPSS 过程

本章数据"股票投资评级.sav"[①]中记录了一些股票的信息,包括股票代码、股票名称、行业、最新评级、评级机构、价位、最新价和涨跌幅,如图 3-4 所示(注:图中只是部分数据),下面将围绕该数据进行一些描述统计的 SPSS 操作演示。

在 SPSS 中,描述统计的功能主要在工具栏【分析】的【描述统计】菜单中,包括【频率】【描述】【探索】【交叉表】【比率】以及【P-P 图】和【Q-Q 图】,如图 3-5 所示,

---

① 数据来源于新浪网财经频道数据中心。

本书主要介绍前四项，这里先介绍【频率】菜单的使用。

图 3-4　股票投资评级

图 3-5　频率分析

3.4.1　定类和定序变量描述

案例 3-1

请对本章数据"股票投资评级.sav"中的"行业"变量做描述性统计分析。

案例分析：对变量做描述统计，通常要先分析变量的属性以选择正确的统计指标。"行业"是定类数据，对于这类数据我们主要是描述它的种类及每种类别出现的频次和频率，可以通过 SPSS 频率分析加以完成。除了用频次和频率描述该变量，还可以用图表进行描述，对于这类数据，比较合适的图表是条形图和饼图。

步骤 1：打开本章数据"股票投资评级.sav"，依次选择【分析】→【描述统计】→【频率】命令，如图 3-5 所示。

步骤 2：单击【频率】进入其对话框，将左侧变量列表中要分析的变量放入右侧【变量】框中，这里将"行业"放进框中。因为"行业"属于定类数据，所以可以保持系统默认的频率分析，保持【显示频率表格】复选框的默认选中状态即对变量进行频率分析，如图 3-6 所示。

步骤3： 除了用频数和频率描述定类变量外，我们还可以用图描述它。单击【图表】按钮进入其对话框，选中适合分析该变量的图表。图表类型上总共给出了三个图，即条形图、饼图和直方图，定类数据可以用条形图和饼图来描述。因为一次只能选择一个图形，这里先选择【饼图】做演示，【图表值】选项组这里默认系统设置，即默认选择【频率】，如图3-7所示。单击【继续】按钮回到主对话框，最后单击【确定】按钮，提交系统分析，输出结果如表3-1和图3-8所示。

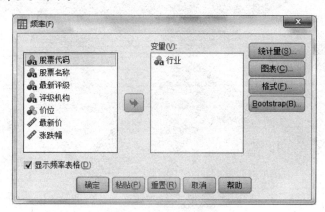

图3-6 【频率】对话框

图3-7 【频率：图表】对话框

表3-1 行业变量描述频率表

		频率	百分比	有效百分比	累积百分比
有效		4	5.7	5.7	5.7
	钢铁机械	12	17.1	17.1	22.9
	建筑建材	10	14.3	14.3	37.1
	金融行业	20	28.6	28.6	65.7
	其他行业	13	18.6	18.6	84.3
	汽车制造	11	15.7	15.7	100.0
	合计	70	100.0	100.0	

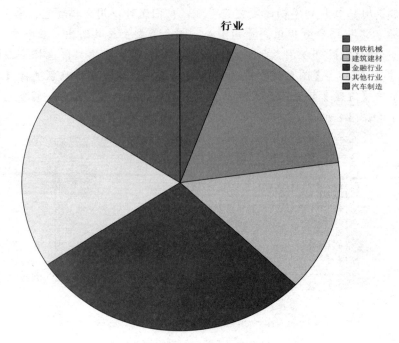

图 3-8 行业分类饼图

步骤 4：结果解释。

(1) 频率分析。从表 3-1 中我们可以看到，行业变量总共分成了六类，第一类的名称空缺，这样的股票频率值显示有四支，占总个案数的 5.7%，因为没有缺失值(字符型变量下，空白值被视为有效数据)，所以有效百分比也是 5.7%。这里尤其要注意的是，表 3-1 "频率"一词其实用得并不恰当，它在这里的意思其实是我们通常所指的频数，即某个或某类数据重复出现的次数，也叫作频次或次数。通常情况下，我们所指的"频率"是频数与数据中所包含数据的个数的比。因为 SPSS 中文版的翻译如此，所以我们暂时按照其翻译解释数据。其他的行业分类的频率、百分比、有效百分比也非常清楚地被显示出来了。最后一列的累积百分比，是指按照顺序把排在某组数据前的所有百分比(包含本组百分比)累积起来后所得的百分比，它最后总是等于 100%。

(2) 饼图。从图 3-8 中我们可以非常直观地看出，六个类别的行业在数量上的比较，这就是图的主要优势，有一些复杂的数据及现象，有时采用一个图来表示，往往能起到文字难以达到的效果。当然，要把一个复杂的变量描述清楚，图文并茂是最好的选择。我们看到，图 3-8 虽然直观漂亮，但它是系统默认的，并没有给出相应的数据让我们准确判断每个行业所占的比例，我们可以通过图表编辑器对其进行二次编辑。当我们完成"步骤 3"时，可以打开结果输出窗口双击饼图激活图表编辑器，如图 3-9 所示，然后右击饼图，选中【显示数据标签】选项，如图 3-10 所示，单击 关闭图表编辑器，最后得到新的饼图，如图 3-11 所示。从图 3-11 可以看到，每个板块都显示了该板块的比例，这样操作后图就给我们提供了更多的信息。当然，这里只是演示了图表编辑器的一个小功能，图表编辑器的功能众多，有兴趣的读者可以参考其他书籍自行探索。

第 3 章 描述统计

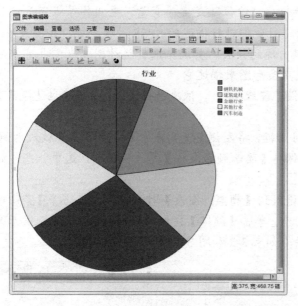

图 3-9 图表编辑器

图 3-10 右键选项

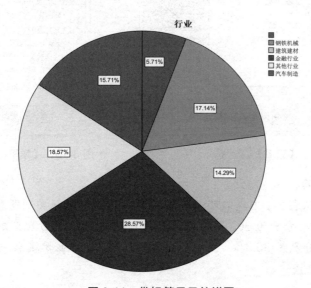

图 3-11 带标签显示的饼图

SPSS 输出的表格和图都可以直接复制粘贴到 Excel、Word、PPT 等文档中,其中,表格复制到文档后仍然可以对其内容做一定的修改,但是图复制到文档后就不能再做内容上的改变了,想要改变图的一些属性,需要在图表编辑器上对其进行修改。

案例 3-2

请对本章数据"股票投资评级.sav"中的"价位"变量做描述性分析。

案例分析：首先，选择统计指标。"价位"是定序变量，也叫作等级变量，"定序"和"定类"变量一般都是离散变量，对他们进行描述的 SPSS 过程一样，我们采用【频率】命令描述它的等级种类及每种等级出现的频次。其次，选择统计图。我们也可以用图表来对"价位"进行描述，这次我们采用条形图来描述它。

步骤 1：打开本章数据"股票投资评级.sav"，依次选择【分析】→【描述统计】→【频率】命令，如图 3-5 所示。

步骤 2：单击【频率】进入其对话框，将左侧变量列表中要分析的变量放入右侧【变量】框中，这里将"价位"放进框中，保持【显示频率表格】复选框的默认选中状态，如图 3-12 所示。

步骤 3：单击【图表】按钮，进入到【频率：图表】对话框，这里选择【条形图】，图表值上默认【频率】，如图 3-13 所示。单击【继续】按钮回到上一层对话框，最后单击【确定】按钮，提交系统分析，输出结果如表 3-2 和图 3-14 所示。

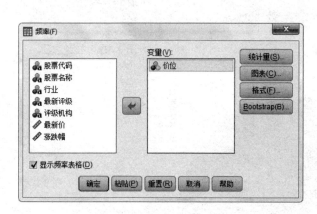

图 3-12 【频率】对话框

图 3-13 【频率：图表】对话框

步骤 4：结果解释。

(1) 频率分析。从表 3-2 中我们可以清楚地看到,价位的等级类别及每种等级的频率,低、中、高三种价位的频率分别为 20、30、15，合计 65 个个案，百分比分别为 28.6%、42.9%、21.4%，累积百分比分别为 30.8%、76.9%、100%。表 3-2 中显示这里缺失了 5 个个案，占总个案数 7.1%的比重。

表 3-2 价位变量描述频率表

		频 率	百分比	有效百分比	累积百分比
有效	低价位	20	28.6	30.8	30.8
	中等价位	30	42.9	46.2	76.9
	高价位	15	21.4	23.1	100.0
	合计	65	92.9	100.0	
缺失	系统	5	7.1		
合计		70	100.0		

(2) 条形图。与饼图一样，条形图的优点也在于直观和形象，图 3-14 的条形图非常直观地显示出了三个价位个案数的数量关系。系统默认的条形图的填充色是统一的，如果读者想要将条形图填充不同的颜色以区分不同的类别，可以双击条形图进入图表编辑器，对条形图的颜色进行调整；如果读者希望显示条形图上的频率个数，也可以通过图表编辑器进行编辑。总之，图形编辑器的功能很强大，可以满足大部分人对图形编辑的需求。

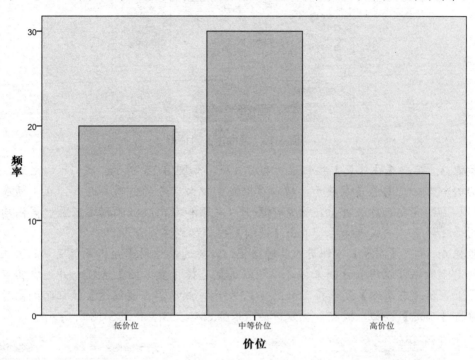

图 3-14 价位条形图

3.4.2 定距和定比变量描述

请对本章数据"股票投资评级.sav"中"最新价"变量做描述性统计分析。

案例分析：首先，选择统计指标。"最新价"是定比数据，对于定比数据我们需要描述它的集中趋势和离散趋势，同时可以描述其分布特征。其次，选择统计图。定比数据是连续的，我们采用直方图来描述它。这两个步骤都可以采用 SPSS 中的"频率"命令来完成。定距数据和定比数据描述的 SPSS 过程基本相同。

步骤 1：打开本章数据"股票投资评级.sav"，依次选择【分析】→【描述统计】→【频率】命令，如图 3-5 所示。

步骤2：单击【频率】进入【频率】对话框，这里将"最新价"放到右侧的【变量】框中，因为"最新价"属于定比数据，不适合采用频率分析，所以可以将【显示频率表格】复选框中的"√"去掉，如图3-15所示。

图3-15 【频率】对话框

步骤3：单击【统计量】按钮进入其对话框，如图3-16所示。我们可以看到，该对话框分为四个部分，因为是做演示，所以这里我们把大部分的选项都选上。在实际应用中可以根据自己的需要选择统计量，通常情况下，定距和定比数据的描述应至少提供均值和标准差两个统计量。完成选择后，单击【继续】按钮回到主对话框。

步骤4：单击【图表】按钮进入其对话框，需要选择适用于分析目标变量的图表，因为定距和定比数据可以用直方图来描述，所以这里选择【直方图】选项，并选中其下方【在直方图上显示正态曲线】复选框，如图3-17所示。然后单击【继续】按钮回到主对话框，最后单击【确定】按钮，提交系统分析，结果输出如表3-3和图3-18所示。

图3-16 【频率：统计量】对话框

图3-17 【频率：图表】对话框

步骤5：结果解释。

(1) 统计指标。从表3-3中我们可以看到这份数据有70个个案(样本)，各种统计量的数值也都有列出，例如，"最新价"的均值为18.3270，标准差为15.07718，偏度为2.175，表示其为右偏态分布，峰度为5.673，表示其峰度较为陡峭。当然实际操作中我们并不需要这么多的统计量，研究者应该按照自己需要对统计量进行选择。

第 3 章 描述统计

表 3-3 最新价统计量

N	有效	70
	缺失	0
均值		18.3270
均值的标准误		1.80207
中值		14.5400
众数		14.88
标准差		15.07718
方差		227.322
偏度		2.175
偏度的标准误		.287①
峰度		5.673
峰度的标准误		.566
全距		81.02
极小值		2.83
极大值		83.85
和		1282.89
百分位数	25	9.1425
	50	14.5400
	75	21.4000

(2) 直方图。从图 3-18 中我们可以比较直观地看到"最新价"的分布状态。总体来说，该直方图呈现一种右偏态(正偏态)的分布趋势，即数值低的较多，数值大的较少，同时其最高点处显得较为陡峭。图 3-18 上的曲线也直观地告诉我们该例中的数据分布与正态曲线的吻合度较低，即数据不呈现正态分布特征，这和统计量的峰度和偏度的结果互为印证。

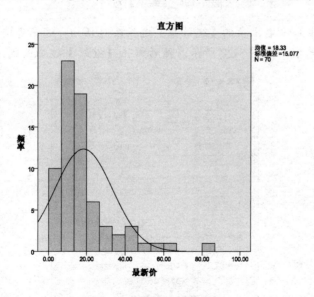

图 3-18 最新价的直方图

---

① 注：为了保持与系统输出结果界面一致，本书输出结果表格中小数点前的 0 均省略。

案例 3-4

请写出本章数据"股票投资评级.sav"中"涨跌幅"的均值、标准差、峰度和偏度值，同时采用合适的图形描述该变量，最后根据以上信息初步判定"涨跌幅"的数据分布形态。

案例分析："涨跌幅"数据也属于定比变量，是连续性数据，这里需要找出其特殊的统计量，我们按照指示去完成即可。同时，还可以采用直方图对其进行描述。

步骤 1：打开本章数据"股票投资评级.sav"，依次选择【分析】→【描述统计】→【频率】命令，如图 3-5 所示。

步骤 2：单击【频率】进入其对话框，这里将"涨跌幅"放到右侧的【变量】框中，将【显示频率表格】复选框中的"√"去掉，如图 3-19 所示。

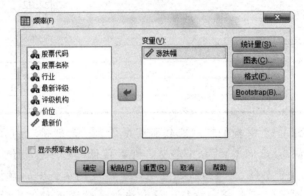

图 3-19 【频率】对话框

步骤 3：单击图 3-19 右上角的【统计量】进入其对话框，选中【均值】【标准差】【峰度】和【偏度】复选框，如图 3-20 所示。然后单击【继续】按钮回到主对话框。

图 3-20 【频率：统计量】对话框

步骤 4：单击【图表】按钮进入其对话框，选择【直方图】选项，这次取消选中【在直方图上显示正态曲线】复选框，如图 3-21 所示。然后单击【继续】按钮回到主对话框，最后单击【确定】按钮，提交系统分析，输出结果如表 3-4 和图 3-22 所示。

图 3-21　【频率：图表】对话框

步骤 5：结果解释。

(1) 统计指标。从表 3-4 中我们可知，"涨跌幅"的均值、标准差、偏度、峰度分别为 0.003061、0.0241250、2.826、9.414。其偏度值大于 0，说明其分布倾向正偏态；其峰度值大于 0，说明其分布峰度较为陡峭。

表 3-4　涨跌幅统计量

N	有效	70
	缺失	0
均值		.003061
标准差		.0241250
偏度		2.826
偏度的标准误		.287
峰度		9.414
峰度的标准误		.566

(2) 直方图。从图 3-22 中我们可以看出，"涨跌幅"变量的数据也同样没有能拟合成标准的正态分布，直方图显示其分布的峰度较为陡峭，倾向于正偏态。当然，不是标准的正态分布，是日常处理数据遇到的很正常的情况，这里的样本量太少是其中的一个原因；另外，有一些数据分布的总体不一定是正态的。数据分布的形态是非常多的，正态分布只是我们比较常见的一种而已，所以正态曲线的分析只是告诉读者数据的特征，并不一定是用它来判断数据的好坏的标准。当然，如果读者确实已经对某种现象的数据分布是正态分布这一先验结论很有把握，那直方图可以初步帮助研究者判断所抽取的数据是否是正态分布，即判断所抽样本是否有代表性。

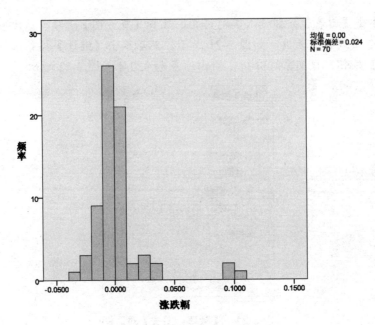

图 3-22 涨跌幅的直方图

3.5 描述分析的 SPSS 过程

【描述】命令主要用于连续变量的统计分析，包括平均值、标准差、方差、偏度、峰度以及标准分转换等。其在描述连续变量时的操作过程与【频率】命令过程差不多，只是各有侧重，例如，【频率】命令中有图表功能，而【描述】命令没有；但是【描述】命令中有标准分数转化的功能，【频率】命令则没有。

3.5.1 标准分数

单纯从一组数据的原始数值我们并不能了解这一数值在整个群体中的高低位置。为了反映某数值在一列变量数值中的相对位置，我们通常会将数据转换成标准分数，即 Z 分数。标准分是将个案的原始数值减去样本的平均值后除以样本的标准差所得到的数值，即它以平均数为参照点，以标准差为单位，其公式为

$$Z = \frac{x_i - \bar{x}}{SD} \tag{3.5}$$

式中，Z 为标准分，x_i 为原始分数，$\bar{x}$ 为算术平均数，SD 为标准差。

标准分代表个案的数值偏离样本平均值的标准差个数。例如，标准分为 1.5，则说明个案的数值比平均值高 1.5 个标准差。

利用原始数据我们难以判断数据的高低好坏，但是如果把数据都转成标准分数，我们就可以对分数做直观的判断。例如，一个员工得了 1 万元的福利，如果没有外在的比较，我们很难知道在该单位这个员工的福利到底是高还是低，但是如果我们把这个 1 万元数据

第 3 章 描述统计

转化标准分,发现 Z=0,那么我们就可以快速地判断,这个员工的福利水平只是该单位的平均水平。

标准分数取值在[-3,3]之间的面积大约占 99%的数据,意味着凡是超出这个取值范围的数据是少见的,因而属于极端值。数据中的极端值应该引起我们的重视。前面提到,有一些统计量,如算术平均数,容易受到两端极值的影响,如果我们利用 Z 分数将一些极端值做出筛选,那么分析的结果就会更稳定,也更可靠一些。

3.5.2 描述分析的 SPSS 过程

利用本章数据"股票投资评级.sav"回答下列问题。

(1) 利用【描述】命令找出"涨跌幅"的均标准差、峰度和偏度值。

(2) 将"涨跌幅"变量转化成标准分,并判断其是否有大于均值三个标准差的数据。

案例分析:问题(1)较为简单,用【频率】命令就可以,但是这里要求使用【描述】命令;问题(2)首先需要转标准分,其次还需要对特定的数值进行甄别,这里需要用到个案排序命令。

步骤 1:打开本章数据"股票投资评级.sav",依次选择【分析】→【描述统计】→【描述】命令,如图 3-23 所示。

步骤 2:单击【描述】进入其对话框,这里将"涨跌幅"放到右侧的【变量】框中,选中【将标准化得分另存为变量】复选框,如图 3-24 所示。它将对变量进行标准化,并且在原数据中生成一个以"Z"开头的新变量。比较图 3-24 和图 3-19 会发现,同样一份数据,左侧的变量框中少了几个变量,这是因为它们都是定类数据,在数据文件中是以字符型数据编码的,描述命令不能处理字符型数据,因此,该对话框自动屏蔽掉那些字符型的变量。

图 3-23 描述分析

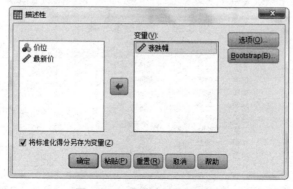

图 3-24 【描述性】对话框

步骤 3： 单击【选项】按钮进入其对话框，选中【均值】【标准差】【峰度】和【偏度值】复选框，如图 3-25 所示。然后单击【继续】按钮回到主对话框，最后单击【确定】按钮，提交系统分析，输出结果如表 3-5 所示。需要注意的是，读者需要去数据视窗中找到新生成的标准分数变量，如图 3-26 所示。

步骤 4： 结果解释。

从表 3-5 中我们可以看到涨跌幅的各项统计指标，它的结果和【频率】分析的结果是一致的，在此不再赘述。从图 3-26 中我们可知，原始数据的最左侧生成了一列新的变量，即"Z 涨跌幅"，它就是标准化了的"涨跌幅"。因为题目要求回答"涨跌幅"数据中是否有大于三个标准差的数据，所以可以右击变量名【Z 涨跌幅】，如图 3-27 所示，然后选择【降序排列】，得到的结果如图 3-28 所示。

图 3-25　【描述：选项】对话框

我们可以看出，有三只股票的"涨跌幅"标准分超过3，分别是森远股份、亚夏股份和金科股份。相同地，当选择【升序排列】时，可以查找是否有低于均值三个标准差的数据。

表 3-5　涨跌幅描述统计量

	N	均　值	标准差	偏　度		峰　度	
	统计量	统计量	统计量	统计量	标准误	统计量	标准误
涨跌幅	70	.003061	.0241250	2.826	.287	9.414	.566
有效的 N (列表状态)	70						

图 3-26　生成标准分数

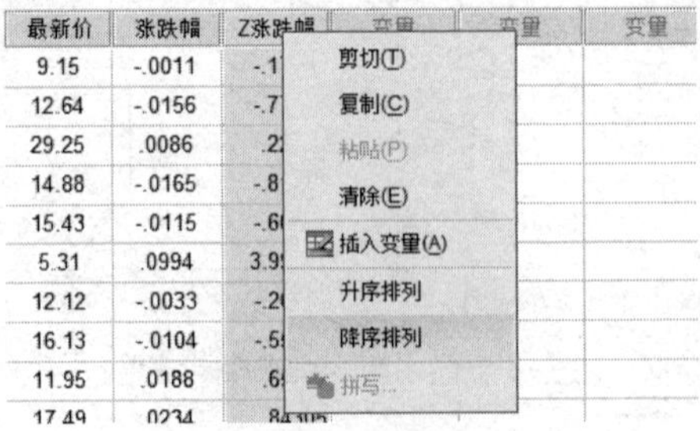

图 3-27　排序命令

第 3 章 描述统计

	股票代码	股票名称	行业	最新评级	评级机构	价位	最新价	涨跌幅	Z涨跌幅
1	300210	森远股份	钢铁机械	买入	渤海证券	.	21.34	.1000	4.01817
2	002375	亚厦股份	建筑建材	买入	其他机构	2	12.80	.0997	4.00574
3	000656	金科股份	其他行业	持有	其他机构	1	5.31	.0994	3.99330
4	002482	广田集团	建筑建材	持有	广发证券	1	9.62	.0378	1.43994
5	002480	新筑股份	钢铁机械	买入	渤海证券	2	13.33	.0317	1.18709

图 3-28 查看大于三个标准差的数据

3.6 数据探索的 SPSS 过程

【探索】模块的功能实际上是前面频率分析和描述性统计功能的整合，目的是帮助我们在正式进入数据统计分析之前，大致了解数据的集中趋势、离散趋势、分布形态、极端值等。除了输出常见的均值、标准差、中位数等统计量之外，还输出了其特有的几个结果：95%的修整均值、极端值、正态性检验以及茎叶图、箱图等。

案例 3-6

请对本章数据"股票投资评级.sav"中"最新价"做数据探索性分析。

案例分析：探索性分析一般是针对连续性变量的，所以对于探索的变量先分析一下它的属性是很有必要的，这和其他描述统计命令的思路一致，"最新价"属于连续变量，符合基本要求。

步骤 1：打开本章数据"股票投资评级.sav"，依次选择【分析】→【描述统计】→【探索】命令，如图 3-29 所示。

图 3-29 探索分析

步骤 2：单击【探索】进入其对话框，将左侧变量列表中要分析的变量放入右侧【因变量列表】框中，这里将"最新价"放进框中，如图 3-30 所示。

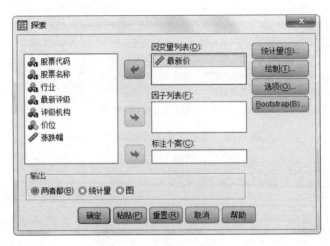

图 3-30 【探索】对话框

步骤 3：单击【统计量】按钮进入其对话框，可以选择输出均值的 95%的置信区间、M-估计量、界外值(极端值)、百分位数。本例选择输出均值的 95%置信区间和界外值，如图 3-31 所示。单击【继续】按钮回到主对话框。再单击【绘制】按钮进入其对话框，如图 3-32 所示。绘制是指通过图形展现变量数据的分布形态，包括茎叶图、箱图、直方图以及带有检验的正态图(P-P 图和 Q-Q 图)。本例选择系统默认的设置，即【茎叶图】。单击【继续】按钮回到主对话框，最后单击【确定】按钮，提交系统分析，输出结果如表 3-6、表 3-7、图 3-33 和图 3-34 所示。

图 3-31 【探索：统计量】对话框

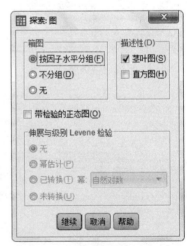

图 3-32 【探索：图】对话框

步骤 4：结果解释。

(1) 统计量。由表 3-6 可知，均值的 95%置信区间下限为 14.7320，上限为 21.9220。5%的修整均值是将变量数据最高和最低各 5%的数值剔除之后余下数据的平均值，其目的是降低极端值对算术平均数的影响。表 3-7 列出了该数据最高和最低的五个值。

第 3 章　描述统计

表 3-6　最新价的数据探索结果

			统计量	标准误
最新价	均值		18.3270	1.80207
	均值的 95% 置信区间	下限	14.7320	
		上限	21.9220	
	5% 修整均值		16.5129	
	中值		14.5400	
	方差		227.322	
	标准差		15.07718	
	极小值		2.83	
	极大值		83.85	
	范围		81.02	
	四分位距		12.26	
	偏度		2.175	.287
	峰度		5.673	.566

表 3-7　数据极值

			案例号	值
最新价	最高	1	15	83.85
		2	31	66.54
		3	25	56.98
		4	26	47.86
		5	69	45.47
	最低	1	48	2.83
		2	53	3.15
		3	65	3.40
		4	62	3.79
		5	58	4.44

(2) 茎叶图。茎叶图是将一组数据中的数值按位数拆分成主干(茎)和枝叶(叶)两部分，用茎和叶表示原始数据取值及其频数的一种统计图。直方图没有体现原始数据的具体数值和频数，只有分布情况，而茎叶图不仅可以看出数据分布情况，同时还保留了这些原始数据的信息。将茎叶图逆时针旋转 90 度之后就是一个直方图，可以通过"叶"上的数值格式统计原始数据的频数。

如图 3-33 所示，该茎叶图的茎的宽度(单位)是 10，每一片叶子代表一个个案记录。第一列是原始数值的频数，第二列是经过茎和叶拆分后的原始数值，小数点前是茎，小数点后是叶。由于茎的宽度是 10，所以，0.2 就表示整数位为 2 的一个个案数值。因此，数据区第一行表示整数分别为 2、3、4 的数值，分别有 1 个、3 个和 2 个，即共 6 个数值，和第一列的频数 6 一致。数据区倒数第 4 行表示整数为 25 和 29 的数值均为 2 个，共有 4 个。数据区最后一行呈现的是极端值的标准和个数，本例即为大于等于 42 的数值被系统认定为极端值，共有 7 个。

```
最新价  Stem-and-Leaf Plot

 Frequency      Stem &   Leaf

      6.00        0 .    233344
     15.00        0 .    555567788899999
     16.00        1 .    0001122222233444
     15.00        1 .    555566666778889
      4.00        2 .    1114
      4.00        2 .    5599
      2.00        3 .    14
      1.00        3 .    7
      7.00     Extremes  (>=42)

 Stem width:       10.00
 Each leaf:         1 case(s)
```

图 3-33　最新价的茎叶图

(3) 箱图。箱图是一种可以将原始数据的数值与频率分布大致呈现的统计图。箱体的上下两边分别对应上四分位数(Q3，即百分等级 75 对应的数值)和下四分位数(Q1，即百分等级 25 对应的数值)。箱体内部的横线是中位数。上四分位数与下四分位数之差就是四分位距(QR，Quartile Range)。距离箱体上下端各 1.5 个 QR(即 Q3+1.5QR，Q1-1.5QR)的两个横线之间的数值范围为内限，超过这两个横线之外的数值被认定为异常值(Outlier)，用"O"表示；而距离箱体上下两端各三个 QR(即 Q3+3QR，Q1-3QR)的数值范围内称为外限，超过外限的数值为极端值(Extreme Value)，用"*"表示。由图 3-34 可知，"最新价"有 5 个异常值("O"旁的数字为其原始数据中对应的记录号)，有两个极端值。在统计分析中，极端值和异常值通常需要考虑删除。

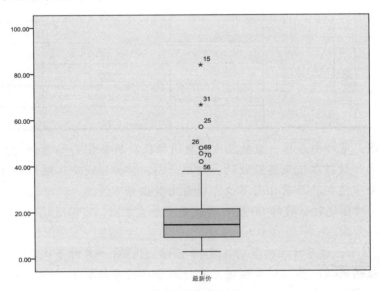

图 3-34　最新价的箱图

如果我们需要对比不同分组水平数据的箱图，则可以在探索分析对话框中将分组变量放入【因子列表】框中，例如，本例将"价位"作为分组变量进行分析，如图 3-35 所示。最后得到了如图 3-36 所示的按价位分水平输出的"最新价"箱图。

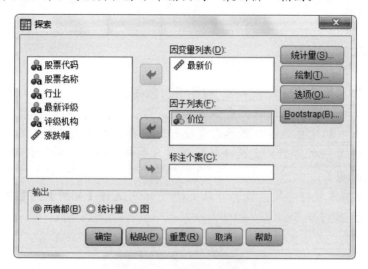

图 3-35　【探索】对话框

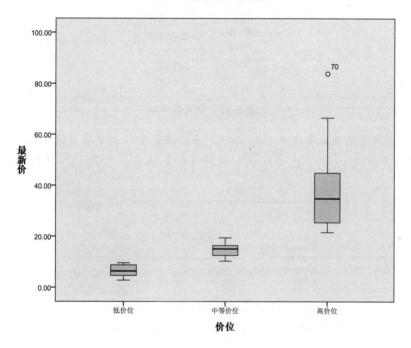

图 3-36　按价位分水平输出的"最新价"箱图

3.7　交叉表分析的 SPSS 过程

频率分析只能对一个分类变量进行频数及其百分比的统计，但实践应用中我们经常需要了解某个离散变量的各个水平在另外一个分类变量各个水平上的频数和百分比,例如,不同地区的行业构成状况,此时就需要使用到交叉表分析。交叉表适合用于多个离散变量之间关联性的分析,这里以两个变量为例演示如何完成交叉表分析的 SPSS 过程。

利用本章数据"股票投资评级.sav"回答下列问题。
(1) 金融行业中,低价位的股票有多少只?
(2) 金融行业中的这些低价位股票占金融行业股票总数多大比例?

案例分析:这是一个典型的交叉分析问题,只要将"行业"和"价位"两个变量进行交叉就可以解决问题了。

步骤 1:打开本章数据"股票投资评级.sav",依次选择【分析】→【描述统计】→【交叉表】命令,如图 3-37 所示。

图 3-37 交叉表分析

步骤 2:单击【交叉表】进入其对话框,将左侧变量列表中要交叉分析的变量放入右侧【行】和【列】框中,这里将"行业"放到【行】框中,"价位"放到【列】框中,如图 3-38 所示。

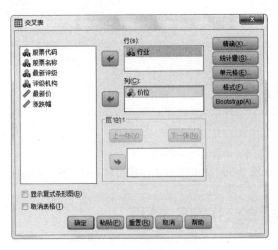

图 3-38 【交叉表】对话框

步骤 3：单击【统计量】按钮进入其对话框。如果需要对行变量和列变量的相关性进行统计检验，可以选择"卡方"，输出卡方值及其显著性水平。对于分类变量(相当于定类变量)还可以输出相依系数、Phi 和 Cramer 变量、Lambda 系数、不定性系数；而对于有序变量(相当于定序变量)，则可以输出 Gamma、Somers'd、Kendall 的 tau-b、Kendall 的 tau-c 系数。本例选中【卡方】复选框，如图 3-39 所示，然后单击【继续】按钮回到主对话框。

步骤 4：单击【单元格】按钮进入其对话框。【单元格】用于输出行变量和列变量交叉组合的类别统计结果，包括观察值或期望值的计数、行和列的百分比、标准化与非标准化的残差等。根据题目的要求，本例选中【行】复选框，如图 3-40 所示。单击【继续】按钮回到主对话框。最后单击【确定】按钮，提交系统分析，输出结果如表 3-8 和表 3-9 所示。

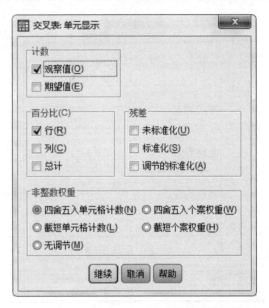

图 3-39 【交叉表：统计量】对话框　　　　图 3-40 【交叉表：单元显示】对话框

步骤 5：结果解释。

(1) 相关性检验。如表 3-8 所示，卡方值为 12.630，自由度(df)为 10，显著性水平(渐进 Sig.)p=0.245>0.05，因此，我们可以认为不同行业股票的高、中、低价位分布(或构成)没有显著性差异。

表 3-8　行业与价位的交叉表卡方检验结果

	值	df	渐进 Sig. (双侧)
Pearson 卡方	12.630[a]	10	.245
似然比	14.813	10	.139
有效案例中的 N	65		

注：a. 15 单元格(83.3%) 的期望计数少于 5，最小期望计数为 .92。

(2) 交叉表分析。如表 3-9 所示，金融行业中的低价位股票有 9 只，占整个金融行业股票数量(19 只股票)的 47.4%；如果要分析金融行业中的低价位股票占所有低价位股票数量的比例是多少，可以在步骤 4【单元格】中选中【列】复选框，如图 3-41 所示，此时的结果如表 3-10 所示。我们可以看出，金融业中低价位股票占所有低价位股票数量(20 只，包括行业信息缺失的股票 1 只)的 45%；如果想要了解金融行业中的低价位股票占所有股票数量的比例是多少，可以在步骤 4【单元格】中选择【总计】选项。当然，如果一次性选择【行】【列】和【总计】选项也是可以的，读者可以自行尝试。

表 3-9 行业与价位交叉表

			价 位			合 计
			低价位	中等价位	高价位	
行业		计数	1	1	2	4
		行业中的 %	25.0%	25.0%	50.0%	100.0%
	钢铁机械	计数	3	7	0	10
		行业中的 %	30.0%	70.0%	.0%	100.0%
	建筑建材	计数	4	3	3	10
		行业中的 %	40.0%	30.0%	30.0%	100.0%
	金融行业	计数	9	7	3	19
		行业中的 %	47.4%	36.8%	15.8%	100.0%
	其他行业	计数	2	7	3	12
		行业中的 %	16.7%	58.3%	25.0%	100.0%
	汽车制造	计数	1	5	4	10
		行业中的 %	10.0%	50.0%	40.0%	100.0%
合 计		计数	20	30	15	65
		行业中的 %	30.8%	46.2%	23.1%	100.0%

图 3-41 【交叉表：单元显示】对话框

第 3 章 描述统计

表 3-10 行业与价位交叉表

			价 位			合 计
			低价位	中等价位	高价位	
行业		计数	1	1	2	4
		价位 中的 %	5.0%	3.3%	13.3%	6.2%
	钢铁机械	计数	3	7	0	10
		价位 中的 %	15.0%	23.3%	.0%	15.4%
	建筑建材	计数	4	3	3	10
		价位 中的 %	20.0%	10.0%	20.0%	15.4%
	金融行业	计数	9	7	3	19
		价位 中的 %	45.0%	23.3%	20.0%	29.2%
	其他行业	计数	2	7	3	12
		价位 中的 %	10.0%	23.3%	20.0%	18.5%
	汽车制造	计数	1	5	4	10
		价位 中的 %	5.0%	16.7%	26.7%	15.4%
合 计		计数	20	30	15	65
		价位 中的 %	100.0%	100.0%	100.0%	100.0%

小 结

按照数据反映的测量水平可以将变量分为定类变量、定序变量、定距变量和定比变量，按照数据是否具有连续性可以将变量分为离散变量和连续性变量。常用于描述变量的图形有条形图、饼图和直方图；常用于表示集中趋势的集中量数有均值、中数和众数；常用于表示离散趋势的差异量数有方差和标准差。峰度和偏度可以描述数据的分布特征；对变量进行描述前需要先分析变量的属性；频率、描述和探索命令可以完成单个变量的描述性统计，交叉表可以完成多个变量关系的描述性统计。

思考与练习

1. 什么叫作描述统计？
2. 根据数据测量水平的不同可以将数据分为哪几类？
3 按数据是否具有连续性可以将数据分为哪几类？
4. 简单介绍一下条形图、饼图、直方图、茎叶图和箱图。
5. 什么叫作集中量数？什么叫作差异量数？它们分别可以用哪些统计量来表示？
6. 打开本章数据"个股上榜理由.sav"，按要求回答下列问题。
(1) 用什么图形描述"板块"变量？请做出来。

(2) 股票数最多的板块是哪个？占股票总数多大比例？
(3) 用什么图形描述"累积购买额"变量？请做出来。
(4) "累积购买额"变量的均值、标准差、峰度和偏度值是多少？
(5) 用探索分析研究"累积卖出额"变量。利用箱图说明是否有极端值存在。
(6) 用交叉表分析找出创业板中上榜 1 次的股票有多少家？占股票总数多大比例？

注：数据来源于新浪财经频道。

第 4 章
参数检验

学习目标

- 掌握假设检验的基本思想和步骤。
- 掌握单样本 t 检验的基本原理、SPSS 操作及结果解释。
- 掌握两独立样本 t 检验的基本原理、SPSS 操作及结果解释。
- 掌握两配对样本 t 检验的基本原理、SPSS 操作及结果解释。

前面我们学习了对数据进行描述的方式和具体方法，如果要对事物有一个准确的描述，最好的办法是把这一事物所涉及的所有数据点收集好，找到数据的所有样本，即找到数据的总体对其进行测量，然后对其做描述性统计分析即可。但是在实践中我们却发现，我们期望的理想效果是很难达到的：首先，有一些数据的总体我们并不能完全掌握其数量，全部收集总体数据就显得不太可能；其次，在某些情况下虽然总体数据能够收集到，但真正操作时将会耗费大量的人力、物力和财力，从经济效益方面来说，这显得没有必要。于是统计学家们便提出利用一定的理论通过样本的信息去推断总体的信息的方法，这一过程被称为推论统计。和描述性统计一样，推论统计是统计学中不可或缺的部分，它是统计学的核心精华所在，常常是描述性统计后的下一步。

通过样本统计量得出的差异做出一般性结论，判断总体参数之间是否存在差异，这种推论过程被称作假设检验(hypothesis testing)。假设检验包括了参数检验和非参数检验，当总体分布形式已知，通过样本数据对总体分布的未知参数进行推断，这种推断方法称为参数假设检验(parametric test)；当对总体分布形式不了解，根据样本数据对总体的分布形式及其他特征进行推断，通常称之为非参数假设检验(non-parametric test)。本章重点介绍参数假设检验的基本概念与原理，并重点介绍单样本 t 检验、两独立样本 t 检验和两配对样本 t 检验方法的使用。

4.1 假设检验

4.1.1 假设检验概述

在研究中，我们常常根据已有的理论和经验事先对研究结果做出一种预想的希望被证实的假设，这种假设被称为科学假设，用统计术语表述时称为研究假设或备择假设，记为 H_1。例如，为了提前估计年末两个地区民营企业的纳税额是否有差异，在这两个地区分别随机地抽取 30 家民营企业做调查，获得了各自 30 家企业的样本统计量，因为想要利用这些样本统计量的差异情况去证明两个地区民营企业的纳税额是否有显著性差异，以 μ_1 和 μ_2 分别表示两者总体的均值，那么备择假设就可以写作 H_1：$\mu_1 \neq \mu_2$。

然而，在统计学中却不能对 H_1 的真实性做直接的检验，为什么呢？拿上面的例子来说，两个均值不相等的情况是无穷尽的，要一一证明是不可能的。为了解决这个问题，统计学家利用反证法的思想建立起与备择假设 H_1 对立的假设，即虚无假设(null hypothesis)，或叫作无差假设、零假设、原假设，用 H_0 表示。在上例中，H_0：$\mu_1=\mu_2$，即证明两者的纳税额没有差别。可见，H_1 和 H_0 两个假设是完全对立的，接受 H_0 就要拒绝 H_1，拒绝 H_0 就要接受 H_1，这就是假设检验的反证法。需要注意的是，习惯上等号"="总是写在原假设 H_0 上。

为什么备择假设 H_1 不能直接证明，而原假设 H_0 就可以证明了呢？因为 H_0 要证明的只有一种情况，即两总体相等，只要有足够的证据证明两者是否相等就可以。那么怎样才算有足够的证据证明两者是相等的呢？以上题为例，统计学家们假定在 H_0 为真时，通过某种置信水平(confidence level)计算出两总体均值的差所在的区域或区域长度，我们称之为置信区间(confidence interval)。假设现在从两个总体中分别随机抽取样本，我们就可以在这种置信水平下判断两样本的差值是否在置信区间内，如果是，则证明原假设 H_0 为真，拒绝备择

假设 H_1；如果不是，则证明原假设 H_0 为假，接受备择假设 H_1。

4.1.2 假设检验的小概率原理

我们总是希望置信水平尽可能的大，因为这样我们就对某个结论越有把握和信心，显然，如果有 50%的信心判断这个结论是对的和有 90%的信心判断这个结论是对的，我们会选后者。然而，置信度越大就意味着置信区间也越大，置信区间太大，推断就失去了实际意义。例如，在某个满分为 100 分的考试中有 100%的把握某考生的分数在 30~90 分，这样大的置信区间说明估计是十分粗糙且毫无意义的。可见置信度和置信区间两者是矛盾的，因此需要做好两者的权衡，既要让置信水平尽可能的高，又要置信区间尽可能的小。通常情况下，统计学家把置信水平设在 95%，为什么呢？这里涉及一个新的概念，即"小概率事件"。小概率事件是指在一次实验中几乎是不可能发生的事件，如果发生了，便可认为这种现象是"异常"的"不合常理的"，通常将概率不超过 0.05 的事件当作"小概率事件"。统计学家把置信度设在 95%，是指虽然有 95%的把握，但是仍旧有 5%的可能性犯错误，不过这个 5%的错误是小概率事件，是不太可能发生的，所以我们下结论的时候就有把握。我们把估计总体参数落在某一置信区间时，可能犯的错误的概率称之为显著性水平，用符号 α 表示。显然，$(1-\alpha)$ 就是我们上面所说的置信水平了。参考小概率事件的属性，统计学家通常把显著性水平定义为 0.05，当然，有时也定为 0.01 或者 0.001，那就意味着在更加严格的概率条件下做推论。

综上所述，假设检验的基本思路其实就是：首先，根据理论和经验提出某种研究假设 H_1 和其相对立的原假设 H_0。然后，再利用样本的信息检验原假设 H_0 是否成立。如果在某种显著性水平下样本数据不能够充分证明和支持原假设 H_0，则应拒绝原假设 H_0，接受备择假设 H_1；相反，如果在某种显著性水平下样本数据够充分证明和支持原假设 H_0，则应接受原假设 H_0，拒绝备择假设 H_1。

4.1.3 假设检验的基本步骤

依据假设检验的基本思路，假设检验可以总结为以下四大基本步骤。

步骤 1：提出原假设 H_0。即根据推断检验的目的，对要推断的总体参数或分布提出一个基本假设，需要根据不同的情况提出不同的原假设，我们将在 4.2.2 小节再做详细说明。

步骤 2：确定检验统计量。样本来自总体，包含着关于总体参数的信息。但是，直接用样本原始观测值检验假设是困难的，必须借助于根据样本构造出的统计量，这些检验统计量服从或近似服从某种已知的理论分布，对于不同的假设检验问题以及不同的总体条件，会有不同的选择检验统计量的理论、方法和策略。

步骤 3：计算检验统计量及发生的概率 p 值。选定检验统计量之后，在认为原假设成立的条件下，利用样本数据便可计算出检验统计量发生的概率 p 值，然后可以依据一定的标准来判定其发生的概率是否为小概率，即是否是一个小概率事件。

步骤 4：设定显著性水平 α 并与概率 p 值进行比较，做出统计决策。显著性水平 α 是指原假设正确但却被错误地拒绝的概率或风险，一般确定为 0.05 或 0.01 或 0.001。$\alpha=0.05$ 表示显著，$\alpha=0.01$ 表示非常显著，$\alpha=0.001$ 表示极为显著，一般没有特殊说明的情况下，以显著性水平 $\alpha=0.05$ 进行分析说明。

如果检验统计量的概率 p 值小于显著性水平 α，则认为如果此时拒绝假设犯错误的可能性小于显著性水平 α，其概率低于预先控制的水平，不太可能犯错误，可以拒绝原假设；反之，如果检验统计量的概率 p 值大于显著性水平 α，则认为如果此时拒绝原假设犯错误的可能性大于显著性水平 α，其概率高于预先控制的水平，很有可能犯错误，不应拒绝原假设，即接受原假设。

通过上述四步便可完成假设检验。在利用 SPSS 进行假设检验时，应明确第一步假设检验的原假设，第二步和第三步是 SPSS 自动完成的，第四步的决策需要自己判定，即人为确定显著性水平 α，并与检验统计量的概率 p 值相比较，进而做出决策。

4.2 单样本 t 检验

4.2.1 单样本 t 检验概述

单样本 t 检验研究的是样本均值与总体均值的差异问题，目的在于推断样本的总体均值是否与某个指定的检验值存在统计学上的显著性差异，简而言之，即判断某一样本是否属于某总体。之所以叫作单样本 t 检验，一方面是因为在这样的假设检验中只有一组样本数据，所以称为"单样本"，即单样本 t 检验适用于研究只有一个样本的问题；另一方面是因为其进行假设检验所依据的分布主要是 t 分布，所以称为"t 检验"。单样本 t 检验的备择假设情况包括显著不等于($H_1:\mu_1 \neq \mu_0$)，显著小于($H_1:\mu_1 < \mu_0$)和显著大于($H_1:\mu_1 > \mu_0$)，其中 μ_1 指某样本所对应的总体均值，而 μ_0 指的是某一个已知的总体均值。SPSS 软件只检验"显著不等于"的情况，叫作双侧检验，即只证明 $H_0:\mu_1 = \mu_0$；"显著大于"和"显著小于"被称为单侧检验，如果需要做单侧检验，需要通过双侧检验的检验数据进行人为判断。

单样本 t 检验的使用需要满足下列几个条件：①单个样本数据；②样本来自的总体要服从或近似服从正态分布；③样本数据为连续性数据。

4.2.2 单样本 t 检验的步骤

单样本 t 检验可分四步完成。

步骤 1：建立原假设 H_0。

原假设 H_0 根据不同的情况分为以下三种方式：

$H_0: \mu = \mu_0$；$H_1: \mu \neq \mu_0$(双侧检验)；

$H_0: \mu \leq \mu_0$；$H_1: \mu > \mu_0$(单侧检验或右侧检验)；

$H_0: \mu \geq \mu_0$；$H_1: \mu < \mu_0$(单侧检验或左侧检验)。

例 1：假设要研究某地区人均月收入的平均值是否与 4000 元有显著性差异。4000 元就是指定的检验值，可指某个已知总体的收入均值，所以 $\mu_0 =4000$，提出的原假设和备择假设为 $H_0: \mu= 4000$；$H_1: \mu \neq 4000$。

例 2：假设要研究某地区人均月收入的平均值是否显著高于 4000 元，提出的原假设和

备择假设为 H_0: $\mu \leqslant 4000$；H_1: $\mu > 4000$。

例 3：假设要研究某地区人均月收入的平均值是否显著低于 4000 元，提出的原假设和备择假设为 H_0: $\mu \geqslant 4000$；H_1: $\mu < 4000$。

步骤 2：确定检验统计量。

当总体分布为正态分布时，即 $N(\mu, \sigma^2)$，样本均值的分布仍可视为正态分布，此时其正态分布的均值为 μ，方差为 σ^2/n，即

$$\overline{X} \sim N\left(\mu, \frac{\sigma^2}{n}\right) \tag{4.1}$$

式中，$\overline{X}$ 为样本均值；μ 为总体均值；σ^2 为总体方差；n 为样本量。根据中心极限定理，若总体分布近似服从正态分布，当样本量 n 较大时，样本均值也近似服从正态分布。

(1) 当总体方差 σ^2 已知时，可用 Z 检验证明样本均值与总体均值是否有显著差异，其统计量为

$$Z = \frac{\overline{X} - \mu_0}{\sqrt{\dfrac{\sigma^2}{n}}} \tag{4.2}$$

(2) 如果总体方差 σ^2 是未知的，可以用样本方差 S^2 来代替总体方差 σ^2，利用 t 检验证明样本均值与总体均值是否有显著差异，其统计量为

$$t = \frac{\overline{X} - \mu_0}{\sqrt{\dfrac{S^2}{n}}} \tag{4.3}$$

(3) 当然，如果总体分布非正态，只要样本量 $n \geqslant 30$，不管总体的方差已知或是未知，都可以用近似正态分布 Z' 检验证明样本均值与总体均值是否有显著差异，即

$$Z' = \frac{\overline{X} - \mu_0}{\sqrt{\dfrac{\sigma^2}{n}}} \tag{4.4}$$

或

$$Z' = \frac{\overline{X} - \mu_0}{\sqrt{\dfrac{S^2}{n}}} \tag{4.5}$$

本小节中单样本 t 检验，所用到的统计量即为公式(4.3)中的 t 检验统计量。

步骤 3：计算检验统计量及发生的概率 p 值。

SPSS 软件会自动计算 t 检验统计量，同时程序会根据 t 统计量所服从的分布计算对应的概率 p 值，我们需要做的就是识别和判断。

步骤 4：设定显著性水平 α 并与概率 p 值进行比较，做出统计决策。

当概率 p 值大于显著性水平，则应接受原假设，做出的结论与原假设表述相同，即记为"当 $p > \alpha$ 时，接受原假设 H_0，拒绝备择假设 H_1"；当概率 p 值小于显著性水平，则应拒绝原假设，做出的结论与原假设表述相反，记为"当 $p < \alpha$ 时，拒绝原假设 H_0，接受备择假设 H_1"。

4.2.3 单样本 t 检验的 SPSS 过程

特别需要读者注意的是，SPSS 软件上出现的“单样本 T 检验”“独立样本 T 检验”“配对样本 T 检验”命令中的“T”与我们上下文中提到的“单样本 t 检验”“独立样本 t 检验”“配对样本 t 检验”中的“t”是一样的。但基本统计学上的习惯以及本书其他章节内容的考虑，本书除了在演示软件的操作步骤时采用“T”的表示外，其余都采用“t”的表示。

案例 4-1

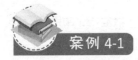

为了了解某市民间信贷的发展情况，相关部门随机抽取了该市某年 30 家信贷公司的贷款年利率，如表 4-1 所示，已知该市所属省份信贷公司的贷款年平均利率为 16%，试分析该市信贷利率是否和其所属省份的贷款利率一致。

表 4-1　贷款利率

编　号	年利率%	编　号	年利率%	编　号	年利率%
1	18.10	11	12.00	21	20.00
2	20.00	12	15.00	22	21.20
3	17.50	13	16.00	23	13.00
4	19.00	14	17.00	24	11.90
5	15.30	15	19.00	25	17.00
6	18.00	16	11.00	26	19.00
7	14.60	17	15.00	27	19.00
8	13.00	18	14.30	28	15.50
9	17.90	19	18.00	29	16.00
10	20.00	20	19.00	30	18.00

案例分析：该数据只涉及一个样本，要比较的是该样本与已知总体均值的差异，因此可以选择单样本 t 检验对问题进行证明。

步骤 1：将表 4-1 数据(见本章数据“贷款利率.sav”)录入 SPSS，完成的数据如图 4-1 所示。

	编号	年利率	变量	变量	变量
1	1.00	18.10			
2	2.00	20.00			
3	3.00	17.50			
4	4.00	19.00			
5	5.00	15.30			
6	6.00	18.00			
7	7.00	14.60			
8	8.00	13.00			
9	9.00	17.90			
10	10.00	20.00			

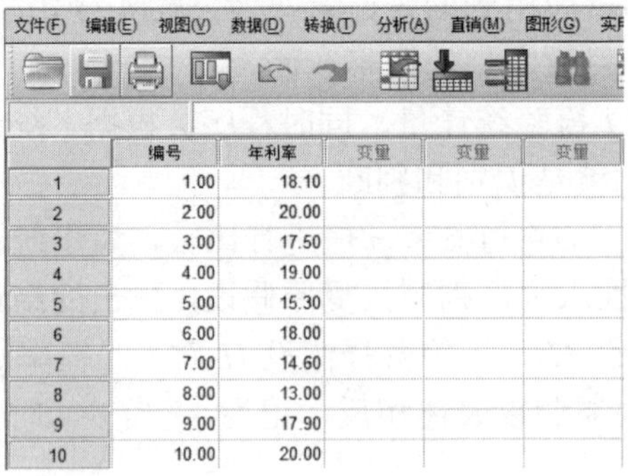

图 4-1　贷款利率

步骤 2: 数据录入后,依次选择【分析】→【比较均值】→【单样本 T 检验】命令,如图 4-2 所示。

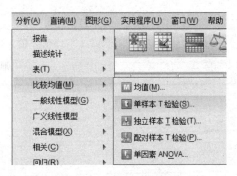

图 4-2 单样本 T 检验

步骤 3: 单击【单样本 T 检验】进入其对话框,把"年利率"添加到右侧【检验变量】框中,在【检验值】文本框中输入 16,如图 4-3 所示,其他选项保持系统默认状态。最后单击【确定】按钮,提交系统分析,输出结果如表 4-2 和表 4-3 所示。

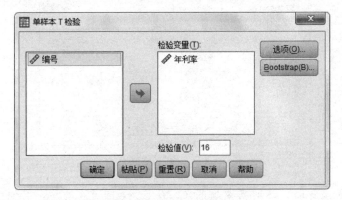

图 4-3 【单样本 T 检验】对话框

步骤 4: 结果解释。

由表 4-2 可知,该市 30 家信贷公司的贷款利率均值为 16.676 7%,标准差为 2.716 32%,均值的标准误为 0.495 93。由表 4-3 可知,t 统计量为 1.364,自由度 $df=29(n-1=30-1)$,"Sig.(双侧)"表示进行的是双侧检验,t 的显著性检验 p 值为 0.183,单样本 t 检验要证明的是该市信贷公司的贷款利率和该省的贷款利率有显著性差异,则其原假设为两者没有显著性的差异,即 $H_0: \mu_1=\mu_0=16\%$。这里 t 统计量的显著性检验值 $p=0.183>0.05$,所以接受原假设 H_0,即认为该市信贷公司贷款利率和该省的贷款利率没有显著性区别。如果 $p<0.05$,则拒绝原假设 H_0,认为两者存在显著性差异。

表 4-2 单个样本统计量

	N	均 值	标准差	均值的标准误
年利率	30	16.676 7	2.716 32	.495 93

表4-3 单个样本检验

	检验值 = 16				差分的 95% 置信区间	
	t	df	Sig.(双侧)	均值差值	下限	上限
年利率	1.364	29	.183	.67667	-.3376	1.6910

案例 4-2

在上例中,假设当年该地区银行的贷款利率为6%,试检验该市信贷公司的贷款利率和该地区银行的贷款利率是否有显著性差异。

案例分析:这里的提问和上例中的提问一样,可以采用单样本 t 检验对问题进行验证。因为案例4-2与案例4-1操作步骤相似,这里仅提供与上例不同的步骤与结果解释加以分析。

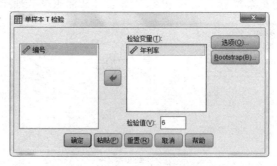

图4-4 【单样本T检验】对话框

在选择"检验值"时,这时需要填的是"6",如图4-4所示,其他步骤和上例相同,在此省略。最后,输出结果如表4-4和表4-5所示。表4-4给出了样本的容量、均值和标准误差,这和表4-2所包含的统计量一样的。从表4-5可以看出,检验统计量 t=21.529, df=29, p=0.000<0.05,说明该市信贷利率和本地区银行利率有显著性的差异,从表4-4可知样本均值为16.6767%,而本地区银行利率为6%,说明该市信贷利率要显著高于本地区银行利率。

表4-4 单个样本统计量

	N	均 值	标准差	均值的标准误
年利率	30	16.676 7	2.716 32	.495 93

表4-5 单个样本检验

	检验值 = 6				差分的 95% 置信区间	
	t	df	Sig.(双侧)	均值差值	下限	上限
年利率	21.529	29	.000	10.67667	9.6624	11.6910

4.3 两独立样本 t 检验

4.3.1 两独立样本 t 检验概述

两独立样本 t 检验的研究目的也是研究均值的差异情况,与单样本 t 检验不同的是,两独立样本 t 检验利用来自两个总体的独立样本的差异情况,推断两个总体的均值间是否存在显著差异。两独立样本指的是从一个总体中抽取一组样本与从另一个总体抽取的一组样本彼此独立,没有任何影响,它们分别属于不同的总体,它们的样本数量可以相等也可以不相等。与单样本 t 检验一样,在写备择假设时这里的显著差异的写法包括显著不等于($H_1:\mu_1 \neq \mu_2$),显著小于($H_1:\mu_1 < \mu_2$)和显著大于($H_1:\mu_1 > \mu_2$),SPSS 软件只检验显著不等于的情况,即只做双侧检验,如果需要做单侧检验,需要通过双侧检验数据进行人为判断。

两独立样本 t 检验的适用条件有以下几个:①样本来自的总体应服从或近似服从正态分布;②两样本应为相互独立的样本;③样本数据为连续性变量。

4.3.2 两独立样本 t 检验的原理和步骤

两独立样本 t 检验的步骤与单样本 t 检验的步骤相同,分为以下四步。

步骤1: 建立原假设 H_0。

与单样本 t 检验一样,两独立样本 t 检验的原假设 H_0 也有以下三种情况:

H_0: $\mu_1 = \mu_2$; H_1: $\mu_1 \neq \mu_2$(双侧检验)

H_0: $\mu_1 \leqslant \mu_2$; H_1: $\mu_1 > \mu_2$(单侧检验或右侧检验);

H_0: $\mu_1 \geqslant \mu_2$; H_1: $\mu_1 < \mu_2$(单侧检验或左侧检验)。

其中,μ_1 和 μ_2 分别是第一个和第二个总体的均值。

步骤2: 确定检验统计量。

两独立样本 t 检验统计量的选择有如下几种情况。

(1) 两个总体都是正态分布、两个总体方差 σ_1^2 和 σ_2^2 都已知时,两独立样本均值差的抽样分布的方差估计为 σ_{12}^2,可以表示为

$$\sigma_{12}^2 = \frac{\sigma_1^2}{n_1} + \frac{\sigma_2^2}{n_2} \tag{4.6}$$

式中,σ_1^2,σ_2^2 分别为第一个和第二个总体的方差;n_1,n_2 分别为第一个和第二个样本的样本量。

因为此时两样本均值差的抽样分布为正态分布,可以利用 Z 检验证明两总体的均值是否有显著性差异,其统计量为

$$Z = \frac{(\overline{X}_1 - \overline{X}_2) - (\mu_1 - \mu_2)}{\sqrt{\dfrac{\sigma_1^2}{n_1} + \dfrac{\sigma_1^2}{n_2}}} \tag{4.7}$$

(2) 然而，总体方差经常是不知道的，如果两个总体方差未知但相等，即 $\sigma_1^2 = \sigma_2^2$，可以用联合方差 S_p^2 代替两个总体的方差，其公式为

$$S_p^2 = \frac{(n_1-1)S_1^2 - (n_2-1)S_2^2}{n_1+n_2-2} \tag{4.8}$$

式中，S_1^2，S_2^2 分别为第一个和第二个样本的方差；n_1，n_2 分别为第一个和第二个样本的样本量。此时，两样本均值差的抽样分布的方差估计为 σ_{12}^2，可以表示为

$$\sigma_{12}^2 = \frac{S_p^2}{n_1} + \frac{S_p^2}{n_2} \tag{4.9}$$

因为此时两样本均值差的抽样分布为 t 分布，那么此时两独立样本 t 检验构建的统计量可以写成

$$t = \frac{(\bar{X}_1 - \bar{X}_2) - (\mu_1 - \mu_2)}{\sqrt{\frac{S_p^2}{n_1} + \frac{S_p^2}{n_2}}} \tag{4.10}$$

(3) 如果两个总体方差未知且不相等，即 $\sigma_1^2 \neq \sigma_2^2$，分别用样本方差代替各自的总体方差，那么两样本均值差的抽样分布的方差估计为 σ_{12}^2，可以表示为

$$\sigma_{12}^2 = \frac{S_1^2}{n_1} + \frac{S_2^2}{n_2} \tag{4.11}$$

但是这时两样本均值差的抽样分布已经不是正态分布，也不是 t 分布，只是一个近似 t 分布，此时用 t' 检验证明两总体均值是否存在显著性差异，其统计量为

$$t' = \frac{(\bar{X}_1 - \bar{X}_2) - (\mu_1 - \mu_2)}{\sqrt{\frac{S_1^2}{n_1} + \frac{S_2^2}{n_2}}} \tag{4.12}$$

这个 t' 分布的自由度与 t 分布不同，要经过修正，修正后的自由度为 f，即

$$f = \frac{\left(\frac{S_1^2}{n_1} + \frac{S_2^2}{n_2}\right)^2}{\left(\frac{S_1^2}{n_1}\right)^2 / n_1 + \left(\frac{S_2^2}{n_2}\right)^2 / n_2} \tag{4.13}$$

t' 统计量的显著性检验要比 t 检验要复杂，有兴趣的读者可以查阅相关统计学资料，了解它的具体检验过程。

综上所述，因为方差的情况不同需要采用不同的 t 检验方式，所以在做两独立样本 t 检验之前，首先应当明确两者的方差相不相等，以此判断应该采用哪种检验统计量。SPSS 中利用 F 检验的方法推断两总体方差是否有显著差异（F 检验的具体内容在第 5 章介绍），它同时提供方差相等和不相等时的 t 检验情况，需要读者根据数据做决策。

步骤 3：计算检验统计量观测值及发生的概率 p 值。

SPSS 软件会自动计算 t 检验统计量，同时程序会根据 t 统计量所服从的分布计算对应的概率 p 值，与单样本 t 检验不同的是，独立样本 t 检验的分析结果会给出两个 t 统计量供选择，我们需要根据相应检验结果选择合适的统计量，详见步骤 4。

步骤 4： 设定显著性水平 α 与概率 p 值进行比较，做出统计决策。

两独立样本 t 检验的决策比单样本 t 检验多一个步骤，分以下两步进行。

(1) 判断两独立样本方差是否相等。利用 F 检验判断两总体方差是否相等，其原假设 H_0 为两总体方差没有显著差异，表述为 H_0：$\sigma_1^2 = \sigma_2^2$。若 F 检验统计量对应的概率 $p > \alpha$ 时，接受原假设 H_0，结论即为两总体方差相等；若 F 检验统计量对应的概率 $p < \alpha$ 时，拒绝原假设 H_0，结论即为两总体方差不相等。

(2) 判断两独立样本的总体均值是否有差异。第一步证明的方差相等与否为我们选择合适的 t 检验提供了依据，第二步的目的是要通过 t 检验推断两总体的均值是否存在显著差异，可以根据 t 检验统计量的概率 p 值与显著性水平 α 比较，做出决策。其原假设为两总体均值没有显著差异，记为 H_0：$\mu_1 = \mu_2$。当 $p > \alpha$ 时，接受原假设 H_0，结论为两总体均值没有显著差异；当 $p < \alpha$ 时，拒绝原假设 H_0，结论为两总体均值有显著差异，即不相等。

4.3.3 两独立样本 t 检验的 SPSS 过程

沪深交易所会对财务状况或其他状况出现异常的上市公司股票交易进行特别处理(special treatment，简称 ST)，这类股票被称为 ST 股，这种制度就叫作 ST 制度。为研究分析 ST 公司与非 ST 公司净利润是否存在显著差异，交易所随机抽查了 30 家 ST 和非 ST 公司，收集了他们的相关数据，数据如表 4-6 所示，试分析两者净利润是否存在显著性差异。

表 4-6 ST 与非 ST 公司净利润

ST 类型	净利润/万元	ST 类型	净利润/万元	ST 类型	净利润/万元
非 ST 公司	23 155.52	ST 公司	-3 177.63	ST 公司	-188.76
非 ST 公司	11 555.49	非 ST 公司	1 834.75	ST 公司	-291.73
ST 公司	725.82	非 ST 公司	5 882.57	非 ST 公司	2 866.59
非 ST 公司	11 517.50	非 ST 公司	1 655.86	ST 公司	-583.62
ST 公司	723.32	ST 公司	1 463.63	ST 公司	-3 196.45
非 ST 公司	8 191.43	非 ST 公司	1 136.73	非 ST 公司	19 624.77
非 ST 公司	2 249.18	非 ST 公司	21 009.96	ST 公司	-5 217.92
非 ST 公司	2 217.85	ST 公司	736.64	ST 公司	-5 243.81
ST 公司	-649.82	ST 公司	446.09	ST 公司	-7 044.96
非 ST 公司	1 927.66	非 ST 公司	2 637.44	ST 公司	-11 997.25

案例分析：该数据包括了 ST 公司与非 ST 公司两个样本的数据，题目想研究两个样本背后的总体是否有显著性的差距，因为这两类公司是相互独立的，因此可用两独立样本 t 检验进行分析。

步骤 1：先将表 4-6 的数据录入到 SPSS 中。

(1) 先在变量视图定义变量。这里只需要在名称里分别写入变量名 "ST 类型"和 "净利润"就行，其他选项暂时由系统自动生成，如图 4-5 所示。

图 4-5　变量名称的输入

(2) 由于 "ST 类型"属于名义型变量，不能进行数值分析，所以要转化为数值型数据。所以在"值"选项中，用"0"表示"非 ST 公司"，"1"表示"ST 公司"，如图 4-6 所示。

图 4-6　变量值标签的输入

(3) 变量名称设置好之后，便可以录入数据(见本章数据 "ST 和非 ST 公司.sav")了，完成后的数据如图 4-7 所示。

	ST类型	净利润
1	0	23155.52
2	0	11555.49
3	1	725.82
4	0	11517.50
5	1	723.32
6	0	8191.43
7	0	2249.18
8	0	2217.85
9	1	-649.82
10	0	1927.66

图 4-7　ST 与非 ST 公司的净利润

步骤 2：数据录入后，依次选择【分析】→【比较均值】→【独立样本 T 检验】命令，如图 4-8 所示。

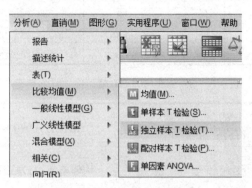

图 4-8　独立样本 T 检验

步骤 3：单击【独立样本 T 检验】进入【独立样本 T 检验】对话框。以"净利润"为检验变量，"ST 类型"为分组变量，所以分别把"净利润"添加到【检验变量】框中，把"ST 类型"添加到【分组变量】框中，如图 4-9 所示。单击【定义组】按钮，出现如图 4-10 所示的对话框，在【使用指定值】下输入之前定义"ST 类型"的数值，"0"表示"非 ST 公司"，"1"表示"ST 公司"，所以分别输入"0"和"1"，如果依次输入的是"1"和"0"也是可以的，只不过在输出结果部分这两种方式的 t 统计量一个为正值，另一个为负值而已，但是它们的绝对值相等，所得结论也是一样的。接下来单击【继续】按钮回到图 4-9 的界面，其他选项默认，最后单击【确定】按钮，提交系统分析，结果输出如表 4-7 到表 4-8 所示。

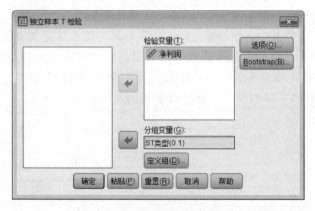

图 4-9　【独立样本 T 检验】对话框

图 4-10　【定义组】对话框

步骤 4：结果解释。

表 4-7 是基本描述统计量分析，可以看出 ST 公司利润均值为-2 233.096 7 万元，标准差为 3 766.591 72 万元，而非 ST 公司净利润的样本均值为 7 830.886 7 万元，标准差为 7 778.358 02 万元，还包括两者的样本量和均值的标准误。我们需要用这些信息验证两个样本各自的总体是否有差异，因此还需利用表 4-8 进行分析，分以下两步进行。

表 4-7 ST 公司与非 ST 公司净利润统计量

	ST 类型	N	均值	标准差	均值的标准误
净利润	非 ST 公司	15	7 830.886 7	7 778.358 02	2 008.363 41
	ST 公司	15	-2 233.096 7	3 766.591 72	972.529 80

表 4-8 ST 公司与非 ST 公司独立样本检验

		方差方程的 Levene 检验		均值方程的 t 检验					差分的 95% 置信区间	
		F	Sig.	t	df	Sig.(双侧)	均值差值	标准误差值	下限	上限
净利润	假设方差相等	8.295	.008	4.510	28	.000	10 063.983 33	2 231.442 98	5 493.079 59	14 634.887 07
	假设方差不相等	—		4.510	20.223	.000	10 063.983 33	2 231.442 98	5 412.570 08	14 715.396 59

(1) 判断两者方差是否相等。利用 F 检验判断两总体方差是否相等，其原假设 H_0 为 ST 公司与非 ST 公司净利润方差没有显著差异(即方差近似相等)，表述为 $H_0: \sigma_1^2 = \sigma_2^2$。由表 4-8 可看出，F 检验统计量为 8.295，F 检验所对应的概率 p 值为 0.008，$p=0.008 < \alpha=0.05$ 时，拒绝原假设 H_0，即可以认为 ST 公司与非 ST 公司净利润的方差不相等。

(2) 判断两总体均值是否有差异。前面已经证明 ST 公司与非 ST 公司净利润的方差不相等，这时选择表 4-8 第二行的数据，即"假设方差不相等"那一行的数据，进行两独立样本 t 检验；如果遇到两样本方差相等的情况，则选择第一行的数据进行分析。两独立样本 t 检验的原假设为 ST 公司与非 ST 公司净利润均值没有显著差异，记为 $H_0: \mu_1=\mu_2$。由表 4-8 第二行数据可以看出，t 检验统计量为 4.510，t 检验所对应的概率 p 值为 0.000，$p=0.000 < \alpha=0.05$ 时，拒绝原假设 H_0，因此，可以认为 ST 公司与非 ST 公司净利润均值有显著差异。

t 检验在这里是双侧检验，只能告诉我们两总体是否有差异，如果想要判断两总体均值孰高孰低，这时可以参考表 4-7 中的均值，表 4-7 显示 ST 公司的净利润为 7 830.886 7，而非 ST 公司的净利润为-2 233.096 7，由此可以判断 ST 公司的净利润要显著高于非 ST 公司的。

4.4 两配对样本 t 检验

4.4.1 两配对样本 t 检验的研究目的

两配对样本 t 检验的研究目的也是研究均值的差异情况，但它和单样本 t 检验和两独立样本 t 检验都有所不同。与单样本 t 检验研究单个样本均值与总体均值差异不同的是，它要推断的是两个总体的均值间是否存在显著差异；与独立样本 t 检验研究两个独立样本所属总体间的差异不同的是，它研究的是两组相关样本所属总体间是否有显著差异。与单样本 t 检验以及独立样本 t 检验一样，在写备择假设时这里的显著差异的写法包括显著不等于

(H_1:μ_1≠μ_2)，显著小于(H_1:μ_1<μ_2)和显著大于(H_1:μ_1>μ_2)，SPSS 软件只检验显著不等于的情况，即只做双侧检验，如果需要做单侧检验，需要通过双侧检验数据进行人为判断。通常情况下，"两配对样本"在数据结构上指的是同一群被试或个案被施测两次的"前"与"后"两种状态。

配对样本 t 检验的适用条件有以下几个：①两组样本有一定的关联，两组样本的样本容量应该相等，它们观察值的顺序一一对应，不能随意改变；②样本来自的总体服从或近似服从正态分布；③样本数据属于连续性数据。

4.4.2 两配对样本 t 检验的原理和步骤

步骤 1：建立原假设 H_0。

两配对样本 t 检验的原假设与两独立样本的原假设一样。

H_0：$\mu_1 = \mu_2$；H_1：$\mu_1 \neq \mu_2$(双侧检验)；

H_0：$\mu_1 \leq \mu_2$；H_1：$\mu_1 > \mu_2$(单侧检验或右侧检验)；

H_0：$\mu_1 \geq \mu_2$；H_1：$\mu_1 < \mu_2$(单侧检验或左侧检验)。

步骤 2：确定检验统计量。

两样本为相关样本时，其样本均值差的方差可以表示为

$$\sigma_{12}^2 = \frac{\sigma_1^2}{n_1} + \frac{\sigma_2^2}{n_2} - 2r\frac{\sigma_1}{n_1}\frac{\sigma_2}{n_2} \tag{4.14}$$

式中，σ_1^2，σ_2^2 分别为第一个和第二个总体的方差；n_1，n_2 分别为第一个和第二个样本的样本量；r 为两样本的相关系数。

(1) 当总体方差已知时，两相关样本均值差的分布为正态分布，检验两样本总体均值差异与否的检验统计量可以表示为

$$Z = \frac{(\bar{X}_1 - \bar{X}_2) - (\mu_1 - \mu_2)}{\sqrt{\frac{\sigma_1^2}{n_1} + \frac{\sigma_2^2}{n_2} - 2r\frac{\sigma_1}{n_1}\frac{\sigma_2}{n_2}}} \tag{4.15}$$

(2) 当总体方差未知时，可以用样本的方差代替总体方差，这时检验两样本总体均值差异与否的检验统计量可以表示为

$$t = \frac{(\bar{X}_1 - \bar{X}_2) - (\mu_1 - \mu_2)}{\sqrt{\frac{S_1^2}{n_1} + \frac{S_2^2}{n_2} - 2r\frac{S_1}{n_1}\frac{S_2}{n_2}}} \tag{4.16}$$

式中，S_1^2，S_2^2 分别为第一个和第二个总体的方差；n_1，n_2 分别为第一个和第二个样本的样本量；r 为两样本的相关系数。

(3) 当然，只要样本足够大($n \geq 30$)，都可以用近似正态 Z' 检验，即

$$Z' = \frac{(\bar{X}_1 - \bar{X}_2) - (\mu_1 - \mu_2)}{\sqrt{\frac{\sigma_1^2}{n_1} + \frac{\sigma_2^2}{n_2} - 2r\frac{\sigma_1}{n_1}\frac{\sigma_2}{n_2}}} \tag{4.17}$$

或

$$Z' = \frac{(\bar{X}_1 - \bar{X}_2) - (\mu_1 - \mu_2)}{\sqrt{\frac{S_1^2}{n_1} + \frac{S_2^2}{n_2} - 2r\frac{S_1}{n_1}\frac{S_2}{n_2}}} \tag{4.18}$$

步骤 3：计算检验统计量观测值及发生的概率 p 值。

与单样本 t 检验和独立样本 t 检验类似，SPSS 软件会自动计算 t 检验统计量，同时程序会根据 t 统计量所服从的分布计算对应的概率 p 值，我们需要做的就是识别和判断就行。

步骤 4：设定显著性水平 α 与概率 p 值进行比较，做出统计决策。

当概率 p 值大于显著性水平，则应接受原假设，做出的结论与原假设表述相同，即记为"当 $p>\alpha$ 时，接受原假设 H_0，拒绝备择假设 H_1"；当概率 p 值小于显著性水平，则应拒绝原假设，做出的结论与原假设表述相反，记为"当 $p<\alpha$ 时，拒绝原假设 H_0，接受备择假设 H_1"。

4.4.3 两配对样本 t 检验的 SPSS 过程

案例 4-4

为考察某地区精准扶贫的成效，采用抽样调查的方法，收集到该地区 20 户村民在扶贫前后的家庭年收入，数据如表 4-9 所示，试推断该地区的扶贫措施是否有成效。

表 4-9 扶贫前后年收入

编号	扶贫前年收入/元	扶贫后年收入/元	编号	扶贫前年收入/元	扶贫后年收入/元
1	9 600	9 800	11	5 500	6 754
2	8 750	9 800	12	8 760	9 876
3	11 000	15 000	13	7 543	8 754
4	7 500	7 300	14	5 674	8 543
5	6 500	6 200	15	8 976	9 321
6	5 500	5 400	16	8 734	9 980
7	8 900	10 050	17	11 230	12 356
8	10 500	13 000	18	10 765	11 235
9	4 500	7 050	19	5 432	9 700
10	6 500	8 700	20	6 754	7 800

案例分析：农户扶贫前后年收入数据，属于前后两种状态的对比分析，数据只涉及一个样本，所以可用两配对样本 t 检验进行分析。

步骤 1：先将表 4-9 的数据(见本章数据"扶贫效果.sav")录入 SPSS 当中，如图 4-11 所示。

步骤 2：数据录入后，依次选择【分析】→【比较均值】→【配对样本 T 检验】命令，如图 4-12 所示。

步骤 3：单击【配对样本 T 检验】进入其对话框，如图 4-13 所示。把"扶贫前年收入"和"扶贫后年收入"添加到【成对变量】中，因为案例中只涉及一对变量，所以只要添加到【对】"1"中便可，如果需要配对的不止 1 对，那么只要重复刚才的步骤便可以完成要求。最后单击【确定】按钮，提交系统分析，输出结果如表 4-10、表 4-11 和表 4-12 所示。

编号	扶贫前年收入	扶贫后年收入	变量
1	1	9600	9800
2	2	8750	9800
3	3	11000	15000
4	4	7500	7300
5	5	6500	6200
6	6	5500	5400
7	7	8900	10050
8	8	10500	13000
9	9	4500	7050
10	10	6500	8700

图 4-11 数据输入

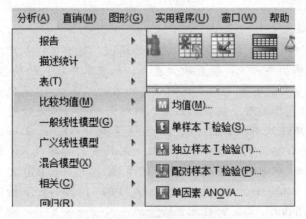

图 4-12 配对样本 T 检验

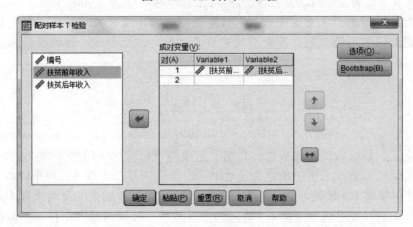

图 4-13 【配对样本 T 检验】对话框

表 4-10　精准扶贫前后年收入统计量

		均值	N	标准差	均值的标准误
对 1	扶贫前的年收入	7 930.90	20	2 083.776	465.946
	扶贫后的年收入	9 330.95	20	2 352.010	525.926

表 4-11　精准扶贫前后年收入相关系数

		N	相关系数	Sig.
对 1	扶贫前的年收入 & 扶贫后的年收入	20	.836	.000

表 4-12　精准扶贫前后年收入配对样本 t 检验

		成对差分					t	df	Sig.(双侧)
		均值	标准差	均值的标准误	差分的 95% 置信区间				
					下限	上限			
对 1	扶贫前的年收入 - 扶贫后的年收入	-1 400.050	1297.378	290.103	-2 007.242	-792.858	-4.826	19	.000

步骤 4：结果解释。

表 4-10 包括如下统计量：扶贫前后年收入的均值、标准差以及均值标准误，初步看扶贫前的年收入与扶贫后的年收入均值有较大差异，扶贫前年收入的均值为 7 930.90 元，扶贫后年收入的均值为 9 330.95 元，但是我们研究的目的不是这 20 家农户的扶贫情况，而是利用这 20 户家庭的信息推测整个扶贫的效果，所以需要进行假设检验。如表 4-11 所示，第三列可看出为扶贫前年收入与扶贫后年收入的相关系数为 0.836，第四列相关系数检验的概率 p 值为 0.000，小于 0.05，表明扶贫前的年收入与扶贫后的年收入有较强的相关性。

由表 4-12 可知，扶贫前的年收入-扶贫后的年收入=-1 400.050 元，说明扶贫后的收入从均值上来说增加了 1 400.050 元，自由度 df 为 19(n-1=20-1)，t 检验统计量的观测值为 -4.826，概率 p 值为 0.000。两配对样本 t 检验的原假设为扶贫前年收入与扶贫后年收入均值没有显著差异，记为 H_0：$\mu_1=\mu_2$。t 检验所对应的概率 p 值为 0.000，$p=0.000<\alpha=0.05$ 时，拒绝原假设 H_0。可以看出扶贫前年收入与扶贫后年收入均值有显著差异，从表 4-10 中的数据，也可以判断扶贫后的收入显著大于扶贫前的收入。综上所述，该地区精准扶贫措施是有效的。

小　　结

本章介绍了参数检验的基本概念；介绍了完成假设检验的一般性步骤；在统计决策中，如果没有特殊说明显著性水平一般定为 $\alpha=0.05$；如果只涉及一个样本，用单样本 t 检验做差异分析，在使用单样本 t 检验时，会指定一个具体的检验值；如果涉及两个样本，但这两个样本是彼此独立的，采用两独立样本 t 检验做差异分析；如果涉及两个样本，但是两个样本是彼此有关联的，一般情况下采用两配对样本 t 检验做差异分析。

第4章 参数检验

思考与练习

1. 什么叫作备择假设？什么叫作原假设？两者有何联系？
2. 什么叫作置信水平？什么叫作显著性水平？两者有何联系？
3. 什么叫作小概率事件？
4. 如何完成假设检验？
5. 已知某食品的标准重量是 1 千克，现随机抽取该产品 14 个，每个重量如表 4-13 所示(见本章数据"标准重量.sav")，按要求回答下列问题。
   (1) 什么叫作单样本 t 检验？什么情况下使用这种检验方法？
   (2) 利用单样本 t 检验研究这些产品的重量是否与标准重量有显著差异？

表 4-13 重量

单位：千克

编号	1	2	3	4	5	6	7	8	9	10	11	12	13	14
重量	0.95	1.05	1.02	1.00	0.97	1.02	1.06	1.08	0.98	1.00	0.99	1.00	0.99	1.04

6. 某公司计划采取不同的方式推销其理财产品，一种为传统方法(赋值为 1)，一种为创新方法(赋值为 2)，随机指派公司销售人员采用不同方法进行推销，一段时间后，每个人的销售额如表 4-14 所示(见本章数据"促销方法.sav")，按要求回答下列问题。
   (1) 什么叫作独立样本 t 检验？什么情况下使用这种检验方法？
   (2) 利用独立样本检验研究两种方法在效果上是否有显著性的差异？

表 4-14 促销方法与销售额

单位：万元

编号	促销方法	销售额	编号	促销方法	销售额	编号	促销方法	销售额
1	1	115	11	1	588	21	2	263
2	1	115	12	1	640	22	2	286
3	1	146	13	1	723	23	2	291
4	1	165	14	1	725	24	2	319
5	1	183	15	1	819	25	2	446
6	1	192	16	2	113	26	2	521
7	1	221	17	2	119	27	2	524
8	1	224	18	2	188	28	2	583
9	1	230	19	2	196	29	2	704
10	1	317	20	2	210	30	2	737

7. 表 4-15 是 2014 年和 2015 年度我国银行业金融机构在各个月份的总资产(见本章数据"金融机构总资产.sav")，请按要求回答下列问题。

(1) 什么叫作配对样本 t 检验？什么情况下使用这种检验方法？
(2) 利用配对样本 t 检验研究 2014 年和 2015 年银行业金融机构总资产是否有差异。

表 4-15　银行业金融机构总资产

单位：亿元

月份	总资产(2014 年)	总资产(2015 年)	月份	总资产(2014 年)	总资产(2015 年)
1	1 489 802	1 696 799	7	1 614 549	1 857 036
2	1 518 295	1 708 437	8	1 627 377	1 879 368
3	1 557 982	1 743 674	9	1 634 381	1 878 758
4	1 573 816	1 761 657	10	1 640 030	1 885 793
5	1 596 234	1 803 745	11	1 655 299	1 911 819
6	1 629 541	1 836 793	12	1 681 611	1 941 748

注：数据来源中国银监会网站。

第 5 章
方差分析

学习目标

- 了解方差分析的含义。
- 掌握单因素方差分析基本原理、SPSS 操作及结果解释。
- 掌握多因素方差分析基本原理、SPSS 操作及结果解释。
- 掌握协方差分析的基本原理、SPSS 操作及结果解释。

前面我们已经学习了一些典型的假设检验方法,即单样本 t 检验,独立样本 t 检验和配对样本 t 检验,它们主要是用于处理两个平均数之间的差异问题。但是在统计分析过程中,我们常常需要处理两个以上平均数之间的差异问题,这时上面的假设检验方法就不适用了,我们需要用到一种新的检验方式,即方差分析(Analysis of Variance,简称 ANOVA)。方差分析也称变异分析,因为该方法利用方差可分解性原理来进行假设检验,所以称为方差分析,其主要功能在于分析实验数据中不同来源的变异对总变异的贡献大小,从而确定自变量是否对因变量有重要影响。方差分析广泛应用于经济学、管理学、社会学、教育学、心理学、医学和化学等众多领域,在科学研究中发挥着极其重要的作用。

因变量是指会随着其他的因素或条件改变而发生变动的变量,也称观测变量、响应变量等;而自变量是指研究者主动操纵以引起因变量发生变化的因素或条件,也被称作控制变量,在 SPSS 分析窗口上把其称为"因子",自变量的不同情况被称为该自变量的不同水平。有一个自变量的方差分析被称为单因素方差分析,有两个自变量的方差分析被称为二因素方差分析,依此类推。通常把两个以上自变量的方差分析统称为多因素方差分析。研究中常会出现一些难以人为控制的因素,这些因素会影响到自变量对因变量的方差分析结果。如果我们想在控制这些因素的情况下做方差分析,需要用到协方差分析。进行方差分析时,需要满足如下条件:第一,每个水平下的因变量应是相互独立的;第二,每个水平下的因变量应服从正态分布;第三,每个水平下的因变量总体的方差应相同。总结起来就是独立性、正态性和方差齐性。需要强调的是,方差分析的最终目的不是研究方差是否有差异,而是处理平均数的差异检验问题。本章将介绍单因素方差分析、二因素方差分析和协方差分析的原理及其在 SPSS 中的应用。

5.1 单因素方差分析

5.1.1 单因素方差分析的基本原理

单因素方差分析是用来研究一个自变量对一个因变量是否存在显著影响,即研究自变量的不同水平是否对因变量产生了不同的影响,这类自变量一般是定类变量和定序变量。例如,研究公司类型是否对资产负债有显著影响;研究学历是否对工资收入有显著影响等。这两个例子都只涉及一个自变量,分别是"公司类型"和"学历",假如这两个变量的水平都超过两个,如"公司类型"可以分为金融、教育、制造和科技四个分类,"学历"可以分为初等、中等和高等三个等级,这时就需要采用单因素方差方法来分析问题。

单因素方差分析依据的基本原理是方差的可分解性,该方法认为因变量会受到自变量和随机变量的影响,因此,可以将因变量总的离差平方和(SST)分解为组间离差平方(SSR)和与组内离差平方和(SSE)两部分,即

$$SST = SSR + SSE \tag{5.1}$$

SST 的数学表达式为

$$SST = \sum_{i=1}^{k}\sum_{j=1}^{n_i}(x_{ij} - \bar{x})^2 \tag{5.2}$$

式中，SST 为因变量的总离差平方和，k 为自变量的水平数；x_{ij} 为自变量第 i 个水平下的第 j 个样本值；n_i 为自变量第 i 个水平下的样本量；$\bar{x}$ 为自变量均值。总离差平方和(SST)反映的是全部数据总的波动程度。

SSR 的数学表达式为

$$\text{SSR} = \sum_{i=1}^{k}\sum_{j=1}^{n_i}(\bar{x}_i - \bar{x})^2 \tag{5.3}$$

式中，SSA 为因变量的组间离差平方和，k 为自变量的水平数；$\bar{x}_i$ 为自变量第 i 个水平下因变量样本均值；n_i 为自变量第 i 个水平下的样本量；$\bar{x}$ 为自变量均值。组间离差平方和(SSR)是各水平均值和总体均值离差的平方和，反映的是自变量不同水平对因变量的影响。这也是方差分析的主要研究目的，希望 SSR 尽可能的大，这样就说明自变量不同水平对因变量产生不同影响的可能性越大。

SSE 的数学表达式为

$$\text{SSE} = \sum_{i=1}^{k}\sum_{j=1}^{n_i}(x_{ij} - \bar{x}_i)^2 \tag{5.4}$$

式中，SSE 为因变量的组内离差平方和，其他符号表示内容与公式 5.3 和公式 5.4 相同。组内离差平方和(SSE)是每个样本数据与本水平组均值离差的平方和，反映了数据抽样误差的影响程度，即自变量之外的因素对因变量的影响程度，这是方差分析想要尽可能控制的部分。

在总离差平方和(SST)不变的情况下，组内离差平方和越小，组间平方和就越大，这时就越有可能说明因变量的总波动是由自变量造成的。但是这里需要考虑到样本量的影响，毕竟自变量的水平都是有限的，假如它们之间有差异(组间差异)，但是因为水平数少，总平方和也有可能少；而被试通常可以很多，它们之间的差异(组内差异)可能很小，但是因为被试很多，其平方和也有可能变得非常的大，所以单纯比较组内和组间平方和的大小是不能判断自变量对因变量的作用是否大于随机变量的。正确的做法是控制住它们各自数量上的影响，即各自除以自己的自由度，算出它们的平均离差平法和，简称均方，再做进一步的比较。离差平方和除以自由度其实就是方差了，相当于我们在比较两个方差的差异情况，这样我们就可以构造出两方差比值的统计量检验自变量和随机变量影响的大小。两方差比值服从 F 分布，我们用 F 代表方差分析的统计量，所以方差分析也经常被称作 F 检验，其公式可写成

$$F = \frac{\text{SSR}/(k-1)}{\text{SSE}/(n-k)} = \frac{\text{MSR}}{\text{MSE}} \tag{5.5}$$

式中，n 为样本总量；$k-1$ 为 SSR 的自由度；$n-k$ 为 SSE 的自由度；MSR 为平均组间平方和；MSE 为平均组内平方和；$F \sim F(k-1, n-k)$。

如果 $F<1$，说明数据的总变异中由分组不同所造成的变异只占很小的比例，大部分由实验误差和个体差异造成，即自变量对因变量没有显著影响；如果 $F=1$，同样说明实验处理之间的差异不够大；当 $F>1$ 而且其对应的概率 p 值要小于显著性水平 α 时，就可以判断自变量对因变量的影响达到了统计学上的显著水平。

5.1.2 单因素方差分析的基本步骤

单因素方差分析的基本步骤如下。

1. 建立原假设 H_0

单因素方差分析的原假设 H_0 为自变量不同水平下因变量各总体的均值无显著差异,即
$$H_0: \mu_1=\mu_2=\cdots=\mu_k。$$

2. 确定检验统计量

单因素方差分析检验统计量采用 F 统计量。

3. 计算检验统计量观测值及发生的概率 p 值

使用 SPSS 软件进行操作,SPSS 会自动计算统计量 F 和概率 p 值。

4. 规定显著性水平 α 与概率 p 值进行比较,做出统计决策

当概率 p 值大于显著性水平($p>\alpha$)时,接受原假设,结论为自变量不同水平下因变量各总体的均值无显著差异;当概率 p 值小于显著性水平($p<\alpha$)时,拒绝原假设,结论为自变量不同水平下因变量各总体的均值有显著差异。

5.1.3 方差齐性检验

进行 F 检验的前提条件之一是自变量各个水平对应的总体方差要相等,即对于不同水平的自变量都各自有一系列的因变量取值,相当于每一个水平对应一个因变量总体,F 检验要求这些总体的方差要相等。常用的方差齐性与否的检验方法有 Bartlett 法、Hartley 法、Levene 法和 Cochran 法等,SPSS 采用的是 Levene 法。方差齐性检验的过程和一般性的假设检验过程差不多,只是在计算统计量的时候有所差别,有兴趣的读者可以查阅相关书籍对其做深入了解,在此不做强调,这里只要求能够在 SPSS 结果输出中回答出方差是否齐性便可。

当方差齐性时,做 F 检验结果是稳定的;如果在方差不齐性时做 F 检验,所得结果就要谨慎了。方差不齐性时有人建议可以使用非参数检验,或者可以考虑进行变量转换,如对数转换、平方根转换、平方根反正弦转换、平方转换、倒数转换,等等。有兴趣的读者可以查阅相关资料加深了解。值得注意的是,在各组样本容量相差不太大时,方差轻微不齐仅会对方差分析的结论有一些影响。一般而言,只要最大与最小方差之比小于 3,分析的结果都是稳定的。可见,各组样本容量上的均衡是可以在一定程度上弥补由于方差不齐性时检验所产生的影响。其含义是,这时也可以做 F 检验,只是结果没有方差齐性时那样稳定而已,但是差别也不会很大。

5.1.4 多重比较检验

单因素方差分析分两步走，第一步是整体上判断自变量是否对因变量产生显著影响，即自变量的不同水平所对应的因变量均值是否有显著性差异的。如果 F 检验结果表明差异不显著，则说明自变量对因变量没有显著影响。相反，如果 F 检验的结果表明差异显著，则说明自变量确实对因变量产生了显著影响，也就是自变量不同水平多对应的因变量均值至少有一对平均数间的差异达到了显著性水平，至于是哪一对，F 检验并没有回答。这需要我们做第二步分析，即做事后检验(Post Hoc Test)，这个统计分析过程也被称为事后多重比较(Multiple Comparison Procedures)。多重比较就是分别对每个水平下的因变量均值进行逐对比较，判断哪一对均值间有显著性差异，哪一对均值间没有显著性的差异。

多重比较检验的分析方法可以分两类，第一类是在方差相等(方差齐性)的情况下使用，主要的方法有 LSD 方法、Bonferroni 方法、T(Tukey)方法、Scheffe 方法和 S-N-K 方法等；第二类是在方差不相等(方差不齐性)的情况下使用，主要的方法有 Tamhane's T2 方法、Dunnett's T3 方法、Games-Howell 方法和 Dunnett's C 方法等，如图 5-1 所示。

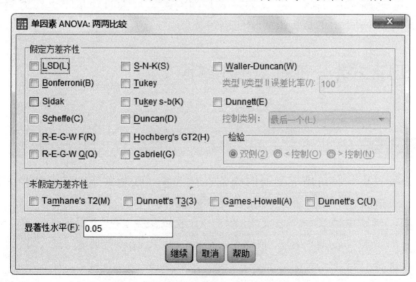

图 5-1 单因素方差分析中两两比较方法

1. 方差齐性时采用的方法

(1) LSD 方法。LSD(Least significant Difference)方法，称为最小显著性差异法，其利用了全部样本数据，而不仅是所比较的两组的数据，且认为各水平均是等方差的。与其他多重比较检验方法相比，LSD 方法检验敏感度最高，如果它都没有办法检验出差别，一般就是没有差别了。

(2) Bonferroni 方法。Bonferroni 方法称为修正最小显著差异法，用 t 检验完成各组均值间的配对比较，但通过设置每个检验的误差率来控制整个误差。Bonferroni 方法与 LSD 方法基本相同，不同点在于对犯第一类错误的概率问题进行有效控制。

(3) T(Tukey)方法。T(Tukey)方法，利用了全部样本数据，而不仅是所比较的两组数据，且认为各水平均是等方差的。T(Tukey)方法适合各水平下样本数均相同的情况，即均衡试验。该方法克服了扩大犯 α 错的可能性，但不如 LSD 方法灵敏。

(4) Scheffe 方法。Scheffe 方法，又称谢弗检验法对所有可能的组合进行同步进入的配对比较，这些选择可以同时选择若干个，以便比较各种均数比较方法的结果。从灵敏度来说，Scheffe 方法不如 T(Tukey)方法灵敏。

(5) S-N-K 方法。S-N-K 方法是一种有效划分相似性子集的方法。该方法用于进行所有各组均值间的配对比较，适用于各水平观测值个数相等的情况，即适合于均衡试验情况。

2. 方差不齐性时采用的方法

(1) Tamhane's T2 方法：表示用 t 检验进行配对比较检验。
(2) Dunnett's T3 方法：表示用 Student 最大系数进行配对比较检验。
(3) Games-Howell 方法：表示方差不齐时的配对比较检验。
(4) Dunnett's C 方法：表示用极差统计量进行配对比较检验。

当然，前面提到，尽管系统也给了在方差不齐性情况下的四种方法，但是从方法的接受程度和结果的稳健程度而言，建议如果方差间的差异太大时尽量不进行方差分析和两两比较，进行变量转换或者非参数检验往往更可靠。

5.1.5 单因素方差分析的 SPSS 过程

案例 5-1

为研究盘股板块对公司净利润的影响是否存显著，收集到了交易所的相关数据，不同盘股板分别为小盘股、中盘股和大盘股，数据如表 5-1 所示。

案例分析：研究中涉及一个自变量，即"盘股板块"，一个因变量，即"净利润"，而且自变量，即"股盘板块"的水平数有小股盘、中股盘和大股盘三个，因此可用单因素方差分析方法进行分析。

表 5-1 股票净利润

盘股板块	地区板块	净利润/万元	盘股板块	地区板块	净利润/万元
小盘股	北京板块	5 866.59	小盘股	湖南板块	2 103.10
小盘股	北京板块	6 789.67	小盘股	湖南板块	3 987.04
小盘股	北京板块	5 351.21	小盘股	湖南板块	3 409.21
中盘股	北京板块	6 976.23	中盘股	湖南板块	4 986.23
中盘股	北京板块	7 065.46	中盘股	湖南板块	3 457.03
中盘股	北京板块	6 547.24	中盘股	湖南板块	3 963.78
大盘股	北京板块	12 624.77	大盘股	湖南板块	7 654.89

续表

盘股板块	地区板块	净利润/万元	盘股板块	地区板块	净利润/万元
大盘股	北京板块	10 564.21	大盘股	湖南板块	7 560.31
大盘股	北京板块	11 265.47	大盘股	湖南板块	8 342.07
小盘股	福建板块	3 725.31	小盘股	广西板块	1 987.34
小盘股	福建板块	4 560.09	小盘股	广西板块	2 104.54
小盘股	福建板块	3 345.60	小盘股	广西板块	2 089.35
中盘股	福建板块	4 675.76	中盘股	广西板块	2 956.90
中盘股	福建板块	5 467.34	中盘股	广西板块	3 467.21
中盘股	福建板块	4 754.24	中盘股	广西板块	3 031.23
大盘股	福建板块	8 463.78	大盘股	广西板块	6 876.23
大盘股	福建板块	9 864.21	大盘股	广西板块	5 123.67
大盘股	福建板块	10 230.65	大盘股	广西板块	5 978.12

步骤 1： 先将表 5-1 中的数据(见本章数据"股票净利润.sav")录入到 SPSS 中。

(1) 先在变量视图定义变量。这里只需要在名称里分别写入变量名"盘股板块""地区板块"和"净利润"即可，其他选项暂时由系统自动生成，如图 5-2 所示。

图 5-2　变量名称的输入

(2) 由于"盘股板块""地区板块"属于名义型变量，不能进行数值分析，所以要转化为数值型数据。"地区板块"变量的定义方法是，在"值"选项中，用"1"表示"北京板块"，"2"表示"福建板块"，"3"表示"湖南板块"，"4"表示"广西板块"，如图 5-3 所示。"盘股板块"变量的定义方法是，在"值"选项中，用"1"表示"小盘股"，"2"表示"中盘股"，"3"表示"大盘股"，如图 5-4 所示。

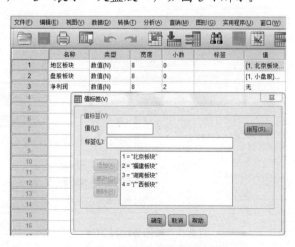

图 5-3　地区板块变量值标签的输入

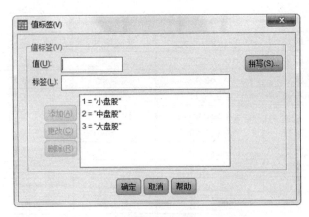

图 5-4 盘股板块变量值标签的输入

(3) 变量名称设置好之后，便可以录入数据了，完成后的数据如图 5-5 所示。

	地区板块	盘股板块	净利润	变量	变量
1	1	1	5866.59		
2	1	1	6789.67		
3	1	1	5351.21		
4	1	2	6976.23		
5	1	2	7065.46		
6	1	2	6547.24		
7	1	3	12624.77		
8	1	3	10564.21		
9	1	3	11265.47		
10	2	1	3725.31		

图 5-5 股票净利润

步骤 2：数据录入后，依次选择【分析】→【比较均值】→【单因素 ANOVA】命令，如图 5-6 所示。

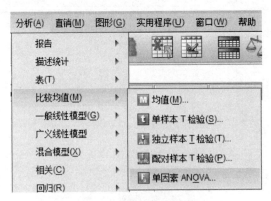

图 5-6 单因素 ANOVA

步骤3：单击【单因素ANOVA】进入其对话框。本例题研究股盘对利润的影响，以"净利润"为因变量，"盘股板块"为自变量，所以把"净利润"添加到【因变量列表】框中，把"盘股板块"添加到【因子】框中，如图5-7所示。单击【选项】按钮进入其对话框，如图5-8所示，选中【描述性】【方差同质性检验】和【均值图】复选框。单击【继续】按钮回到主对话框，其他选项默认，最后单击【确定】按钮，提交系统分析，结果输出如表5-2、表5-3、表5-4和图5-9所示。

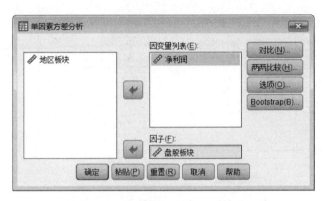

图5-7 【单因素方差分析】对话框

图5-8 【单因素ANOVA：选项】对话框

步骤4：结果解释。

表5-2是基本描述统计量分析，我们可以看出小盘股利润均值为3 776.587 5万元，标准差为1 611.103 66万元；中盘股利润均值为4 779.054 2万元，标准差为1 483.795 78万元；大盘股利润均值为8 712.365 0万元，标准差为2 241.289 00万元。从表面数据上看，大盘股利润均值＞中盘股利润均值＞小盘股利润均值。图5-9为均值图，是根据表5-2的基本统计量中的均值做的图形，可以更直观地看出上述趋势。但是这种差异是否达到统计学标准呢？这就需要进行假设检验了。

表5-2 不同盘股板块净利润的统计量

	N	均 值	标准差	标准误	均值的95%置信区间		极小值	极大值
					下限	上限		
小盘股	12	3 776.587 5	1 611.103 66	465.085 57	2 752.941 1	4 800.233 9	1 987.34	6 789.67
中盘股	12	4 779.054 2	1 483.795 78	428.334 95	3 836.295 3	5 721.813 0	2 956.90	7 065.46
大盘股	12	8 712.365 0	2 241.289 00	647.004 41	7 288.317 9	10 136.412 1	5 123.67	12 624.77
总数	36	5 756.002 2	2 784.541 96	464.090 33	4 813.848 8	6 698.155 7	1 987.34	12 624.77

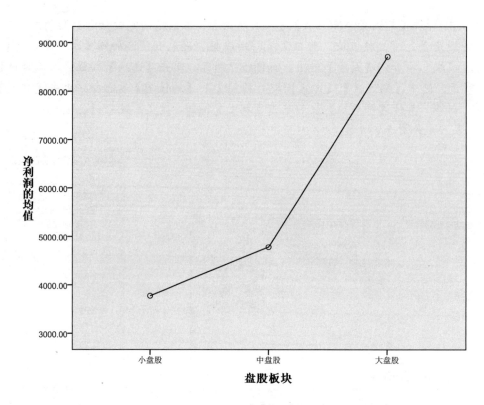

图 5-9 不同盘股板块净利润的均值图

(1) 方差齐性检验: 因为进行方差分析的前提是方差相等,所以首先进行方差齐性检验,利用表 5-3 数据进行方差齐性检验分析,检验方差是否相等。由表 5-3 可知,Levene 检验统计量为 1.532,对应的概率 p 值为 0.231,$p=0.231 > \alpha=0.05$ 时,可以认为不同盘股的净利润方差没有显著差异,即认为各个总体方差相等,满足方差分析的前提,可进行 F 检验。

表 5-3 不同盘股板块净利润的方差齐性检验

Levene 统计量	df_1	df_2	显著性
1.532	2	33	.231

(2) F 检验: 单因素方差分析的原假设 H_0 为不同盘股的净利润总体的均值无显著差异。由表 5-4 可知,F 检验统计量为 24.950,对应的概率 p 值为 0.000,$p=0.000 < \alpha=0.05$ 时,拒绝原假设 H_0,即可以认为不同盘股板块的净利润均值比较是有显著差异。如果 F 不显著,就是指自变量对因变量没有显著影响,F 检验就到此为止了。然后,尽管从 F 值检验可以知道自变量对因变量是有显著影响的,即不同板块对净利润的影响是有显著区别的,但却并不能说明不同板块间谁与谁有差异?谁与谁没有差异?这时我们还需要做事后多重比较。

表 5-4 不同盘股板块净利润的 ANOVA 分析

	平方和	df	均 方	F	显著性
组间	1.634E8	2	8.168E7	24.950	.000
组内	1.080E8	33	3273560.446		
总数	2.714E8	35			

(3) 事后检验: SPSS 进行多重比较检验的操作步骤如下。

在如图 5-7 所示的【单因素方差分析】对话框中,单击【两两比较】按钮进入其对话框,如图 5-10 所示。已经知道方差齐性检验,所以应该选择图 5-10【假定方差齐性】选项组中的方法,由于篇幅所限,这里只选择常用的 5 种方法,LSD、Bonferroni、Scheffe、S-N-K 和 Tukey。其他方法跟前述 5 种方法分析类似,可以根据自身研究目的加以选择。如果在进行方差齐性检验时,结果为方差不相等时,则应该选择图 5-10【未假定方差齐性】选项组中的方法,但要注意这样做并不是最合适的。单击【继续】按钮回到主对话框,其他选项默认,最后单击【确定】按钮,提交系统分析,结果输出如表 5-5 和表 5-6 所示。

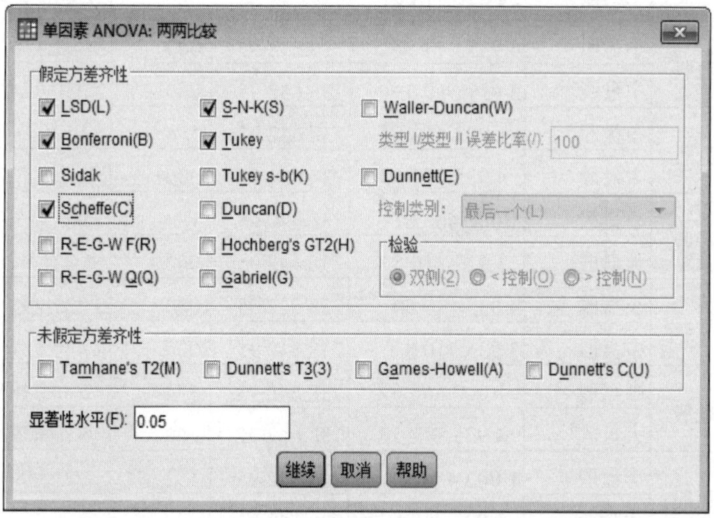

图 5-10 【单因素 ANOVA:两两比较】对话框

表 5-5 中分别显示的是不同盘股板块净利润均值检验的结果。以 LSD 方法为例解释说明如下:在 LSD 方法中,第一行数据中(I) 盘股板块为"小盘股",(J) 盘股板块为"中盘股",对应的均值差(I-J)为-1 002.466 67,概率 p 值为 0.184,$p=0.184 > \alpha=0.05$ 时,接受原假设,则结论为小盘股与中盘股利润的均值没有显著性差异,也就是说,虽然从均值差(I-J)的值可知小盘股比中盘股的利润均值少 1 002.466 67,但是差异不显著,可以近似认为小盘股等于中盘股的利润均值;同样,第一行数据中(I)盘股板块为"小盘股",(J)盘股板块为"大盘股",对应的均值差(I-J)为-4 935.777 50,概率 p 值为 0.000,$p=0.000 < \alpha=0.05$ 时,拒绝原假设,则结论为小盘股与大盘股利润的均值有显著性差异,从均值差(I-J)的值可知小盘股比大盘股的利润均值少-4935.77750,也就是说,小盘股显著小于大盘股的利润均值。

其他两两比较方法跟上述一样，在此不再赘述。

表 5-5 不同盘股板块多重比较

	(I) 盘股板块	(J) 盘股板块	均值差(I-J)	标准误	显著性	95% 置信区间	
						下限	上限
Tukey HSD	小盘股	中盘股	-1 002.466 67	738.642 95	.375	-2 814.944 7	810.011 4
		大盘股	-4 935.777 50*	738.642 95	.000	-6 748.255 5	-3 123.299 5
	中盘股	小盘股	1 002.466 67	738.642 95	.375	-810.011 4	2 814.944 7
		大盘股	-3 933.310 83*	738.642 95	.000	-5 745.788 9	-2 120.832 8
	大盘股	小盘股	4 935.777 50*	738.642 95	.000	3 123.299 5	6 748.255 5
		中盘股	3 933.310 83*	738.642 95	.000	2 120.832 8	5 745.788 9
Scheffe	小盘股	中盘股	-1 002.466 67	738.642 95	.408	-2 895.733 4	890.800 0
		大盘股	-4 935.777 50*	738.642 95	.000	-6 829.044 2	-3 042.510 8
	中盘股	小盘股	1 002.466 67	738.642 95	.408	-890.800 0	2 895.733 4
		大盘股	-3 933.310 83*	738.642 95	.000	-5 826.577 5	-2 040.044 1
	大盘股	小盘股	4 935.777 50*	738.642 95	.000	3 042.510 8	6 829.044 2
		中盘股	3 933.310 83*	738.642 95	.000	2 040.044 1	5 826.577 5
LSD	小盘股	中盘股	-1 002.466 67	738.642 95	.184	-2 505.247 0	500.313 7
		大盘股	-4 935.777 50*	738.642 95	.000	-6 438.557 9	-3 432.997 1
	中盘股	小盘股	1 002.466 67	738.642 95	.184	-500.313 7	2 505.247 0
		大盘股	-3 933.310 83*	738.642 95	.000	-5 436.091 2	-2 430.530 5
	大盘股	小盘股	4 935.777 50*	738.642 95	.000	3 432.997 1	6 438.557 9
		中盘股	3 933.310 83*	738.642 95	.000	2 430.530 5	5 436.091 2
Bonferroni	小盘股	中盘股	-1 002.466 67	738.642 95	.552	-2 865.481 5	860.548 1
		大盘股	-4 935.777 50*	738.642 95	.000	-6 798.792 3	-3 072.762 7
	中盘股	小盘股	1 002.466 67	738.642 95	.552	-860.548 1	2 865.481 5
		大盘股	-3 933.310 83*	738.642 95	.000	-5 796.325 6	-2 070.296 0
	大盘股	小盘股	4 935.777 50*	738.642 95	.000	3 072.762 7	6 798.792 3
		中盘股	3 933.310 83*	738.642 95	.000	2 070.296 0	5 796.325 6

表 5-5 向我们提供了详尽的比较结果，但是看起来显得复杂，为了方便起见 SPSS 提供了一种寻找相似子集的方法判断两两差异，被划成相似子集的各组是无差别的，而相似子集间的差别是显著的。以 S-N-K 方法为例，大盘股的利润均值被划分为一组，小盘股和中盘股被划分为第二组，形成两个相似性子集，即大股盘和中小股盘是有差异的，而小股盘和中股盘是没有差异的，如表 5-6 所示。Tukey HSD 与 Scheffe 两种方法划分出来的相似性子集与 S-N-K 方法一致。

表 5-6　不同盘股板块多重比较检验的相似性子集

	盘股板块	N	alpha = 0.05 的子集	
			1	2
Student-Newman-Keuls[a]	小盘股	12	3 776.587 5	
	中盘股	12	4 779.054 2	
	大盘股	12		8 712.365 0
	显著性		.184	1.000
Tukey HSD[a]	小盘股	12	3 776.587 5	
	中盘股	12	4 779.054 2	
	大盘股	12		8 712.365 0
	显著性		.375	1.000
Scheffe[a]	小盘股	12	3 776.587 5	
	中盘股	12	4 779.054 2	
	大盘股	12		8 712.365 0
	显著性		.408	1.000

5.2 多因素方差分析

5.2.1 多因素方差分析的基本原理

多因素方差分析用来研究两个及两个以上自变量是否对因变量产生显著影响。它不仅能分析多个因素对因变量的独立影响，而且能够分析多个因素的交互作用能否对因变量产生显著影响，从而找到有利于因变量的最优组合方案。交互作用的影响是指多个自变量不同水平的各种组合对因变量产生的影响。例如，研究不同促销方式、不同地区是否对商品销售量产生显著影响；促销方式有打折、赠送礼品两种水平；地区有 A 地区、B 地区和 C 地区三种水平。此时，自变量有两个，即促销方式和地区；因变量有一个，即销售量，所以可以采用多因素方差分析方法进行分析。多因素方差分析不仅可以单独分析促销方式及地区对销售量的影响，还可以分析不同促销方式与不同地区的交互作用对销售量的影响，即促销方式与地区的自由组合对销售量的影响，总共有 6 种组合方式，即打折*A 地区、打折*B 地区、打折*C 地区、赠送礼品*A 地区、赠送礼品*B 地区和赠送礼品*B 地区。

多因素方差分析中因变量总方差(SST)由三部分组成，自变量独立作用、自变量交互作用及抽样误差。以两个自变量为例，这两个自变量分别为 A 和 B，假设自变量 A 有 k 个水平，自变量 B 有 r 个水平。SST 的分解公式为

$$SST = SSA + SSB + SSAB + SSE \tag{5.6}$$

式中，SST 为因变量的总离差平方和；SSA、SSB 分别为自变量 A、B 独立作用引起的变差；SSAB 为自变量 A、B 两两交互作用引起的变差；SSE 为随机因素引起的变差。

$$\text{SST} = \sum_{i=1}^{k}\sum_{j=1}^{r}\sum_{k=1}^{n_{ij}}(x_{ijk}-\bar{x})^2 \tag{5.7}$$

式中，n_{ij} 为因素 A 第 i 个水平和因素 B 第 j 个水平下样本观测值的个数；x_{ijk} 为因素 A 第 i 个水平和因素 B 第 j 个水平下的第 k 个观测值。

$$\text{SSA} = \sum_{i=1}^{k}\sum_{j=1}^{r}n_{ij}(\bar{x}_i^{A}-\bar{x})^2 \tag{5.8}$$

式中，n_{ij} 为因素 A 第 i 个水平和因素 B 第 j 个水平下样本观测值的个数；$\bar{x}_i^{A}$ 为因素 A 第 i 个水平下因变量的均值。

$$\text{SSB} = \sum_{i=1}^{r}\sum_{j=1}^{k}n_{ij}(\bar{x}_i^{B}-\bar{x})^2 \tag{5.9}$$

式中，n_{ij} 为因素 A 第 i 个水平和因素 B 第 j 个水平下样本观测值的个数；$\bar{x}_j^{B}$ 为因素 B 第 j 个水平下因变量的均值。

$$\text{SSE} = \sum_{i=1}^{k}\sum_{j=1}^{r}\sum_{k=1}^{n_{ij}}(x_{ijk}-\bar{x}_{ij}^{AB})^2 \tag{5.10}$$

式中，x_{ijk} 为因素 A 第 i 个水平和因素 B 第 j 个水平下的第 k 个观测值；$\bar{x}_{ij}^{AB}$ 为因素 A 第 i 个水平和因素 B 第 j 个水平下因变量的均值。

5.2.2 多因素方差分析的基本步骤

1. 建立原假设 H_0

单因素方差分析的原假设 H_0 为各自变量不同水平下因变量各总体的均值无显著差异，自变量各效应和交互作用效应同时为 0(或无交互作用)，用等式表述为

H_{01}：$a_1=a_2=\cdots=a_k=0$

H_{02}：$b_1=b_2=\cdots=b_r=0$

H_{03}：$(ab)_{11}=(ab)_{12}=\cdots=(ab)_{kr}=0$

2. 确定检验统计量

多因素方差分析的检验统计量有固定效应模型和随机效应模型之分。

固定效应是指自变量的各个水平能严格控制，给因变量带来的影响是固定的。该模型检验统计量为

$$F_A = \frac{\text{SSA}/(k-1)}{\text{SSE}/kr(l-1)} = \frac{\text{MSA}}{\text{MSE}} \tag{5.11}$$

$$F_B = \frac{\text{SSB}/(r-1)}{\text{SSE}/kr(l-1)} = \frac{\text{MSB}}{\text{MSE}} \tag{5.12}$$

$$F_{AB} = \frac{\text{SSAB}/(k-1)(r-1)}{\text{SSE}/kr(l-1)} = \frac{\text{MSAB}}{\text{MSE}} \tag{5.13}$$

随机效应是指自变量的各个水平不能严格控制，给因变量带来的影响是随机的。该模

型检验统计量为

$$F_A = \frac{SSA/(k-1)}{SSAB/(k-1)(r-1)} = \frac{MSA}{MSAB} \tag{5.14}$$

$$F_B = \frac{SSB/(r-1)}{SSAB/(k-1)(r-1)} = \frac{MSB}{MSAB} \tag{5.15}$$

式中，$k-1$ 为 SSA 的自由度；$r-1$ 为 SSB 的自由度；$kr(l-1)$ 为 SSE 的自由度；$(k-1)(r-1)$ 为 SSAB 的自由度。

3. 计算检验统计量观测值及发生的概率 p 值

使用 SPSS 软件进行操作，SPSS 会自动计算统计量 F 和概率 p 值。

4. 将显著性水平 α 与概率 p 值进行比较，做出统计决策

当概率 p 值大于显著性水平($p>\alpha$)时，接受原假设，结论与原假设相同；当概率 p 值小于显著性水平($p<\alpha$)时，拒绝原假设，结论与原假设相反。

5.2.3 多因素方差分析的方法及应用概述

1. 多因素方差分析的饱和模型和非饱和模型

在饱和模型中，因变量总方差(SST)由三部分组成，自变量独立作用、自变量交互作用及抽样误差，SST = SSA + SSB + SSAB + SSE (式 5.6)。非饱和模型是相对于饱和模型而言的，在饱和模型研究中，如果发现自变量的交互作用对因变量没有产生显著影响，那么就尝试建立非饱和模型。非饱和模型中，把交互作用对因变量的影响因素 SSAB 剔除，则两因素的非饱和模型如下：

$$SST = SSA + SSB + SSE \tag{5.16}$$

在 SPSS 应用中，默认建立的是饱和模型，建立非饱和模型的操作，在实例讲解中再详细说明。

2. 多因素方差分析的均值检验

多因素方差分析的均值检验是对各个自变量不同水平下的均值是否存在显著差异进行比较。有两种方法可实现均值检验，即多重比较检验和对比检验。

1) 多重比较检验

多因素方差分析的多重比较检验与单因素方差分析的多重比较检验类似，也分为两类，一类是方差相等使用的方法，另一类是方差不相等时使用的方法。前面在单因素方差分析已经详细说明，这里不再赘述，具体分析方法，如图 5-11 所示。

2) 对比检验

多因素方差分析的对比检验，实质上和单样本 t 检验方法的原理一样，即检验总体均值和某个指定的检验值的差与 0 是否存在显著差异，在 SPSS 中，检验值有以下几种。

(1) 偏差：因变量的均值。

(2) 简单：第一水平或最后一水平上因变量的均值。

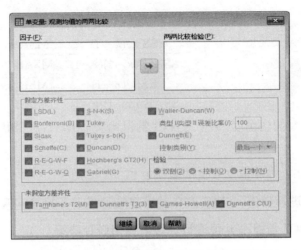

图 5-11 多因素方差分析两两比较分析方法

(3) 差值：前一水平上因变量的均值。

(4) Helmert：后一水平因变量的均值。

3. 多因素方差分析的交互作用图形分析

自变量的交互作用可以通过绘制图形直观分析。如果自变量之间无交互作用，各水平对应的直线是近于平行的，如图 5-12 所示；如果自变量间存在交互作用，各水平对应的直线会相互交叉，如图 5-13 所示。

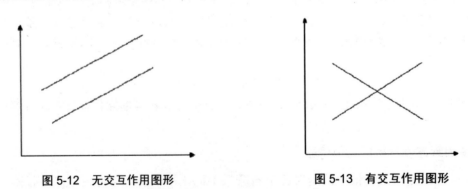

图 5-12　无交互作用图形　　　　　　图 5-13　有交互作用图形

5.2.4 多因素方差分析的 SPSS 过程

案例 5-2

根据案例 5-1 的分析结果可知，不同盘股板块对净利润的均值有显著差异，进一步研究：不同盘股板块、不同地区板块对净利润的影响是否存在显著差异，同盘股板块、不同地区板块的交互作用是否对净利润产生显著影响。不同盘股板为小盘股、中盘股、大盘股；不同盘股板块为北京板块、福建板块、湖南板块以及广西板块，数据如表 5-1 所示。

案例分析：该数据的因变量为净利润；自变量为盘股板块、地区板块。题目要研究不同盘股板块、不同地区板块对净利润的影响是否存在显著差异，涉及 2 个自变量，因此，可用多因素方差分析方法进行分析。

步骤 1：先将表 5-1 数据(见本章数据"股票净利润.sav")录入到 SPSS 中。

步骤 2：打开数据，依次选择【分析】→【一般线性模型】→【单变量】命令，如图 5-14 所示。

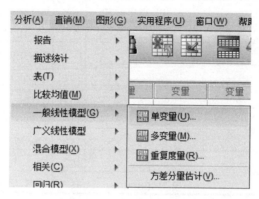

图 5-14 多因素方差分析

步骤 3：多因素方差饱和模型分析。单击【单变量】进入其对话框。以"净利润"为因变量，"地区板块""盘股板块"为自变量，所以把"净利润"添加到【因变量】框中，把"地区板块""盘股板块"添加到【固定因子】框中，单击【确定】按钮，系统默认建立饱和模型，如图 5-15 所示。结果输出如表 5-7 所示。

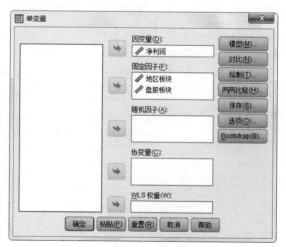

图 5-15 【单变量】对话框

由表 5-7 的数据进行多因素方差分析。①原假设 H_{01}：不同地区板块没有对净利润产生显著影响。F 检验统计量为 64.748，概率 p 值为 0.000(第三行数据)，$p=0.000<\alpha=0.05$，拒绝原假设，即不同地区板块对净利润产生显著影响。②原假设 H_{02}：不同的盘股板块没有对

净利润产生显著影响。F 检验统计量为 171.358，概率 p 值为 0.000(第四行数据)，$p=0.000 < \alpha=0.05$，拒绝原假设，即不同盘股板块对净利润产生显著影响。③原假设 H_{03}：地区板块和盘股板块对净利润没有产生显著的交互作用影响。F 检验统计量为 1.400，概率 p 值为 0.255(第五行数据)，$p=0.255 > \alpha=0.05$ 时，接受原假设，即地区板块和盘股板块对净利润没有产生显著的交互作用影响。

表 5-7　方差分析表

源	III 型平方和	df	均方	F	Sig.
校正模型	2.599E8	11	2.363E7	49.578	.000
截距	1.193E9	1	1.193E9	2502.395	.000
地区板块	9.258E7	3	3.086E7	64.748	.000
盘股板块	1.634E8	2	8.168E7	171.358	.000
地区板块 * 盘股板块	4003613.572	6	667268.929	1.400	.255
误差	1.144E7	24	476637.918		
总计	1.464E9	36			
校正的总计	2.714E8	35			

注：a. R 方 = .958(调整 R 方 = .939)。

步骤 4：多因素方差分析非饱和模型建立。在如图 5-15 所示的【单变量】对话框中，单击【模型】按钮进入其对话框，如图 5-16 所示。系统默认选择【全因子】选项，建立饱和模型。要建立非饱和模型，则选择【设定】选项。在【因子与协变量】框中把"地区板块"和"盘股板块"添加到【模型】框中，在【类型】下拉列表框中有主效应和交互作用项，交互作用项可为所有二阶、所有三阶、所有四阶和所有五阶项，可根据研究问题来选择，根据题意，本次选择所有二阶。单击【继续】按钮回到主对话框，最后单击【确定】按钮，非饱和模型构造操作完成，结果如表 5-8 所示。

图 5-16　【单变量：模型】对话框

第5章 方差分析

表 5-8 给出了多因素方差非饱和模型分析结果。因为在建立饱和模型分析时，结果表明地区板块和盘股板块不存在显著的交互作用，所以在构建非饱和模型时，交互作用项被系统剔除。从表 5-8 最后一列数据(Sig.)可看出，不同地区板块和不同盘股板块对净利润产生显著影响，具体分析和表 5-7 中分析一样，这里不再做详细介绍。在非饱和模型中，F 检验统计量及模型拟合度 R 方值，都比饱和模型中 F 检验统计量值小。

表 5-8 非饱和模型方差分析表

源	III 型平方和	df	均方	F	Sig.
校正模型	2.559E8	5	5.119E7	99.438	.000
截距	1.193E9	1	1.193E9	2317.054	.000
地区板块	9.258E7	3	3.086E7	59.953	.000
盘股板块	1.634E8	2	8.168E7	158.666	.000
误差	1.544E7	30	514764.120		
总计	1.464E9	36			
校正的总计	2.714E8	35			

注：a. R 方 = .943(调整 R 方 = .934)。

步骤 5： 多因素方差均值比较分析。

(1) 多重比较检验方法。 在如图 5-15 所示的【单变量】对话框中，单击【两两比较】按钮进入其对话框，如图 5-17 所示。在【因子】框中，把"地区板块""盘股板块"添加到【两两比较检验】框中。如果方差相等，则选择【假定方差齐性】选项组中的分析方法；如果方差不相等，则选择【未假定方差齐性】选项组中的分析方法，同单因素方差分析一样，这里不再详细说明。

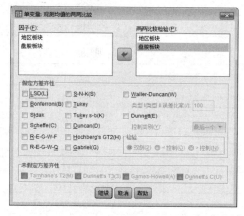

图 5-17 【单变量：观测均值的两两比较】对话框

图 5-18 【单变量：对比】对话框

(2) 对比检验方法。 在如图 5-15 所示的【单变量】对话框中，单击【对比】按钮进入其对话框，如图 5-18 所示。默认不进行对比检验，显示如图 5-18 所示的"盘股板块(无)"，如果进行对比检验方法分析，在【对比】下拉列表框中，选择一种对比方式，这里选择"偏差"。然后单击【更改】按钮，使【因子】框中的"地区板块"由"无"变成"偏差""盘股板块"变量的操作一样。之后单击【继续】按钮回到主对话框，单击【确认】按钮，提交系统分析，输出结果如表 5-9 和表 5-10 所示。

表 5-9 为不同地区板块下净利润的均值对比检验结果，数据只显示了前三个水平，省略了第四水平，检验值是各水平的均值。级别 1(北京板块)与检验值的差为 2 360.759，标准误差为 207.116，概率 p 值为 0.000，说明北京板块的净利润与总体净利润存在显著差异，且明显高于总体水平；级别 2(福建板块)的净利润与检验值的差为 364.773，$p=0.088<0.05$，说明其与总体净利润不存在差异；级别 3(湖南板块)的净利润明显低于总体水平。表 5-10 为不同盘股板块下净利润的均值对比检验结果，其分析与表 5-9 的分析一样，这里不再做详细说明。

表 5-9 不同地区板块下净利润的均值对比检验结果(K 矩阵)

地区板块偏差对比[a]			因变量
			净利润
级别 1 和均值	对比估算值		2360.759
	假设值		0
	差分(估计 - 假设)		2360.759
	标准误差		207.116
	Sig.		.000
	差分的 95% 置信区间	下限	1937.772
		上限	2783.746
级别 2 和均值	对比估算值		364.773
	假设值		0
	差分(估计 - 假设)		364.773
	标准误差		207.116
	Sig.		.088
	差分的 95% 置信区间	下限	−58.214
		上限	787.761
级别 3 和均值	对比估算值		−704.484
	假设值		0
	差分(估计 - 假设)		−704.484
	标准误差		207.116
	Sig.		.002
	差分的 95% 置信区间	下限	−1127.472
		上限	−281.497

注：a. 省略的类别=4。

第 5 章 方差分析

表 5-10 不同盘股板块下净利润的均值对比检验结果对比结果(K 矩阵)

盘股板块 偏差对比[a]			因变量
			净利润
级别 1 和均值	对比估算值		-1979.415
	假设值		0
	差分(估计 - 假设)		-1979.415
	标准误差		169.109
	Sig.		.000
	差分的 95% 置信区间	下限	-2324.782
		上限	-1634.047
级别 2 和均值	对比估算值		-976.948
	假设值		0
	差分(估计 - 假设)		-976.948
	标准误差		169.109
	Sig.		.000
	差分的 95% 置信区间	下限	-1322.316
		上限	-631.580

注：a. 省略的类别= 3。

步骤 6： 多因素方差自变量交互作用图形分析。

从前面的研究结果中我们可知，地区板块和盘股板块没有对净利润产生显著的交互作用影响，这一结论可通过绘制交互作用图形来直观的说明，绘制交互作用图形的操作如下。

在如图 5-15 所示的对话框中，单击【绘制】按钮，进入【单变量：轮廓图】对话框，如图 5-19 所示。在【因子】框中把"地区板块""盘股板块"中的任意一个添加到【水平轴】框中，剩下的另一个变量添加到【单图】框中。如果还存在第三变量，把第三个变量添加到【多图】框中。在这里，把"地区板块"添加到【水平轴】框中，把"盘股板块"添加到【单图】框中，再单击【添加】按钮，把"地区板块*盘股板"添加到【图】框中，单击【继续】按钮回到主对话框，单击【确认】按钮，提交系统分析，结果如图 5-20 所示。

图 5-19 【单变量：轮廓图】对话框

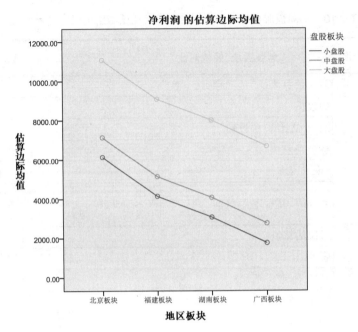

图 5-20　地区板块和盘股板块的交互作用图

在图 5-20 中,地区板块从第一水平到第四水平,各个不同盘股板块的净利润都呈递减规律变化,三条线是相互平行的,从前面提到的理论知识可知,如果绘制的交互作用图呈现平行线则不存在交互作用,所以从图 5-20 中可看出,地区板块与盘股板块不存在显著的交互作用,这也验证了前面的分析结果。

5.3　协方差分析

5.3.1　协方差分析的基本原理

协方差分析是指将那些很难人为控制的控制因素作为协变量,并在排除协变量对因变量影响的条件下,分析自变量对因变量的作用,从而更加准确地对自变量进行评价。

当有一个协变量时,称为一元协方差分析;当有两个或两个以上的协变量时,称为多元协方差分析。协方差分析是在方差分析基本思想的基础上,考虑了协变量的影响,认为因变量总变差的变化受四个方面的影响:即自变量的独立作用,自变量的交互作用,协变量的作用和随机因素的作用,并在剔除协变量的影响后,再分析自变量对因变量的影响。以一元协方差分析为例,协方差分析中总的离差平方和表示为

$$SST = SSA + SSC + SSE \tag{5.17}$$

式中,SST 为因变量的总离差平方和;SSA 为自变量 A 独立作用引起的变差;SSC 为协变量 C 引起的变差;SSE 为随机因素引起的变差。

协方差分析仍然采用 F 检验,其原假设 H_0 为自变量的不同水平下各总体平均值没有显著差异。F 统计量的计算公式为

$$F_A = \frac{\text{SSA}/df_A}{\text{SSE}/df_E} = \frac{\text{MSA}}{\text{MSE}} \tag{5.18}$$

$$F_C = \frac{\text{SSC}/df_C}{\text{SSE}/df_E} = \frac{\text{MSC}}{\text{MSE}} \tag{5.19}$$

式中，df_A 是 SSA 的自由度，df_B 是 SSC 的自由度，df_E 是 SSE 的自由度。

以上 F 统计量服从 F 分布，SPSS 将自动计算 F 值，并根据 F 分布表给出相应的概率值 p。如果 F_A 的概率 p 小于或等于显著性水平 α，则自变量的不同水平对观察变量产生了显著的影响；如果 F_C 的概率 p 小于或等于显著性水平 α，则协变量的不同水平对观察变量产生了显著的影响。

5.3.2 协方差分析需要满足的假设条件

协方差分析需要满足的假设条件如下。
(1) 自变量是分类变量，协变量是定距变量，因变量是连续变量。
(2) 对协变量的测量不能有误差。
(3) 协变量与因变量之间的关系是线性关系，可以用协变量和因变量的散点图来检验是否违背这一假设。
(4) 协变量的回归系数是相同的。在分类变量形成的各组中，协变量对因变量的回归系数必须是相等的，即各组的回归线是平行线。
(5) 自变量与协变量互不相关，它们之间没有交互作用。

5.3.3 协方差分析的 SPSS 过程

案例 5-3

为研究三种不同职业对月工资收入是否有影响，收集到了 30 个个案数据，数据包括"职业""工龄""月工资"三个变量，如表 5-11 所示。录入数据，按要求回答下列问题。
(1) 不同职业是否对月工资收入有影响？
(2) 将工龄作为协变量，再分析职业对月工资收入的影响是否有所不同？

表 5-11 职业与收入

职 业	工龄/年	月工资/元	职 业	工龄/年	月工资/元
销售人员	1.5	4050.34	教师	4.5	4765.31
销售人员	2.0	5000.32	教师	3.0	3768.34
销售人员	1.0	4000.54	教师	3.5	3901.24
销售人员	3.0	5578.61	教师	6.0	4000.21

续表

职　业	工龄/年	月工资/元	职　业	工龄/年	月工资/元
销售人员	4.5	5789.76	教师	6.5	7931.01
销售人员	3.5	7785.56	银行职员	1.0	2026.45
销售人员	2.5	6547.21	银行职员	2.5	3901.45
销售人员	1.0	3876.45	银行职员	3.5	4781.21
销售人员	4.0	7980.31	银行职员	3.0	4357.32
销售人员	5.0	11 896.01	银行职员	4.0	5437.91
教师	1.0	2890.65	银行职员	5.5	3022.34
教师	2.5	3306.12	银行职员	4.5	6123.45
教师	1.5	3156.78	银行职员	5.0	9210.21
教师	4.0	4654.67	银行职员	4.5	6571.32
教师	5.0	5325.56	银行职员	2.0	4001.24

案例分析：问题(1)其实就是单因素方差分析；问题(2)是在考虑协变量"工龄"的情况下"职业"对"月工资收入"的影响，即进行协方差分析。用 SPSS 进行协方差分析，可以分两大步骤进行：第一步，检验回归斜率相等与否；第二步，进行协方差分析。

先将表 5-11 数据(见本章数据"职业与收入.sav")录入到 SPSS 当中，输入的数据如图 5-21 所示。因为问题(1)的单因素方差分析我们之前已经详细介绍过，这里不再介绍其过程，现在直接呈现其方差检验结果，如表 5-12 和表 5-13 所示。

图 5-21　数据的录入

表 5-12　方差齐性检验

Levene 统计量	df_1	df_2	显著性
1.002	2	27	.380

表 5-13 方差分析表

	平方和	df	均　方	F	显著性
组间	1.858E7	2	9289772.953	2.251	.125
组内	1.115E8	27	4127822.396		
总数	1.300E8	29			

从表 5-12 中我们可以看出，各种水平对应方差的齐性检验统计量是 1.002，其 $p=0.380>0.05$，说明不同职业对应月工资的方差是齐性的，意味接下来的 F 检验比较的稳健。从表 5-13 中我们可以知道，$F=2.251$，$p=0.125>0.05$，说明不同职业的月工资水平是没有显著性差异的。

问题(1)已经证明了不同职业对月工资没有显著影响，但这似乎不太符合我们的认识，考虑到工龄与月工资的关系，如果将工龄作为协变量，可以重新分析职业对月工资的影响。我们可以利用协方差分析回答该问题，具体可分两步骤完成。

1. 检查回归斜率是否相等

在该例子中，检查回归斜率是否相等，是指检验在不同的职业水平下工龄与月工资两者的回归线斜率是否相等，这可以通过考察工龄与职业是否存在交互作用来表示。

步骤 1：打开本章数据"职业与收入.sav"，依次选择【分析】→【一般线性模型】→【单变量】命令，如图 5-14 所示。

步骤 2：单击【单变量】进入其对话框，选定因变量、自变量和协变量。在对话框中左侧变量列表中选择"月工资"作为因变量，并将其移入【因变量】框中；然后选择"职业"作为自变量，将其移入到【固定因子】框中；再选择"工龄"作为协变量，将其移入【协变量】框中，如图 5-22 所示。

图 5-22 【单变量】对话框

步骤 3：确定分析模型。单击【模型】按钮，进入【单变量：模型】对话框中。该对话框提供了两种不同形式的模型，"全因子"和"设定"模型。由于要进行回归斜率相同的检验，所以本例使用自定义因素模型。选中【设定】选项后，从左侧的变量列表中选择"职业"，单击右向箭头将其移入【模型】框中。用同样的方法将变量列表中的"工龄"移入【模型】框中。最后在变量列表中同时选中"职业"和"工龄"，再单击右向箭头，【模型】方框中会出现"职业*工龄"字样，意为进行交互效应分析，即检验回归线斜率相等的假设，如图5-23所示。单击【继续】按钮回到主对话框中，最后单击【确定】按钮，提交系统运行，主要输出结果如表5-14所示。

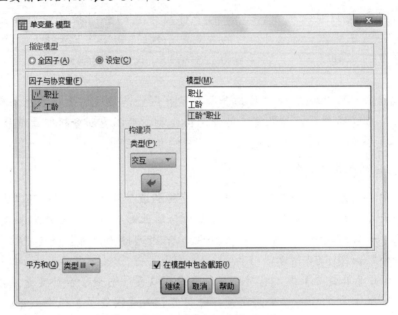

图5-23 【单变量：模型】对话框

表5-14 方差分析表

源	III 型平方和	df	均 方	F	Sig.
校正模型	8.296E7	5	1.659E7	8.459	.000
截距	1.942E7	1	1.942E7	9.903	.004
职业	110206.042	2	55103.021	.028	.972
工龄	6.094E7	1	6.094E7	31.070	.000
职业 * 工龄	7235590.154	2	3617795.077	1.844	.180
误差	4.707E7	24	1961405.979		
总计	9.375E8	30			
校正的总计	1.300E8	29			

a. R 方 = .638(调整 R 方 = .563)。

表5-14是组内回归斜率相同假设的检验结果，职业与工资的交互效应检验的 F 值为1.844，概率值为0.180(大于0.05)，没有达到显著性水平，表明三组的回归斜率相同，即各组的回归线为平行线，符合了协方差分析的回归斜率相同的条件。这一结果表明，下面所进行的协方差分析的结果是有效的。

第 5 章 方差分析

2. 协方差分析

步骤 1： 打开本章数据"职业与收入.sav"，依次选择【分析】→【一般线性模型】→【单变量】命令，如图 5-14 所示。

步骤 2： 单击【单变量】进入其对话框。在对话框左侧变量列表中选择"月工资"作为因变量，并将其移入【因变量】框中。然后选择"职业"作为因素变量，将其移入到【固定因子】框中，再选择"工龄"作为协变量，将其移入【协变量】框中，如图 5-22 所示。

步骤 3： 选择组建对比方式和输出结果。在主对话框中单击【选项】按钮，进入结果输出选择对话框中，从左侧框中选择"职业"将其移入【显示均值】框中，意为输出不同职业月工资调整后(考虑了协变量效应之后)的边缘平均值。选中【比较主效应】复选框，意为对"职业"各组的月工资平均值进行组间比较。在【置信区间调节】下拉菜单中选择"LSD"，意为进行 Tukey LSD 事后检验。选择输出结果部分，选中【描述统计】和【方差齐性检验】复选框，分别意味着输出每一组的描述统计量和方差齐性检验，如图 5-24 所示。单击【继续】按钮回到主对话框。

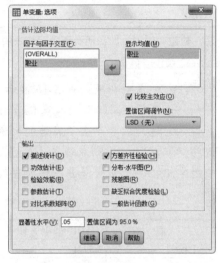

图 5-24 【单变量：选项】对话框

步骤 4： 指定模型形式。在主对话框中单击【模型】按钮进入其对话框。本例采用完全因素模型，即采用默认设置，如图 5-25 所示。完全因素模型包括全部因素变量和协变量的主效应、因素变量间的交互效应，但不包括与协变量的交互效应。由于本例中只有一个因素变量和一个协变量，没有交互效应，计算结果只会有主效应。至此为止，所有对话框指定完毕，单击【继续】按钮回到主对话框，最后单击【确定】按钮，提交系统分析，主要输出结果如表 5-15～表 5-18 所示。

图 5-25 【单变量：模型】对话框

步骤 5: 结果解释。

(1) 方差齐性检验。 表 5-15 汇报了方差齐性检验结果,由表 5-15 我们可知,F 值为 0.576,概率值 p 为 0.569,即 p 大于 0.05,说明不同职业之间的月收入的方差基本相同,因此下面的方差分析结果是有效的。

表 5-15 误差方差等同性的 Levene 检验[a]

F	df_1	df_2	Sig.
.576	2	27	.569

注:检验零假设,即在所有组中因变量的误差方差均相等;
a. 设计:截距+工龄+职业。

(2) 方差分析表。 表 5-16 显示了加入协变量"工龄"之后的方差分析结果,由表 5-16 可知,协变量"工龄"的概率值 $p=0.000<0.05$,说明"工龄"能显著地预示"工资",也就是说,它对月工资产生了显著的影响。自变量"职业"也达到了显著水平,$p=0.001<0.041$,说明"职业"对后测成绩也产生了显著的影响,该结果告诉我们至少有一个教学组与另一个教学组之间有显著差异,但哪些组之间有差异,必须查看后面的组间多重比较结果。

表 5-16 主体间效应的检验

源	III 型平方和	df	均 方	F	Sig.
校正模型	7.572E7	3	2.524E7	12.084	.000
截距	2.093E7	1	2.093E7	10.021	.004
工龄	5.714E7	1	5.714E7	27.356	.000
职业	3.786E7	2	1.893E7	9.063	.001
误差	5.431E7	26	2088820.525		
总计	9.375E8	30			
校正的总计	1.300E8	29			

注:a. R 方=.582(调整 R 方=.534)。

(3) 多重比较结果。 表 5-17 给出的不是三个不同职业的原始月工资平均值,而是考虑了协变量加以调整后的各组平均值,即模型的预示平均值,本例中模型预示的三种职业的平均月工资分别为 6775.992(销售人员)、4041.516(教师)和 4773.281(银行职员)。从这一结果可以初步看出,第一种与第二种、第三种的差异较大,而第二种和第三种月工资的平均值比较接近,但是这些差异需要经过检验后才能知道是否达到统计学上的标准。

表 5-17 调整后的平均值估计

职 业	均 值	标准误差	95% 置信区间	
			下 限	上 限
销售人员	6775.992[a]	467.949	5814.110	7737.875
教师	4014.516[a]	462.062	3064.734	4964.298
银行职员	4773.281[a]	458.191	3831.457	5715.105

注:a. 模型中出现的协变量在下列值处进行评估:工龄 = 3.367。

第 5 章　方差分析

表格 5-18 是对三种职业的月工资分别进行了比较，由表 5-18 我们可知，销售人员(I)和教师(J)均值差为 276.476，标准误差为 667.932，显著性水平值 $p=0.000<0.05$，说明两者的均值有差异，而且均值差值为正值，因此，我们可以知道销售人员的月工资要显著高于教师行业的月工资。销售人员(I)和银行职员(J)的工资均值差为 2002.711，标准误差为 659.883，显著性水平值 $p=0.005<0.05$，即销售人员的月工资要显著大于银行职员的。而教师(I)与银行职员(J)的工资均值差为-758.765，标准误差为 647.319，$p=0.0252>0.05$，即两者的工资没有显著差异。

表 5-18　成对比较

(I) 职业	(J) 职业	均值差值 (I-J)	标准误差	Sig.[a]	差分的 95% 置信区间[a]	
					下限	上限
销售人员	教师	2761.476*	667.932	.000	1388.521	4134.431
	银行职员	2002.711*	659.883	.005	646.302	3359.121
教师	销售人员	-2761.476*	667.932	.000	-4134.431	-1388.521
	银行职员	-758.765	647.319	.252	-2089.348	571.818
银行职员	销售人员	-2002.711*	659.883	.005	-3359.121	-646.302
	教师	758.765	647.319	.252	-571.818	2089.348

注：基于估算边际均值；

*. 均值差值在 .05 级别上较显著；

a. 对多个比较的调整：最不显著差别(相当于未作调整)。

小　结

本章介绍了方差分析的基本原理及分析步骤；介绍了常用的三种方差分析方法，单因素方差分析、多因素方差分析和协方差分析。同时，重点介绍单因素方差分析中的方差齐性检验及多重对比检验；多因素方差分析中的非饱和模型的建立及交互作用图形的绘制。

思考与练习

1. 简述进行方差分析的前提要求。
2. 简述单因素方差分析中方差齐性检验的目的。
3. 对比多因素方差分析中饱和模型和非饱和模型方法的异同。
4. 中国金融期货交易所包括大连商品交易所、上海期货交易所、郑州商品交易所、中国金融期货交易所(中金所)。现收集到 2016 年 1 月到 6 月四大交易所期货的成交额数据(见本章数据"四大交易所成交额.sav")，数据如表 5-19 所示。请用单因素方差分析方法回答下列问题：

(1) 四大交易所的期货成交额的方差是否齐性。

(2) 四大交易所的期货成交额是否存在显著性差异。

(3) 请用多重比较检验方法分析四大交易所的成交额两两间的差异。

表 5-19 四大交易所成交额

期货交易所	成交额/亿元	期货交易所	成交额/亿元	期货交易所	成交额/亿元
大连商品交易所	38 347.35	上海期货交易所	104 166.37	郑州商品交易所	26 729.71
大连商品交易所	29 837.58	上海期货交易所	95 487.51	郑州商品交易所	31 558.36
大连商品交易所	80 661.67	上海期货交易所	71 570.51	中金所	18 488.96
大连商品交易所	79 463.10	上海期货交易所	56 975.90	中金所	13 056.16
大连商品交易所	52 774.83	郑州商品交易所	18 631.32	中金所	20 008.02
大连商品交易所	47 825.32	郑州商品交易所	11 655.72	中金所	15 718.16
上海期货交易所	56 535.46	郑州商品交易所	25 849.74	中金所	13 849.51
上海期货交易所	40 232.57	郑州商品交易所	31 921.35	中金所	12 080.25

注：数据来源国家统计局。

5. 为研究不同地区、不同商业银行对不良贷款率的影响情况，收集到了 30 个数据(见本章数据"不良贷款率.sav")，如表 5-20 所示。按要求回答下列问题：

(1) 根据表 5-20 建立 SPSS 数据文件，分析不同地区对不良贷款率是否产生显著影响；不同商业银行对不良贷款率是否产生显著影响；

(2) 不同地区与不同商业银行对不良贷款率是否存在显著的交互作用？若存在交互作用，则绘制交互作用图，若不存在交互作用，则建立非饱和模型；

(3) 请用均值比较方法，分析不同地区与不同商业银行对不良贷款率影响程度。

表 5-20 商业银行的不良贷款率

单位：%

商业银行	地区	不良贷款率	商业银行	地区	不良贷款率	商业银行	地区	不良贷款率
股份制商业银行	东部	0.54	城市商业银行	东部	0.52	农村商业银行	东部	0.97
股份制商业银行	东部	0.48	城市商业银行	东部	0.69	农村商业银行	东部	1.06
股份制商业银行	东部	0.58	城市商业银行	东部	0.65	农村商业银行	东部	0.98
股份制商业银行	东部	0.61	城市商业银行	东部	0.70	农村商业银行	东部	0.91
股份制商业银行	东部	0.43	城市商业银行	东部	0.72	农村商业银行	东部	1.01
股份制商业银行	西部	0.61	城市商业银行	西部	0.80	农村商业银行	西部	1.65
股份制商业银行	西部	0.68	城市商业银行	西部	0.87	农村商业银行	西部	1.23
股份制商业银行	西部	0.70	城市商业银行	西部	0.79	农村商业银行	西部	1.64
股份制商业银行	西部	0.65	城市商业银行	西部	0.84	农村商业银行	西部	1.43
股份制商业银行	西部	0.79	城市商业银行	西部	0.75	农村商业银行	西部	1.57

第 6 章
非参数检验

学习目标

- 理解非参数检验和参数检验的区别。
- 掌握分布拟合检验的 SPSS 操作及结果解释。
- 掌握独立性检验的 SPSS 操作及结果解释。
- 掌握二项检验的 SPSS 操作及结果解释。
- 掌握两独立样本非参数检验的 SPSS 操作及结果解释。
- 掌握两相关样本非参数检验的 SPSS 操作及结果解释。

前面第 4、5 章介绍的 t 检验、方差分析等通常需要以正态分布为理论基础，属于参数检验。但由于参数假设检验需要满足一系列前提条件，因而无法对所有数据类型作出正确的统计推断，于是人们又发展出了非参数检验的方法，以解决不适合参数检验条件数据的统计推断。非参数检验的发展历史并不晚于参数检验，而在大数据成为趋势的今天，非参数检验的发展可以说更为活跃，它常常与许多高级数理统计概念相结合，用于描述经验分布、解决函数数据等更为复杂的问题。考虑到实践中本科生实际应用到的非参数检验相对较少，本章仅介绍几种目前最常用的、典型的非参数检验方法，以帮助读者了解非参数检验的基本原理及计算方法。

6.1 非参数检验简介

6.1.1 非参数检验和参数检验的异同

前几章介绍的各种检验方法都属于参数检验(parametric test)，是在总体分布形式已知的前提下进行讨论的，同时还需要满足某些总体参数的假定条件。其原理是通过对总体参数做假设，利用枢轴量(pivotal quantity)将可观测到的数据和不能直接观测到的总体参数联系起来，对总体参数做出相应的统计推断。例如，在 t 检验过程中，我们首先已知总体分布为正态分布，总体方差和均值未知，我们利用 t 统计量将满足原假设的总体参数均值 μ 和样本均值联系起来，并得出由样本计算出的 t 值在原假设下的 t 分布所对应的概率，完成假设检验和统计推断。常用的统计检验如 t 检验、Z 检验和 F 检验等都是参数检验。

然而在实际应用中，我们往往不知道总体服从什么类型的分布，或者搜集到的数据对参数检验中的诸多要求和假定很难完全满足，这时参数检验就不太合适了，需要用到非参数检验。非参数检验又称自由分布检验(distribution-free test)，是一类指对总体不作太多的、严格的限定的统计推断方法，这些方法一般不涉及总体参数的假设。非参数检验的前提假设比参数检验少很多，适用于已知信息相对较少的数据资料，它们的计算方法也直观、易理解。当然，尽管非参数检验对总体分布的前提假设较少，但它仍然依照假设检验的一般原理，显著性水平 α、p 值等的概念仍具有相同的含义。

对于大多数参数检验方法，都有一种或几种与之相对应的非参数检验方法，即在不满足总体分布形态的条件下，仍要对样本进行统计推论时所用的方法，具体如表 6-1 所示。

表 6-1 参数检验与非参数检验方法对应表

参数检验方法	非参数检验方法
t 检验法(独立样本)	两个独立样本的中位数检验
	两个独立样本的秩和检验
t 检验法(配对样本)	成对比较、单样本正负号检验
	成对比较、单样本符号秩检验
单因素方差分析	K 个独立样本的 H 检验法
多因素方差分析	Friedman 检验法
相关系数	Spearman 秩相关系数

实际应用中，非参数检验主要针对总体不服从正态分布，或者数据类型为定类、定序类型的情况。值得注意的是，非参数检验的目的并不是验证参数检验的结论，而是在参数检验的前提条件不满足的情况下使用的替代手段，以免使用参数检验时得出错误的统计推论。

6.1.2 非参数检验的优缺点

1. 非参数检验的优点

与参数检验相比，非参数检验具有以下几个方面的优点。

第一，非参数检验不受总体分布的限制，对不满足总体分布假设的数据仍可使用。

第二，非参数检验往往不需要大样本，小样本情况下结果也较为可靠和精确。

第三，非参数检验对计数数据、定类数据和定序数据等非连续变量数据都可使用。

2. 非参数检验的缺点

不可避免地，非参数检验也有一些缺点，具体表现在以下几个方面。

首先，非参数方法最大的不足是未能充分利用数据的全部信息。在将原始数据转换成等级、符号时，丢失了原始数据提供的数量大小的信息，这就意味着原始信息差异很大的不同数据集在非参数检验中结果可能是一样的。

其次，非参数方法不能像多因素方差分析一样分析交互作用，并对其做假设检验。

最后，非参数方法的统计检验力往往低于相应的参数检验。

6.1.3 非参数检验的 SPSS 过程

SPSS 中的非参数检验功能设置在主窗口菜单【分析】的【非参数检验】子菜单中。在 SPSS 18.0 中，非参数检验模块分为新对话框和旧对话框，新对话框是按照样本数据的特征进行分类的，旧对话框中的子菜单是按照不同的统计方法归类，它包含了以下 8 种非参数检验：卡方检验、二项检验、游程检验、单样本 K-S 检验、2 个独立样本检验、K 个独立样本检验、2 个相关样本检验和 K 个相关样本检验，如图 6-1 所示。

图 6-1 非参数检验菜单

在此我们按照旧对话框中的顺序介绍各种非参数检验的方法，有兴趣的读者可以自行探索新对话框中的选项。在这些方法中，单样本 K-S 检验主要应用于理论统计；游程检验用于科学研究，二者在会计和财务管理领域中的应用较少，本书仅选择卡方检验、二项检验、两个独立样本和两个相关样本检验这几个常用方法的 SPSS 操作步骤。

6.2 卡方检验

6.2.1 卡方检验的一般原理

卡方检验最早由卡尔·皮尔逊(Karl Pearson, 1900)发明，是指一类以频数数据(或称为定类数据、计数数据)为对象的假设检验，它以实际观测次数和理论期望次数之间的差异构造出 χ^2 统计量，从而利用 χ^2 分布进行假设检验。χ^2 统计量公式为

$$\chi^2 = \sum_{i}^{k} \frac{(f_{oi} - f_{ei})^2}{f_{ei}} \tag{6.1}$$

式中，k 为样本分类数；f_{oi} 表示第 i 类实际观测到的频数；f_{ei} 表示第 i 类理论分布下(即 H_0 假定的总体分布)的频数。

根据皮尔逊定理，当总频数 n 充分大时，χ^2 统计量渐进服从 χ^2 分布。如果从样本计算出的 χ^2 统计量很大，则它所对应的向上累计概率值 p 就会很小，说明总体在原假设条件下样本取到实际观测频数的可能性是非常小的，若该 p 值小于事先确定的显著性水平 α，则拒绝原假设 H_0；反之，观测到的频数与理论频数差距越小，χ^2 值就越小，假设检验的 p 值就越大，若该 p 值大于事先确定的显著性水平 α，则接受原假设 H_0。

当某个类别的理论频数较小($f_{ei} < 5$)时，χ^2 统计量与 χ^2 分布有一定差距，这时应用费雪精确检验法来进行假设检验。费雪精确检验是用排列组合的原理算出原假设条件下出现样本频数的精确概率，而非渐进分布概率。

卡方检验的基本假设为观测值之间相互独立，且频数的分组相互排斥，互不包容。卡方检验因研究的问题不同，可以细分为多种类型，本章以分布拟合检验和独立性检验为例介绍卡方检验所需的 SPSS 数据组织方式和操作步骤。

6.2.2 分布拟合检验

1. 拟合优度检验的简介

在实际问题中，我们有时不知道总体服从什么类型的分布，这时就需要根据样本来检验关于分布形状的假设。分布拟合检验可以用于检验总体是否具有某个指定的分布或属于某一个分布族。

χ^2 拟合优度检验法仅是分布拟合检验的一种，它针对的是分组数据，例如，人群按收入高低分成 k 组。它的原理即是假设样本所来自的总体服从某一特定分布，然后根据总的

样本量求出服从该分布的随机变量落在每一组中的理论频数。由此从理论频数和实际观测的频数就可以算出 χ^2 统计量，只要每组的理论频数大于等于 5，χ^2 统计量就会渐进服从自由度为 $k-1$ 的 χ^2 分布。

2. 拟合优度检验的 SPSS 过程

某社区 9557 名居民的收入(见本章数据"收入分布 1.sav")按行业惯例被分成了 7 个档次，如图 6-2 所示。检验该社区居民的人均月收入 X(元)是否来自服从 N(6000，2000)的总体？

案例分析：这是一个典型的分布拟合检验，正态分布参数是已知的，我们可以用 χ^2 拟合优度检验法来检验样本数据是否和该正态分布有差异。但是在做 χ^2 检验的时候，我们需要先将理论分布计算出来。

1) 计算理论分布

要计算出符合理论分布 N(6000，2000)的每个收入段的理论人数，我们先要求出每组收入下限对应的 Z 分数，并进一步求出理论累积概率，然后由概率乘以总人数得到理论累积次数，最后整理成简单次数分布，具体操作步骤如下。

步骤 1：先将每组收入下限输入一个新的数据集中，如图 6-3 所示。

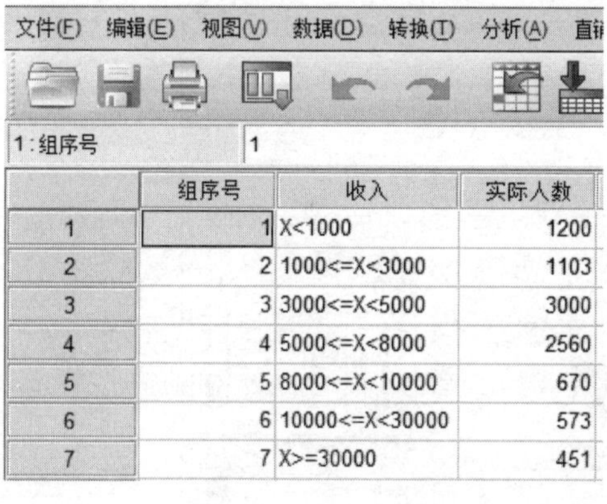

图 6-2 收入分布   图 6-3 收入下限

步骤 2：计算理论累积概率。选择【转换】→【计算变量】命令，打开【计算变量】对话框。在【目标变量】框中新建变量"累积概率"，单击【函数组】框中的"CDF 与非中心 CDF"，接着在【函数和特殊变量】选择"Cdf. Normal"函数，这时【数学表达式】框中会出现函数"CDF. NORMAL (?,?,?)"，三个"?"号依次要填入的是"quant""mean"和"stddev"。该例中将变量"收入下限"置入 quant 的位置，并在 mean 和 stddev 的位置依次输入 6000 和 2000，如图 6-4 所示。单击【确定】按钮，便可以在数据视窗看到新变量"累积概率"，如图 6-5 所示。在变量窗口中将此变量的小数点位数增加，以便得到更精确

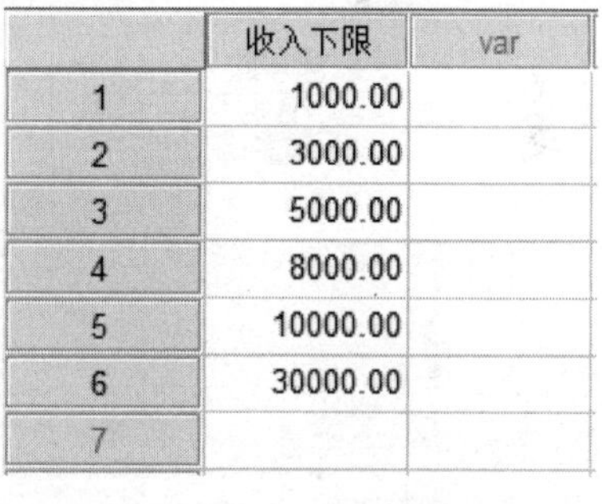

的数值。

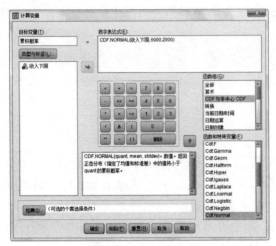

图6-4 计算累积概率　　　　图6-5 累积概率

步骤3：计算累积次数分布。选择【转换】→【计算变量】命令，打开【计算变量】对话框。在【目标变量】框中新建变量"累积人数"，并在【数学表达式】框中填写数学表达式"累计概率*9557"，即将"累计概率"与总人数9557相乘得到理论分布的人数频次，如图6-6所示。最后，单击【确定】按钮，便可以在数据视窗看到新变量"累积人数"，如图6-7所示。

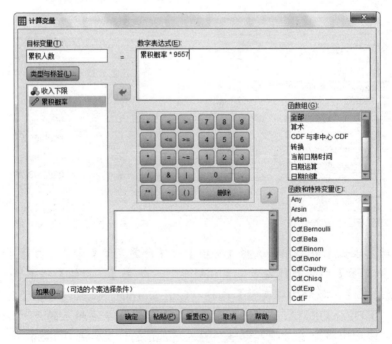

图6-6 计算累积人数

第 6 章 非参数检验

	收入下限	累积概率	累积人数	var
1	1000.00	.006210	59.35	
2	3000.00	.066807	638.48	
3	5000.00	.308538	2948.69	
4	8000.00	.841345	8040.73	
5	10000.00	.977250	9339.58	
6	30000.00	1.000000	9557.00	
7				

图 6-7 累积人数

步骤 4：将累积次数分布转换成简单次数分布。用累积人数中的后一组人数减去前一组人数就可以得到每组的简单次数分布情况，即每组的理论人数(注，χ^2 检验中允许非整数的理论次数，在这里体现为非整数的人数)，如图 6-8 所示。将这个理论人数复制到本章数据"收入分布 1.sav"中，如图 6-9 所示(该结果被保存在本章数据"收入分布 2.sav"中，方便读者直接调用)。有了理论分布人数，便可以进行拟合优度检验了。

	收入下限	累积概率	累积人数	简单次数分布
1	1000	.006210	59.35	59.35
2	3000	.066807	638.48	579.13
3	5000	.308538	2948.69	2310.21
4	8000	.841345	8040.73	5092.04
5	10000	.977250	9339.58	1298.85
6	30000	1.000000	9557.00	217.42

图 6-8 简单次数分布

	组序号	收入	实际人数	理论人数
1	1	X<1000	1200	59.35
2	2	1000<=X<3000	1103	579.13
3	3	3000<=X<5000	3000	2310.21
4	4	5000<=X<8000	2560	5092.04
5	5	8000<=X<10000	670	1298.85
6	6	10000<=X<30000	573	217.42
7	7	X>=30000	451	.00

图 6-9 理论人数

2) 拟合优度检验

步骤 1：在进行 χ^2 拟合优度检验之前，还要先对个案进行加权，以便每个分组的数值表示各组的人数而不是组序号本身。选择【数据】→【加权个案】命令，进入【加权个案】对话框，在对话框中选中【加权个案】单选按钮，并将变量"实际人数"置入右侧的【频率变量】框中，如图 6-10 所示。

图 6-10 【加权个案】对话框

步骤 2：分组变量进行个案加权之后就可以开始进行 χ^2 拟合优度检验了。依次选择【分析】→【非参数检验】→【旧对话框】→【卡方】命令，如图 6-11 所示。

图 6-11　卡方检验

步骤 3：单击【卡方】进入其主对话框，把变量"组序号"置入右侧的【检验变量列表】框中，选中【期望】选项组下的【值】选项，以便输入理论人数。需要强调的是，输入理论频数的顺序要与组序号的顺序一致，才能保证卡方检验正确进行。按照题意，依次在"值"的框中填入 7 个理论分布值，即"59.35""579.13""2310.21""5092.04""1298.85""217.42"和"0"，如图 6-12 所示。在填最后一个理论频数值"0"时，系统会提示你 SPSS 只允许填从 0.0001 到 9999 范围内的理论频数值，所以最后的"0"可以输入"0.0001"代替它。最后单击【确定】按钮，提交系统分析，输出结果如表 6-2 和表 6-3 所示。

图 6-12　【卡方检验】对话框

步骤 4：结果解释。

表 6-2 给出的是观察数、期望数和残差的描述统计，利用这些数据我们要对观察和期望数的差异做差异检验，即做 χ^2 检验。从表 6-3 中我们可以看出 χ^2 统计量的值为 (2.034E9)2.034×10^9，对应的 p 值(渐进显著性)为 0.000，即 $p<0.05$，该例题的原假设 H_0 是数据分布服从 $N(6000，2000)$ 的正态分布，因此应该拒绝原假设。然而，这样庞大的 χ^2 值应

该引起我们的注意，这样的结果是否合理？这需要我们做进一步的研究。

表 6-2　组序号

	观察数	期望数	残　差
1	1200	59.3	1140.7
2	1103	579.1	523.9
3	3000	2310.2	689.8
4	2560	5092.0	-2532.0
5	670	1298.8	-628.8
6	573	217.4	355.6
7	451	.0	451.0
总数	9557		

经检查发现，理论次数小于 5 的单元格有 1 个(见表 6-3 下方的注释)，即在本例中，最后一组(人均月收入≥30 000 元)的理论频数为 0，不符合 χ^2 检验的假设，这种情况下结论会不准确。一般情况下，这种问题可以考虑用费雪精确检验作为替代方法，然而 SPSS 只提供四格表的费雪精确检验，χ^2 拟合优度检验中不提供此种方法，我们只能采取其他方法解决该问题，即合并频数小于 5 的组别。这里我们将最后两组合并，使得合并后的所有组理论频数大于 5，如图 6-13 所示，数据由原来的 7 组变成了 6 组(该结果被保存在本章数据“收入分布 3.sav”中，方便读者直接调用)。

表 6-3　检验统计量

	组序号
卡方	2.034E9
df	6
渐近显著性	.000

注：a. 1 个单元 (14.3%) 具有小于 5 的期望频率，单元最小期望频率为 .0。

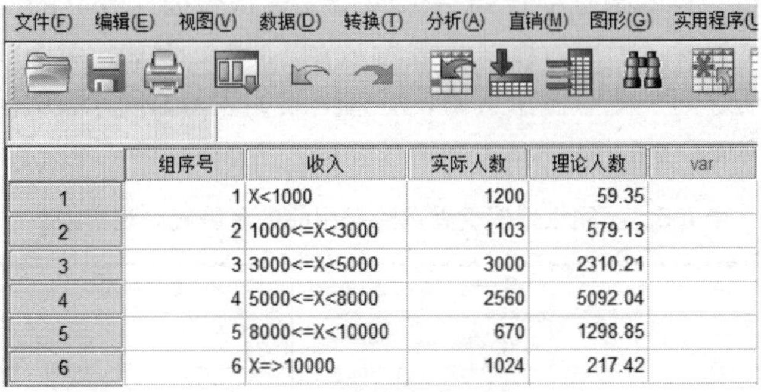

	组序号	收入	实际人数	理论人数	var
1	1	X<1000	1200	59.35	
2	2	1000<=X<3000	1103	579.13	
3	3	3000<=X<5000	3000	2310.21	
4	4	5000<=X<8000	2560	5092.04	
5	5	8000<=X<10000	670	1298.85	
6	6	X=>10000	1024	217.42	

图 6-13　合并后的人数分布

合并后我们可以重复上述的 χ^2 拟合优度检验操作步骤，得到如表 6-4 和表 6-5 的结果。此时 χ^2 统计量的值为 27 157.805，对应于自由度为 5 的 χ^2 分布的向上累计概率 p 为 0.000，即 $p<0.05$，因此，应该拒绝该社区居民收入来自服从 $N(6000，2000)$ 的总体的原假设。虽然在这个例子中最后的统计推论和合并组之前无异，但是检验统计量的值却相差甚远，因此，我们在使用 χ^2 拟合优度检验时，要特别注意单元格理论频数不得小于 5 的假设。

表 6-4 组序号

	观察数	期望数	残　差
1	1200	59.4	1140.7
2	1103	579.1	523.9
3	3000	2310.2	689.8
4	2560	5092.0	-2532.0
5	670	1298.9	-628.8
6	1024	217.4	806.6
总数	9557		

表 6-5 检验统计量

	组序号
卡方	27157.805[a]
df	5
渐近显著性	.000

a. 0 个单元(.0%) 具有小于 5 的期望频率，单元最小期望频率为 59.4。

6.2.3 独立性检验

1. 独立性检验概述

独立性检验是指从样本数据中推断总体两个变量是否彼此独立的检验，相当于独立样本比率差异的显著性检验，所需的数据通常为 $k×j$ 交叉表。例如，对 200 名消费者购买日用品的名牌偏好和性别这两个变量做了调查，汇总结果如表 6-6 所示，试问名牌偏好和性别两个变量是否相互独立？

表 6-6 不同性别消费者选购日用品的名牌偏好观察频数

	男	女	合　计
偏好名牌	69	71	140
不偏好名牌	41	19	60
合计	110	90	$N=200$

独立性检验的原假设 H_0 为男女消费者在品牌偏好上的比率没有显著差异，若该原假设

成立，则每一格的理论 f_{ei} 次数应为

$$f_{ei} = \frac{f_{xi}f_{yi}}{N} \tag{6.2}$$

式中，f_{xi} 和 f_{yi} 分别为性别变量和偏好变量的边际频数。

因此，按照原假设的理论频数的四格表如表 6-7 所示。

表 6-7 性别与名牌偏好独立条件下的理论频数

	男	女	合　计
偏好名牌	77	63	140
不偏好名牌	33	27	60
合计	110	90	N=200

由此，我们可以计算出 χ^2 统计量并进行假设检验，此时 χ^2 统计量渐进服从自由度为 $(k-1)(j-1)=(2-1)(2-1)=1$ 的 χ^2 分布。

2．独立性检验的 SPSS 过程

案例 6-2

本章数据"性别与偏好.sav"是男性和女性购买日用品时对品牌的偏好类型(偏好品牌和不偏好品牌)，试分析消费者购买日用品时对品牌的偏好是否与性别有关，或者说男性和女性购买日用品时的品牌偏好比率是否存在差异。

案例分析：运用 SPSS 进行卡方检验时，适用的数据格式有两种：一种是汇总后的分组频数数据，如案例 6-1 所示数据；另一种是未汇总的原始数据。本例中的数据"性别与偏好.sav"中即为原始调查数据的格式，如图 6-14 所示。

图 6-14 性别与品牌偏好

步骤 1：打开本章数据"性别与偏好.sav"，依次选择【分析】→【描述统计】→【交叉表】命令，如图 6-15 所示。

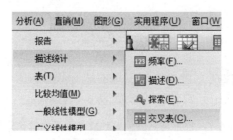

图 6-15　交叉表分析

步骤 2：单击【交叉表】进入其主对话框，并将两个变量分别置入【行】和【列】框中，这里将"性别"放入【行】中，将"名牌偏好"放入【列】框中，如图 6-16 所示。这一方法实际上就是前面第 3 章的交叉表分析。如果将【行】和【列】的变量调换也可以，所得的结果是一致的。

步骤 3：单击【统计量】按钮进入其对话框，选中【卡方】复选框，如图 6-17 所示。单击【继续】按钮回到主对话框，最后单击【确定】按钮，提交系统分析，输出结果如表 6-8 和表 6-9 所示。

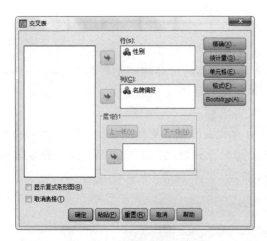

图 6-16　【交叉表】对话框

图 6-17　【交叉表：统计量】对话框

表 6-8　性别*名牌偏好交叉表

		名牌偏好		合　计
		不偏好名牌	偏好名牌	
性别	男	41	69	110
	女	19	71	90
合计		60	140	200

表 6-9 卡方检验

	值	df	渐进 Sig.(双侧)	精确 Sig.(双侧)	精确 Sig.(单侧)
Pearson 卡方	6.157[a]	1	.013		
连续校正[b]	5.411	1	.020		
似然比	6.283	1	.012		
Fisher 的精确检验				.014	.010
有效案例中的 N	200				

注：a. 0 单元格(.0%) 的期望计数少于 5，最小期望计数为 27.00。
b. 仅对 2×2 表计算。

步骤 4：结果解释。

如果某个类别的理论频数小于 5，应该以图 6-9 中的第 4 行 Fisher 的精确检验中的 p 值为判断标准对原假设进行检验。因为该例中不存在期望次数小于 5 的问题，所以我们选择图 6-9 中 Pearson 卡方一行的统计指标对原假设进行检验。Pearson 卡方检验的 χ^2 统计量为 6.157，对应的 p 值为 0.013，即"渐进 Sig.(双侧)"列的值。该例的原假设是性别与名牌偏好是没有关联的(独立的)，因为 χ^2 统计量的检验概率 $p=0.013<0.05$，因此拒绝原假设，即认为消费者性别与对名牌的偏好存在关联。进一步对照表 6-8 的交叉表数据分布情况，男生的名牌偏好和不偏好的数据分别为 69 和 41，而女生的为 71 和 19，结合上面的分析，我们可以推断出女性消费者比男性更偏爱购买名牌的日用品。

如果数据是以分类汇总的结果形式出现，例如表 6-6 中的四格表，那我们也可以先进行个案加权然后进行独立性检验。首先我们要在 SPSS 中录入好分类汇总数据，其数据的格式如图 6-18 所示。

图 6-18 性别与偏好汇总数据

由于我们需要进行性别与品牌偏好这两列的交叉表分析，而这两列分组变量是没有频数的，因而需要对它们进行个案加权。依次选择【数据】→【加权个案】→【加权个案】命令，并将变量"人数"置入右侧的【频数变量】框中，如图 6-19 所示。对变量进行加权操作之后，再进行前面所述的独立性检验操作，可以得到同样的结果，因为过程是一样的，在此不再赘述，有兴趣的读者可以自己尝试操作。

图 6-19 【加权个案】对话框

6.3 二项检验

6.3.1 二项检验的原理

二项检验(Binomial test)之所以被列为非参数检验,是因为它仅适用于二分类数据,即取值只有两类的数据。这种二分类既可以是自然的,如性别中的男女;也可以是根据需要而人为划分的,如将考试成绩分为及格和不及格两类。二分变量一般用 0 和 1 加以编码。从这种二分类总体中抽取样本量为 n 的样本,其频数分布服从二项分布,等于独立的重复 n 次贝努利试验。二项检验就是一种用来检验样本是否来自参数为(n, p)的二项分布总体的方法。

进行二项检验所需的样本数据非常简单,即二分变量中每一个类别的频数。设第一个类别的频数为 X,则二项检验的原假设 H_0 为

$$X \sim B(n,p), \quad p=p_0$$

其中,n 为样本容量,p 为二分变量其中一个类别的比例,p_0 为原假设 H_0 中该参数的取值。相应的备择假设 H_1 为

$$X \sim B(n,p), \quad p \neq p_0$$

我们知道,当二项分布样本量较小时,可由排列组合公式(6.3)精确计算出 X 每个取值的概率。随着样本量 n 的增大,二分变量中第一个类别的频数 np 渐进趋于正态分布,因此大样本中可用正态分布来进行统计推论。

$$P(X=k) = \binom{n}{k} p^k (1-p)^{n-k} \tag{6.3}$$

6.3.2 二项检验的 SPSS 过程

案例 6-3

据媒体报道,2015 年我国智能手机平均使用率达 74%(见本章数据"手机使用率.sav")。

某社区 70 岁以上的老年男性总数为 1278 人，其中使用智能手机的有 748 人，不使用的有 530 人。那么该社区 70 岁以上的男性智能手机使用率与全国总人口的平均使用率 74%是否有显著差异？

案例分析：做二项检验前应先观察数据是汇总数据还是非汇总数据，因为前者需要对数据进行个案加权，后者不需要，由于本例中数据为分类汇总数据，如图 6-20 所示，因而在进行检验之前要先对分组变量进行个案加权。

步骤 1：依次选择【数据】→【加权个案】→【加权个案】命令，把变量"人数"置入【频率变量】框中，如图 6-21 所示，最后单击【确定】按钮即可完成对分组变量的个案加权。

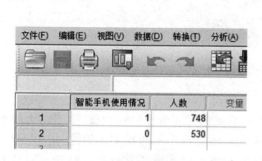

图 6-20 手机使用情况

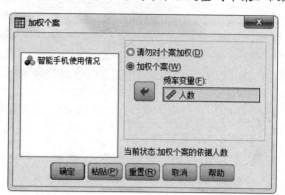

图 6-21 【加权个案】对话框

步骤 2：依次选择【分析】→【非参数检验】→【旧对话框】→【二项式】命令，如图 6-22 所示。

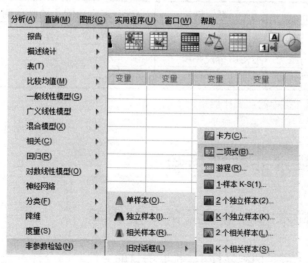

图 6-22 二项检验

步骤 3：单击【二项式】进入其对话框，将"智能手机使用情况"置入【检验变量列表】框中。因为 2015 年我国智能手机平均使用率达 74%，我们要检验的是样本数据是否符合这个比例，因此在检验比例处输入 0.74，其他选项默认系统设置，得到如图 6-23 所示的对话框。最后,单击【确定】按钮,提交系统分析,输出结果如表 6-10 所示。

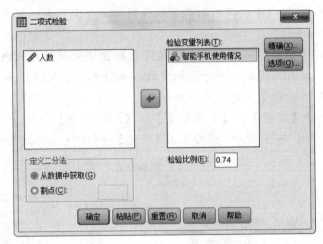

图 6-23 【二项式检验】对话框

步骤 4:结果解释。

从表 6-10 中的"渐进显著性(单侧)"一栏的 p 值我们可以看出,该社区 70 岁以上的老年男性智能手机使用率与 74%有显著差异,该被试群体使用手机的观测比例是 0.59,所以可以认为该群体收集使用率小于我国的基本水平。如果数据是非汇总数据,检验步骤基本一致,唯一不同的是这样的数据是不需要进行加权操作的。

表 6-10 二项检验

		类 别	N	观察比例	检验比例	渐近显著性(单侧)
智能手机使用情况	组 1	使用智能手机	748	.59	.74	.000[a,b]
	组 2	不使用智能手机	530	.41		
	总数		1278	1.00		

注:a. 备择假设规定第一组中的案例比例小于.74。

b. 基于 Z 近似值。

6.4 两独立样本非参数检验

6.4.1 两独立样本非参数检验的一般原理

在第 4 章,我们了解了两独立样本 t 检验的目的是检验两个样本是否来自于同一个正态总体,也可以说是对两独立样本均值差异的显著性检验。然而有时样本所属的总体分布形态是未知的,也可能分布形态不是正态分布,样本均值不再服从 t 分布。因此,我们需要替代的统计方法来判断这种情况下两个独立样本是否来自相同分布的总体。两独立样本非参数检验就是用来处理此类问题的有效方法。这一方法通过对两个独立样本的均值、中数、离散趋势、偏度等进行差异性检验,分析它们是否来自相同分布的总体。SPSS 提供了 4 种非参数方法：Mann-Whitney U 检验、Kolmogorov-smirnov Z 检验、Moses 极限反应检验和 Wald-Wolfowitz 游程检验。这里我们以使用最广泛的 Mann-Whitney U 检验为例，讲解两独立样本检验的原理、数据要求和 SPSS 操作步骤，其他的检验方法有兴趣的读者可以参考其他书籍学习。

6.4.2　Mann-Whitney U 检验

1. Mann-Whitney U 检验的原理

Mann-Whitney U 检验又名 Mann-Whitney-Wilcoxon 秩和检验，适用于比例数据和顺序数据，它检验两样本的总体在位置上是否有差异。检验的基本原理是利用秩统计量，即将两样本合并、排列后每个观测值所处的顺序位置作为"秩"，通过比较两个样本的秩推断两样本所来自总体的位置信息(即总体的均值)。其假设如果两总体在位置上是相同的(这里对分布的形状没有严格要求)，那么秩应该被随机地混合在两个样本里，即第一个样本中每个数据的秩大于第二个样本中的每个数据的秩的概率应该等于第二个样本中每个数据的秩大于第一个样本中的每个数据的秩的概率。秩和检验中只利用了数据大小的顺序而不是数据取值大小本身，因而会丢失原始数据中的一些信息。

检验统计量 U 在大样本($n_1>10, n_2>10$)和小样本两种情形下计算方法不同，但都是以两样本的秩为出发点进行计算的。原假设下的 U 统计量的分布为已知，小样本时为精确概率，样本量大时趋于正态分布。

2. Mann-Whitney U 检验的 SPSS 过程

案例 6-4

表 6-11 为某企业某款电暖气 2014 年度和 2015 年度的月销售量数据(见本章数据"电暖气月销量.sav")，请分析这两年的月销量分布是否相同。

案例分析：数据的组织方式和进行两独立样本 t 检验时一样，只是月销量的数据并不服从正态分布，也不需要这样的假设。部分数据如图 6-24 所示。

表 6-11　某企业某款电暖气月销量(台)

年份＼月份	1月	2月	3月	4月	5月	6月	7月	8月	9月	10月	11月	12月
2014 年	135	119	106	89	41	32	23	31	40	98	121	123
2015 年	195	175	182	150	75	42	9	21	23	71	81	106

步骤 1：打开本章数据，依次选择【分析】→【非参数检验】→【旧对话框】→【2 个独立样本】命令，如图 6-25 所示。

步骤 2：单击【2 个独立样本】进入其主对话框。将"电暖气月销量"置入【检验变量列表】框中,将"年份"置入【分组变量】框中,定义组的方式与两独立样本 t 检验过程相同,这里通过单击【定义组】进入对话框定义比较的组别,即 2014 年和 2015 年,设置后的结果如图 6-26 所示。

月份	电暖气月销量	年份
1	135	2014
2	119	2014
3	106	2014
4	89	2014
5	41	2014
6	32	2014
7	23	2014
8	31	2014
9	40	2014
10	98	2014
11	121	2014
12	123	2014
1	195	2015
2	175	2015

图 6-24　电暖气月销量

图 6-25　2 个独立样本检验

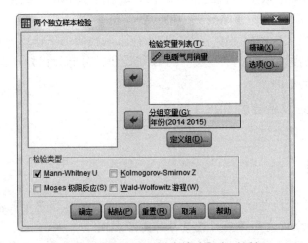

图 6-26　【两个独立样本检验】主对话框

步骤 3: 这里选择系统默认的 Mann-Whitney U 检验法,由于此例中两个样本量都大于 10,因此不需要使用精确检验法。最后单击【确定】按钮,提交系统分析,输出结果如表 6-12 和表 6-13 所示。

步骤 4: 结果解释。

表 6-12 分别输出了电暖气月销量在 2014 年和 2015 年的样本量、秩均值和秩和。表 6-13 中的 Z 统计量值为-0.231,渐进显著性 p 值为 0.817 > 0.05,因此,我们接受电暖气在 2014 年度和 2015 年度的销量分布来自同一总体的原假设。

表 6-12 秩表

	年 份	N	秩均值	秩 和
电暖气月销量	2014	12	12.17	146.00
	2015	12	12.83	154.00
	总数	24		

表 6-13 U 检验统计量 [b]

	电暖气月销量
Mann-Whitney U	68.000
Wilcoxon W	146.000
Z	-.231
渐近显著性(双侧)	.817
精确显著性[2*(单侧显著性)]	.843[a]

注:a. 没有对结进行修正;
    b. 分组变量: 年份。

6.5 两相关样本非参数检验

6.5.1 两相关样本非参数检验的一般原理

两相关样本非参数检验对应于参数检验中的配对样本 t 检验,只是配对样本 t 检验假设两样本来自正态分布的总体,而两相关样本非参数检验则用于总体非正态的数据。两相关样本非参数检验同样也是检验两个成对数据的中位数的差值是否与 0 存在显著性差异。两相关样本非参数检验中,SPSS 提供了 4 种检验方法:Wilcoxon 检验、符号检验、McNemar 检验和边际同质性检验。其中 Wilcoxon 检验的思路与 Mann-Whitney U 检验基本相同。在此,我们以符号检验为例讲解两相关样本非参数检验的原理、数据要求和 SPSS 操作步骤。

6.5.2 符号检验

1. 符号检验的原理

符号检验是把正负符号作为数据的一种非参数检验程序,适用于检验两个来自不对称分布的配对样本的差异。符号检验以中位数作为集中趋势的量度,其原假设是配对资料差值来自中位数为零的总体。与配对样本 t 检验的思路类似,符号检验先求出两样本每对数据之差(x_i-y_i),若原假设成立,则正差值的个数 n_+ 和负差值的个数 n_- 应各占一半左右。检验统计量为 $N= n_+ + n_-$,当样本量较小时($N<25$),可以精确计算出原假设成立时 N 的各个取值的精确概率,而样本量较大时,N 渐进服从正态分布。这样我们可以根据 N 统计量进行假设

检验。

2. 符号检验的 SPSS 过程

本章数据"台式电脑销量.sav"是各个企业在各电商平台开设旗舰店前后的同期月销量对比数据，数据样例如图 6-27 所示。试研究电商平台的使用是否显著增加了这些企业的台式电脑月销量。

案例分析：各企业的台式电脑月销量数据不服从正态分布的状态下，样本量少于 30，达不到配对样本 t 检验的条件，为了保证检验的准确性，这时采用非参数检验该类型数据是比较合适的。

步骤 1：打开本章数据"台式电脑销量.sav"，依次选择【分析】→【非参数检验】→【旧对话框】→【2 个相关样本】命令，如图 6-28 所示。

图 6-27　电脑销量　　　　　　　　图 6-28　2 个相关样本检验

步骤 2：单击【2 个相关样本】进入其对话框，将变量"电脑月销量_前"和"电脑月销量_后"依次选中置入【检验对】框中，系统默认的是 Wilcoxon 检验法，但是这里重新选中【符号检验】复选框，如图 6-29 所示。如果检验的对数超过 1 对，也可以一次性进行检验。

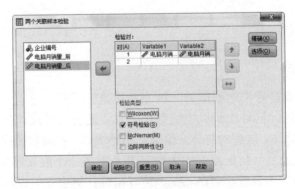

图 6-29　【两个关联样本检验】对话框

步骤 3: 由于样本量较小,应精确计算概率。单击对话框右上角的【精确】按钮,在弹出的对话框中选中【精确】复选框,如图 6-30 所示,其余保持 SPSS 默认值。单击【继续】按钮回到主对话框,最后单击【确定】按钮,提交系统分析,输出结果如表 6-14 和表 6-15 所示。

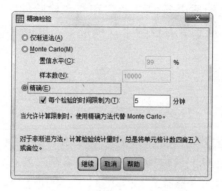

图 6-30 【精确检验】对话框

步骤 4: 结果解释。

表 6-14 给出的是"电脑月销量_后"小于"电脑月销量_前"(负差分)的次数(5),"电脑月销量_后"大于"电脑月销量_前"(正差分)的次数(6)。初步看两者的差距并不是很大,但是还是需要经过检验后再最后下结论。经检验,表 6-15 的精确显著性的单双侧 p 值都是大于 0.05,所以接受原假设,即说明电商这种平台的使用并没有显著增加这些企业的台式电脑同期月销量。

表 6-14 频率

		N
电脑月销量_后 - 电脑月销量_前	负差分[a]	5
	正差分[b]	6
	结[c]	0
	总数	11

注:a. 电脑月销量_后 < 电脑月销量_前;
　　b. 电脑月销量_后 > 电脑月销量_前;
　　c. 电脑月销量_后 = 电脑月销量_前。

表 6-15 检验统计量[b]

	电脑月销量_后 - 电脑月销量_前
精确显著性(双侧)	1.000[a]
精确显著性(单侧)	.500
点概率	.226

注:a. 已使用的二项式分布;
　　b. 符号检验。

小　　结

本章学习了非参数检验的适用条件以及它和参数检验的区别与联系；非参数检验的具体方法有很多，本章着重讨论了卡方检验、二项检验、Mann-Whitney U 检验和符号检验的原理，操作步骤和结果解释。

思考与练习

1. 常用的非参数检验有哪些？在什么情况下采用非参数检验？
2. 为什么说秩和检验对应于参数检验中的 t 检验？二者有什么区别和联系？
3. 已知某手机零件厂商的 8 条生产线每小时生产的产量如表 6-16 所示，试问该厂家不同生产线的生产能力有无显著性差异？

表 6-16　生产能力

单位：个

生产线 1	生产线 2	生产线 3	生产线 4	生产线 5	生产线 6	生产线 7	生产线 8
30	43	37	40	42	48	38	39

4. 某商家决定采用实验不同的销售手段是否可以给自己的商品带来不一样的销售量，于是其随机抽取了 22 名员工分成两组，让他们分别采用不同的方法营销，最后销售量如表 6-17 所示。试分别用参数检验和非参数检验研究这两种方法的销量是否有差异。

表 6-17　销售量

单位：个

方法	销　量									
方法 1	14	19	50	36	41	32	23	31	40	79	100
方法 2	195	175	182	150	75	42	9	21	23	71	81

5. 某公司执行了一项新的规章制度，一段时间过后，为了了解公司员工是否支持该制度继续进行下去，公司组织了随机调查，调查结果如表 6-18 所示。试问不同类型的员工对该规章制度的态度是否一样？

表 6-18　态度调查

员工类型	同意	弃权	不同意
管理人员	20	1	6
普通员工	30	5	10

6. 为了验证某一种减肥药物是否有效,某机构随机抽取了 11 个被试服用该药物,一段时间后对其体重进行了再次测量,数据如表 6-19 所示。试分别用参数检验和非参数检验研究该药物是否对减肥有效。

表 6-19 体重变化

单位:千克

	A	B	C	D	E	F	G	H	I	G	K
前	80	85	90	102	89	94	86	84	90	94	105
后	70	87	89	95	88	95	88	85	87	95	100

第 7 章
相关分析

学习目标

- 掌握相关分析的概念。
- 掌握散点图的 SPSS 绘制过程及结果解释。
- 掌握 Pearson 相关系数的 SPSS 操作及结果解释。
- 掌握 Spearman 等级相关的 SPSS 操作及结果解释。
- 了解 Kendall 相关系数的 SPSS 操作及结果解释。
- 掌握偏相关分析的 SPSS 操作及结果解释。

某些客观事物或现象之间总是存在一定的联系，这种联系可以通过一定的数量关系反映出来。例如，投资额和国民收入，教育水平和薪酬水平，居民收入和消费，等等，都存在一定的依存关系，这种依存关系一般可以分为两种类型：一种是函数关系；另一种是相关关系。

函数关系是指事物或现象之间存在严格的依存关系，通常可以用函数式 $y=f(x)$ 来表示，它意味着对于变量 x 取任何一个值，另一个变量 y 都可以根据确定的函数关系取唯一确定的值与之相对应。例如，纳税额 y 与收入 x 和税率 P 可以用公式 $y=xP$ 来表示。

相关关系又称统计相关，是指事物之间存在相互依存的关系。但是这种关系只是大致的、不是某事物的每一个变化都会引起与之相联系的另一个变量的确定变化。例如，假设企业的投资金额越高，企业的利润越丰厚，那么就可以简单地认为投资金额和企业的利润存在统计学上的相关。但它只是一种大概的趋势，投资额和利润并非一一对应，即一般而言，投资金额越高，利润越丰厚，但是具体到某个企业上这个规律并不是确定的，例如，A 企业投资 500 万元，B 企业也投资 500 万元，两者的利润有可能并不一致，也许会存在一定的差别。

相关分析可以分为线性相关和非线性相关两大类，本书主要介绍线性相关。线性相关可以按照强度来分为强相关、弱相关和零相关(即不相关)；也可以按照方向分为正相关和负相关，前者是指两变量变化方向相同，两者同时增大或同时减小；后者指两变量的变化方向相反，一个增大另一个减小。当然还可以按照涉及变量的多少做分类，如果只是涉及两个变量的相关可以称为简单相关；如果研究的是一个变量对两个或两个以上其他变量的相关关系时被称为复相关；如果某一变量与多个变量有关系，但是只想研究排除其他变量的影响下，其与另一个变量的关系，此时的相关叫作偏相关。本章主要介绍简单线性相关和偏相关。

7.1 散点图

7.1.1 散点图概述

相关分析可以通过图示法和计算相关系数法来完成。图示法主要是通过绘制散点图，找出变量间的相关情况。计算相关系数则是在散点图的基础上进一步给出具体的量化数据以判断变量间的相关程度。

散点图可以是表示两个变量关系的二维图，也可以是表达多变量的多维图，如三维散点图。这里主要研究两变量关系的散点图。如果没有特指，本书中提到的散点图是指二维散点图。散点图一般以横轴和纵轴分别表示一个变量，将两个变量之间相对应的变量值以坐标点的形式标识在直角坐标系中，从点的分布情况形象地描述两个变量的相关关系。

7.1.2 散点图的 SPSS 过程

案例 7-1

表 7-1 是 1985—2014 年我国国内生产总值与全社会固定资产投资的数据(见本章数据"生产和投资.sav"),试利用散点图来表示两者的关系,并判断两者是否呈现线性关系。

表 7-1　国内生产总值与全社会固定资产投资

单位：亿元

时间	国内生产总值	全社会固定资产投资	时间	国内生产总值	全社会固定资产投资	时间	国内生产总值	全社会固定资产投资
2014 年	643 974.0	512 020.65	2004 年	161 840.2	70 477.43	1994 年	48 637.5	17 042.1
2013 年	595 244.4	446 294.09	2003 年	137 422	55 566.61	1993 年	35 673.2	13 072.3
2012 年	540 367.4	374 694.74	2002 年	121 717.4	43 499.91	1992 年	27 194.5	8 080.1
2011 年	489 300.6	311 485.13	2001 年	110 863.1	37 213.49	1991 年	22 005.6	5 594.5
2010 年	413 030.3	251 683.77	2000 年	100 280.1	32 917.73	1990 年	18 872.9	4 517
2009 年	349 081.4	224 598.77	1999 年	90 564.4	29 854.7	1989 年	17 179.7	4 410.4
2008 年	319 515.5	172 828.4	1998 年	85 195.5	28 406.2	1988 年	15 180.4	4 753.8
2007 年	270 232.3	137 323.94	1997 年	79 715	24 941.1	1987 年	12 174.6	3 791.7
2006 年	219 438.5	109 998.16	1996 年	71 813.6	22 913.5	1986 年	10 376.2	3 120.6
2005 年	187 318.9	88 773.61	1995 年	61 339.9	20 019.3	1985 年	9 098.9	2 543.2

注：数据来自国家统计局。

案例分析：判断两变量间的关系是否为线性关系，做散点图是非常简单的一种方式。

步骤 1：先将表 7-1 的数据(见本章数据"生产和投资.sav")录入到 SPSS，数据录入的详细步骤读者可以参考前面章节，在此省略。如果是电子文档，表格数据可以直接复制粘贴到 SPSS 中，然后设置好变量名即可，读者可以自己尝试。建立好的数据如图 7-1 所示。

步骤 2：数据准备好后，依次选择【图形】→【旧对话框】→【散点/点状】命令，如图 7-2 所示。

步骤 3：单击【散点/点状】进入其对话框，上面有多种类型的散点图可供选择。这里选择【简单分布】(见图 7-3)选项，单击【定义】按钮进入【简单散点图】对话框(见图 7.3)，将"国内生产总值"放入【Y 轴】框，将"全社会固定资产投资"放入【X 轴】框，如图 7-4 所示；如果将两变量位置互换也是可以的，所得结论也是一样。最后单击【确定】按钮，提交系统分析，结果输出如图 7-5 所示。

图 7-1 生产与投资

图 7-2 散点图

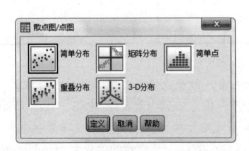

图 7-3 【散点图/点图】对话框

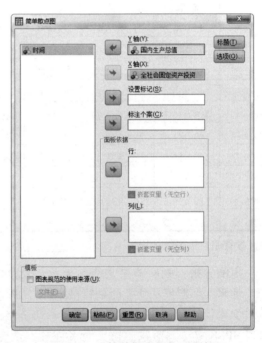

图 7-4 【简单散点图】对话框

步骤 4： 结果解释。

从散点图上判断变量间的关系可以按如下步骤进行。

首先，判断变量间是否为线性关系。这需要观察散点图上的点的聚散情况，如果点的大概趋势呈现直线形态，则为线性关系；如果点的趋势呈现出非直线状态，如抛物线、U形曲线等，则称为非线性关系。从图 7-5 中我们可以直观地看出，"国内生产总值"和"全社会固定资产投资"之间存在的是一种线性相关关系。

其次，判断变量间关系的强弱。点越聚拢于某条直线上则线性相关越强，当点全部都在一条直线上时变量间便是完全线性关系了,这时变量间的关系也可以称为函数关系。从图 7-5 中,我们可以看到,坐标上的点几乎拟合成了一条直线,因此,可以判断国内生产总值和全社会固定资产投资间的线性相关是十分强的。

最后,判断变量间关系的性质。如果随着某一变量的增长另一变量在减小,我们称这种关系为负相关;相反,如果随着某一变量的增长另一变量也在增长,我们称这种关系为正相关。从图 7-5 我们可知,随着国内生产总值的增长全社会固定资产投资也在增长,即它们为正相关关系。

综上所述,国内生产总值和全社会固定资产投资间存在较强的线性关系,而且是正相关。

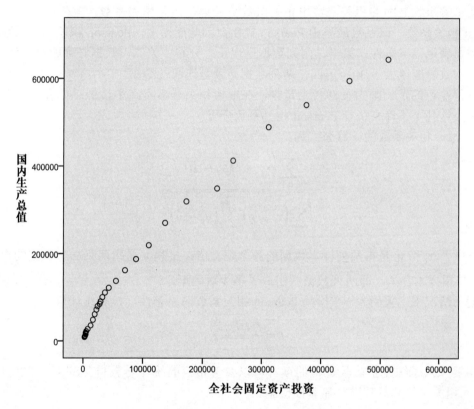

图 7-5　国内生产总值与全社会固定资产投资的散点图

7.2　简单线性相关

散点图可以较为直观地展现两变量间是否为线性关系,但不是量化数据有时难以判断准确,也难与其他关系做量化比较,因此,统计学上常常用相关系数来表示两事物间的线性相关程度。相关系数的取值范围为-1 到+1,负号表示负相关,正号表示正相关,正相关习惯性地把"+"号去掉。取相关系数的绝对值,结果越接近 1 表示线性相关越强,越接近 0 则表示线性相关越弱。一般来说,$|r|<0.3$ 为低度相关,$0.3<|r|<0.5$ 为中低度相关,$0.5 <$

$|r|<0.8$ 为中度相关，$0.8<|r|<1$ 为高度相关，如果为 0，是指变量间不存在线性相关了。这里特别强调的是，不存在线性相关不代表变量间就没有关系，很有可能变量间有强的非线性相关。

常用的相关系数有 Pearson 相关系数、Spearman 等级相关系数和 Kendall 相关系数。

7.2.1 Pearson 相关系数

1. Pearson 相关概述

要了解事物之间的相关，常用相关系数来表示，谈到相关系数，首先必然谈到的就是 Pearson 相关系数，该系数最早由 Pearson 提出，因此而得名。Pearson 积差相关系数的计算一般需要满足以下条件：第一，两列数据呈现正态分布；第二，数据必须成对出现；第三，成对样本数量应该大于 30；第四，两列数据必须是连续性数据。

值得注意的是，因为条件较为苛刻，在很多相关分析实践中，似乎很多研究者并没有严格按照这几个条件去执行 Pearson 相关系数分析。

Pearson 相关系数的计算公式为

$$r = \frac{\sum_{i=1}^{n}(x_i - \bar{x})(y_i - \bar{y})}{\sqrt{\sum_{i=1}^{n}(x_i - \bar{x})^2 \sum_{i=1}^{n}(y_i - \bar{y})^2}} \tag{7.1}$$

式中，x_i 和 y_i 是指两列样本数据的各个观测值；$\bar{x}$ 和 $\bar{y}$ 是指两列样本数据的算术平均数；n 是指样本容量，即两列数据共组成了多少对数据。

通常情况下，采用 t 分布检验 Pearson 相关系数的显著性，检验统计量为

$$t = \frac{r\sqrt{n-2}}{\sqrt{1-r^2}} \tag{7.2}$$

想要深入了解完整检验过程的读者可以参考相应的统计学教材。SPSS 可以自动计算 Pearson 相关系数并对其进行显著性检验。

2. Pearson 相关的 SPSS 过程

案例 7-2

仍以表 7-1 数据为例，在案例 7-1 确定了"国内生产总值"和"全社会固定资产投资"间存在较强的线性关系的情况下，请计算出两者的相关系数。

案例分析：要计算变量间的相关关系，一般先判断变量的基本情况。从案例 7-1 中我们已经知道，"国内生产总值"和"全社会固定资产投资"都属于连续变量，而且数据的对数达到了 30 对。假设两变量的总体分布属于正态分布，这时我们就可以用 Pearson 相关法

计算变量间的关系了。

步骤 1：打开本章数据"生产和投资.sav"，依次选择【分析】→【相关】→【双变量】命令，如图 7-6 所示。

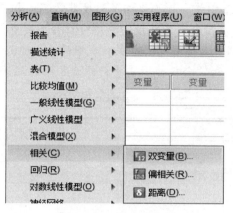

图 7-6 相关分析

步骤 2：单击【双变量】进入其对话框，将需要分析的变量放入右侧的【变量】框，这里要分析"国内生产总值"和"全社会固定资产投资"的关系，所以将它们放入【变量】框中，如图 7-7 所示。如果要分析多个变量间的两两关系，可以把这些变量一次性放入【变量】框中。系统在【相关系数】选项组中默认 Pearson 相关法，因为"国内生产总值"和"全社会固定资产投资"两个变量都是连续变量，所以保持该默认状态。如果变量不满足 Pearson 相关法的条件，则选择其他的相关法，后面的小节将对此做介绍。对于检验的类型，系统在【显著性检验】选项组框中提供了"双侧检验"和"单侧检验"两个选择，一般情况下选择默认状态的"双侧检验"，然后单击【确定】按钮，提交系统分析，输出结果如表 7-2 所示。

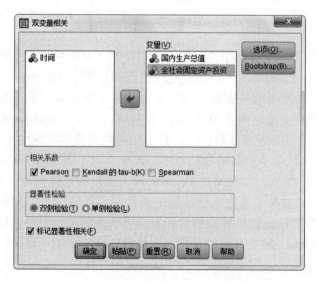

图 7-7 【双变量相关】对话框

步骤 3: 结果解释。

表 7-2 提供了两变量相关的相关系数、显著性检验情况以及成对数据的数量等信息。从表 7-2 中我们可以看出"国内生产总值"和"全社会固定资产投资"的 Pearson 相关系数 $r=0.987$，数值上表明其为正相关，且两者相关程度非常高；相关系数的显著性检验 p 值为 0.000，即 $p<0.05$，说明了"国内生产总值"和"全社会固定资产投资"的相关关系达到了统计学上的显著水平，即两者为显著的正相关；表中的 N 为 30，表示的是有 30 对数据。综上所述，"国内生产总值"和"全社会固定资产投资"存在显著的正相关关系。

表 7-2 Pearson 相关分析

		国内生产总值	全社会固定资产投资
国内生产总值	Pearson 相关性	1	.987**
	显著性(双侧)		.000
	N	30	30
全社会固定资产投资	Pearson 相关性	.987**	1
	显著性(双侧)	.000	
	N	30	30

**. 在 .01 水平(双侧)上显著相关。

7.2.2 Spearman 等级相关

1. Spearman 相关概述

在相关分析过程中，会遇到其中一个变量或两个变量具有等级属性的情形，这种情况下不适合采用 Pearson 相关系数对这类数据的相关程度进行考量，正确的分析方法是采用等级相关。较为常用的等级相关方法有 Spearman 等级相关和 Kendall 等级相关，这里先介绍 Spearman 等级相关。

Spearman 等级相关，又称秩相关系数，是利用两变量的秩次大小做线性相关分析，秩是指数据的等级结构。Spearman 等级相关是由英国统计学家 Spearman 根据 Pearson 相关公式推导出来的，但它的使用范围更为广泛，因为它并不要求数据呈正态分布，也不要求样本容量大于 30，当两列变量值为等级(定序)数据时就可以使用 Spearman 等级相关分析变量的相关了。另外，当变量为连续性数据时，也可以将数据降为等级结构做 Spearman 等级相关分析，例如，表 7-3 记录了全国某些城市"工人年平均工资"和"年末储蓄额"数据，这两个变量都是连续性的数据，如果满足 Pearson 相关分析的条件则可以采用 Pearson 相关系数度量两者关系强弱，如果不考虑这些限制的条件则可以将这两个变量的连续数据属性降为等级数据属性，采用 Spearman 等级相关研究两者关系即可。当然，如果原来的数据为连续性数据，也符合 Pearson 相关分析的条件，不是特殊情况一般不建议将其降为等级数据进行分析，因为此时 Spearman 等级相关不如 Pearson 相关精确。

表 7-3 工资和储蓄

城市	工人年平均工资/元	年末储蓄额/亿元	工人年平均工资的秩	年末储蓄额的秩
北京	103400.00	24158.40	1	1
长春	56977.00	3380.11	14	15
大连	63609.00	4666.71	7	9
福州	58838.00	3483.72	12	14
哈尔滨	51554.00	3768.82	17	12
杭州	70823.00	6694.55	5	4
合肥	59648.00	2539.50	11	17
呼和浩特	50469.00	1480.88	18	20
济南	62323.00	3541.36	9	13
南昌	51848.00	2149.33	16	18
南京	77286.00	5055.77	3	6
宁波	70228.00	4780.31	6	8
青岛	62097.00	4435.90	10	10
上海	100623.00	21269.30	2	2
沈阳	56590.00	5147.63	15	5
石家庄	48272.00	4387.67	20	11
太原	57771.00	3325.78	13	16
天津	73839.00	7916.90	4	3
厦门	63062.00	1972.02	8	19
郑州	49756.00	4839.26	19	7

注：数据来自国家统计局。

Spearman 等级相关的计算公式为

$$r_R = 1 - \frac{6\sum_{i=1}^{n}d^2}{n(n^2-1)} \tag{7.3}$$

式中，r_R 为等级相关系数；n 为样本容量；d 为变量 y 第 i 个观测值 y_i 和 x 第 i 个观测值 x_i 的秩的差值。

Spearman 相关系数的检验和 Pearson 相关系数的检验类似，通常情况下，采用 t 分布检验它的显著性，检验统计量为

$$t = \frac{r_R\sqrt{n-2}}{\sqrt{1-r_R^2}} \tag{7.4}$$

想要深入学习的读者可以参考相应的统计学教材了解完整假设检验过程，SPSS 可以自动计算 Spearman 相关系数并对其进行显著性检验。

2. Spearman 相关的 SPSS 过程

以表 7-3 为例,试计算工人年平均工资的秩和年末储蓄额的秩的相关系数。

案例分析:从案例中我们知道,"工人年平均工资的秩"和"年末储蓄额的秩"都属于等级变量,数据的对数有 20 对。可以看出例子中的数据特征不满足 Pearson 相关法的计算条件,这种情况我们就可以用 Spearman 相关法计算变量间的关系了,它的要求没有 Pearson 相关法这么苛刻,只要变量是等级数据就满足条件了。需要强调的是,该例子中的"工人年平均工资的秩"和"年末储蓄额的秩"都是从原来的连续性数据降级而来的,如果原数据符合 Pearson 相关法的计算条件,是不建议将数据降为等级数据计算等级相关的,因为这时 Spearman 等级相关不如 Pearson 相关精确,这里主要是为了案例的演示才将数据降级。

步骤 1:先将表 7-3 的数据(见本章数据"工资和储蓄.sav")录入 SPSS 中,建好的数据如图 7-8 所示。

步骤 2:数据建立后,依次选择【分析】→【相关】→【双变量】命令,如图 7-9 所示。

图 7-8　工资与储蓄 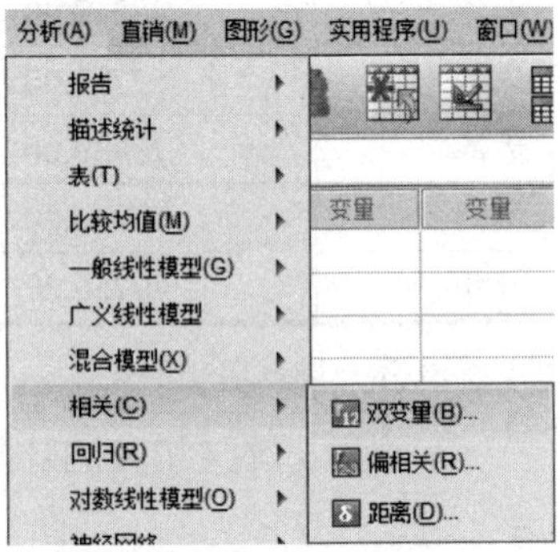　　　　　　　　图 7-9　相关分析

步骤 3:单击【双变量】进入其主对话框,将需要分析的变量放入右侧的【变量】框,这里选择"工人年平均工资的秩"和"年末储蓄额的秩",SPSS 系统默认 Pearson 相关法,因为要分析的是工人年平均工资和年末储蓄额两者秩的关系,它们是等级变量,所以在【相关系数】选项组中选中 Spearman 复选框,其他选项保持系统默认状态,如图 7-10 所示。最后单击【确定】按钮,提交系统分析,输出结果如表 7-4 所示。

步骤 4:结果解释。

从表 7-4 中我们可以看出,两变量的 Spearman 相关系数 r 为 0.576,双侧显著性检验显示其 p 值为 0.008,即 $p<0.05$,$N=20$ 表示有 20 对数据,故两变量之间有显著的正相关,即随着工资的上升,储蓄额也会增多,但是这种相关只达到中度相关水平。假设原数据是符合 Pearson 相关法的条件,可以计算出"年平均工资"和"年末储蓄额"的相关系数 r 为 0.895,

p 值为 0.000，即 $p<0.05$，也说明了两变量的相关是显著的，相关程度非常高，该过程读者可以自己尝试完成。可见，两种方法计算的系数都是显著的，但是系数的大小却有非常大的区别。

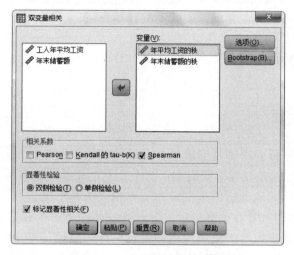

图 7-10 【双变量相关】对话框

表 7-4 Spearman 相关分析

			年平均工资的秩	年末储蓄额的秩
Spearman 的 rho	年平均工资的秩	相关系数	1.000	.576**
		Sig.(双侧)	.	.008
		N	20	20
	年末储蓄额的秩	相关系数	.576**	1.000
		Sig.(双侧)	.008	.
		N	20	20

**. 在置信度(双测)为 0.01 时，相关性是显著的。

7.2.3 Kendall 的 tau-b 系数

Kendall 的 tau-b 系数是另一种计算定序变量之间或者定序和连续变量之间相关系数的方法，它与 Spearman 等级相关系数一样，也是利用两组数据秩次考量两个变量间相关程度，都属于非参数统计范畴。

Kendall 的 tau-b 系数的计算公式为

$$\tau = \frac{4P}{n(n-1)} - 1 \tag{7.5}$$

式中，n 是项目的个数，P 是一个变量各个秩的贡献值之和。

在小样本下 τ 服从 Kendall 分布，在大样本下采用 Z 检验，检验统计量为

$$Z = \tau\sqrt{\frac{9n(n-1)}{2(2n+5)}} \tag{7.6}$$

SPSS 可以自动计算 Kendall 相关系数并对其进行显著性检验，因为 Kendall 的 tau-b 系数的 SPSS 过程和 Spearman 很相似，在此不做详细介绍。

7.3 偏相关分析

7.3.1 偏相关概述

前面介绍的相关分析方法都是计算两个变量的相关程度，其前提是假设其他因素对它们的关系不存在影响。但是在实际研究中，两个变量的相互关系常常受到其他因素的制约，在这种情况下，如果单纯地分析两个变量的简单相关关系可能误判两者的实质关系。例如表 7-5 所示的案例，表面上看该地区房价的提升同时伴随着房子成交量的提升，如果只是简单地分析这两个变量就很容易得出房价越高销量越好的结论，难道价格越高消费者越喜欢吗？这让人难以理解。但仔细研究发现，这两个变量的关系很有可能受到了第三方变量的影响，致使两者呈现表面上的正相关关系，如居民的收入水平就有可能影响到这两者关系，因为房价增长的同时居民的收入水平也在增长，而收入水平的提高使得居民有了更高的消费能力。因此，需要引入新的方法对这样的第三方变量加以控制以研究变量间的真实关系。

表 7-5 商品房成交量与价格

年份	商品房销售面积/万平方米	商品房平均销售价格/元	居民平均工资水平/元
2014 年	802.57	6 627.00	54 330.00
2013 年	702.60	6 959.00	49 806.00
2012 年	629.01	6 002.89	44 144.00
2011 年	711.73	5 196.00	40 119.00
2010 年	669.40	5 135.00	37 040.00
2009 年	731.74	4 557.00	32 596.00
2008 年	497.23	3 952.00	29 376.00
2007 年	628.84	3 404.00	24 791.00
2006 年	456.00	2 872.42	20 652.00
2005 年	455.72	2 605.03	18 055.00
2004 年	333.67	2 761.11	17 809.00
2003 年	192.20	2 252.00	16 670.00
2002 年	110.80	2 372.00	15 060.00

偏相关分析是在控制第三方可能影响到两目标变量关系的情况下去分析两个目标变量的相关程度如何。第三方变量又称控制变量，它可以是一个变量，也可以是多个变量。现以一个控制变量为例，其偏相关系数的计算公式为

$$r_{yx_1,x_2} = \frac{r_{y1} - r_{y2}r_{12}}{\sqrt{(1-r_{y2}^2)(1-r_{12}^2)}} \quad (7.7)$$

式中，r_{y1}，r_{y2}，r_{12} 分别表示 y 和 x_1 的相关系数，y 和 x_2 的相关系数，x_1 和 x_2 的相关系数。有兴趣的读者可以查阅相关教材了解多个控制变量时偏相关系数的计算。偏相关系数的取值范围及含义与简单相关系数相同。

通常情况下，采用 t 分布检验偏相关系数的显著性，检验统计量为

$$t = r\sqrt{\frac{n-q-2}{1-r^2}} \quad (7.8)$$

式中，r 为偏相关系数；n 为样本量；q 为阶数(控制变量的个数)。t 服从 $n-q-2$ 个自由度的 t 分布，SPSS 可以自动计算偏相关系数并对其进行显著性检验。

7.3.2 偏相关的 SPSS 过程

案例 7-4

以表 7-5 数据为例，分析商品房销售价格和面积的关系是否受居民工资水平的影响。

案例分析：需要研究两变量的关系是否受到第三方变量的影响，我们采用偏相关分析。通常情况下，如果两变量的相关是显著的，在我们加入第三方变量的影响后，这两个变量的关系不再显著，则我们认为这两个变量的关系受到了第三方变量的影响。该例中的第三方变量只有 1 个，但是，第三方变量可以是多个，其操作过程是一致的。

步骤 1： 先将表 7-5 的数据(见本章数据"房价和需求.sav")，录入 SPSS 中，建好的数据如图 7-11 所示。

步骤 2： 依次选择【分析】→【相关】→【偏相关】命令，如图 7-12 所示。

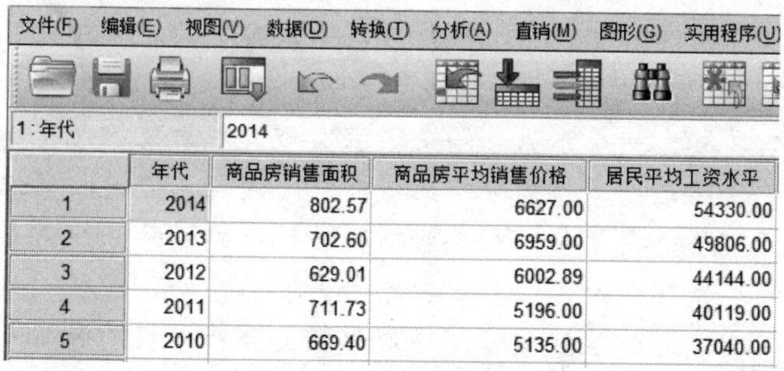

图 7-11　房价与需求

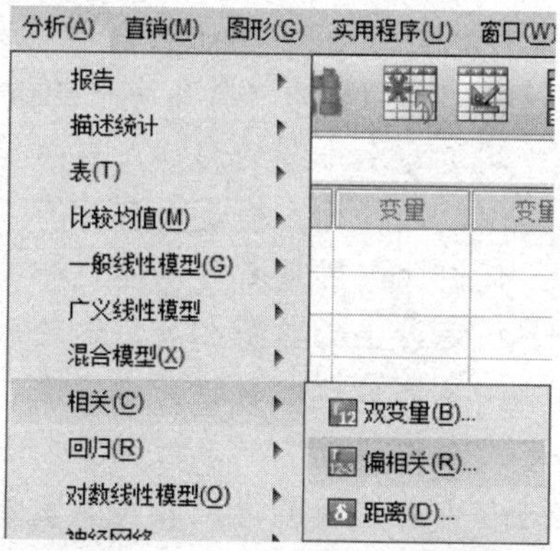

图 7-12　偏相关分析步骤图

步骤 3： 单击【偏相关】进入其主对话框，将需要分析的变量放入右侧的【变量】框，将要控制的变量放入到右侧的【控制】框。这里选择"商品房平均销售价格"和"商品房

销售面积"作为分析变量，放入【变量】框，把"居民平均工资水平"作为控制变量，放入【控制】框，如图 7-13 所示。

步骤 4： 单击【选项】按钮进入其对话框，如图 7-14 所示，选中【零阶相关系数】复选框，即考查没有控制变量下两目标变量的相关情况，相当于前面的简单相关系数。选中"零阶相关系数"的目的是比较未控制前和控制变量后两目标变量的相关系数是否有变化。单击【继续】按钮返回主对话框。系统提供"双侧检验"和"单侧检验"两种检验选择，一般情况下，选择默认状态的"双侧检验"，最后单击【确定】按钮，提交系统分析，输出结果如表 7-6 所示。

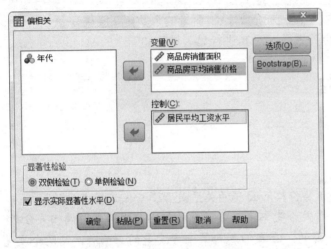

图 7-13 【偏相关】对话框

图 7-14 【偏相关：选项】对话框

步骤 5： 结果解释。

从表 7-6 中我们可以看出，"商品房平均销售价格"和"商品房销售面积"两变量的零阶相关系数 r 为 0.829，其对应的 p 值为 0.000，即 $p<0.05$，说明两变量之间有显著的正相关，然而当控制了"居民平均工资水平"的时候，却发现两变量的相关系数 r 变为 -0.046，p 变为 0.887，即 $p>0.05$，这时两变量的相关系数不再显著，如何解释这种现象呢？对于这种情况，我们认为"商品房平均销售价格"和"商品房销售面积"两变量的关系受到了"居民平均工资水平"的影响。虽然单纯计算两者的相关系数确实能得出表面上的显著相关关系，但是这种关系不是真实的，从偏相关分析的结果来看，实际上两者关系并不显著。

任何两个变量都可以通过相关公式计算出相关系数，两个没有实质关系的事物也可以计算出统计上的显著相关，这给我们的启示是，做相关分析应该有一定的理论假设和实证观察，不能单纯以数据为出发点，对任何两个变量都做相关分析，那样得到的结果经常是一些"数据驱动"的虚假关系。如果两现象在理论或经验上判断都是有关系的，但相关分析过程中却发现两者的相关系数有悖常理，这时就应该尝试通过偏相关分析寻找两者关系是不是还受到其他因素的影响，以探究两者的真实关系。

第7章 相关分析

表7-6 偏相关分析

控制变量			商品房平均销售价格	商品房销售面积	居民平均工资水平
-无-[a]	商品房平均销售价格	相关性	1.000	.829	.991
		显著性(双侧)	.	.000	.000
		df	0	11	11
	商品房销售面积	相关性	.829	1.000	.840
		显著性(双侧)	.000	.	.000
		df	11	0	11
	居民平均工资水平	相关性	.991	.840	1.000
		显著性(双侧)	.000	.000	.
		df	11	11	0
居民平均工资水平	商品房平均销售价格	相关性	1.000	-.046	
		显著性(双侧)	.	.887	
		df	0	10	
	商品房销售面积	相关性	-.046	1.000	
		显著性(双侧)	.887	.	
		df	10	0	

注：a. 单元格包含零阶 (Pearson) 相关。

小　　结

　　本章主要学习了相关分析的相关概念；通过散点图和计算相关系数法进行相关分析；介绍了三种简单线性相关系数：Pearson 相关系数、Spearman 等级相关系数和 Kendall 的 tau-b 系数；如果想要研究变量间的关系是否受到第三方变量的影响，可以用偏相关进行分析。

思考与练习

　　1. 什么叫作相关关系？有哪些种类？
　　2. 比较 Pearson 相关系数和 Spearman 相关系数的适用条件有何异同？
　　3. 什么叫作偏相关？它与简单线性相关有何区别？在什么情况下使用偏相关？
　　4. 表7-7 是 1995—2012 年我国"城镇居民家庭人均可支配收入"与"城镇居民家庭恩格尔系数"的数据(见本章数据"收入与恩格尔系数.sav")，试做散点图判断两者是否为线性关系。

表 7-7 收入与恩格尔系数

时间	城镇居民家庭人均可支配收入/元	城镇居民家庭恩格尔系数/%	时间	城镇居民家庭人均可支配收入/元	城镇居民家庭恩格尔系数/%
2012 年	24564.7	36.2	2003 年	8472.2	37.1
2011 年	21809.8	36.3	2002 年	7702.8	37.7
2010 年	19109.4	35.7	2001 年	6859.6	38.2
2009 年	17174.7	36.5	2000 年	6280	39.4
2008 年	15780.8	37.9	1999 年	5854	42.1
2007 年	13785.8	36.3	1998 年	5425.1	44.7
2006 年	11759.5	35.8	1997 年	5160.3	46.6
2005 年	10493	36.7	1996 年	4838.9	48.8
2004 年	9421.6	37.7	1995 年	4283	50.1

注：数据来自国家统计局。

5. 表 7-8 是银行记录的 15 家公司的信用等级和其营业额等级(见本章数据"信用与营业额等级.sav")，信用最高者评为 5，最低者评分为 1，营业额最高等级为 1，营业额最低等级为 5。请按要求回答下列问题：

(1) 如果要计算"信用等级"和"营业额等级"的相关，采用哪种方法较好？

(2) 请根据这种方法计算出两者的相关系数，并判断两者关系的强弱。

表 7-8 信用与营业额

公司	信用等级	营业额等级	公司	信用等级	营业额等级	公司	信用等级	营业额等级
A	3	3	F	4	3	K	4	4
B	3	1	G	5	2	L	5	4
C	1	2	H	2	3	M	3	3
D	2	2	I	3	4	N	2	5
E	3	2	G	1	5	O	4	5

6. 表 7-9 是某公司 30 名员工的数据(见本章数据"工资与教育年限.sav")，请按要求回答下列问题：

(1) "工资"和"教育年限"之间是什么关系？

(2) 控制"工作时间"这一变量，"工资"和"教育年限"的关系有怎样的变化？说明了什么问题？

表 7-9　工资与教育年限

编号	工资/元	教育年限/年	工作时间/月	编号	工资/元	教育年限/年	工作时间/月
1	78 125	8	332	16	68 750	12	140
2	72 500	9	332	17	66 000	12	140
3	68 750	9	217	18	81 250	9	332
4	54 875	12	205	19	42 300	15	140
5	110 625	10	214	20	59 375	12	202
6	73 750	10	214	21	58 750	8	351
7	70 875	10	214	22	35 250	15	109
8	103 750	6	360	23	37 800	19	91
9	60 000	11	214	24	54 900	15	109
10	60 375	12	208	25	31 950	15	109
11	51 250	12	181	26	30 750	16	91
12	46 000	12	140	27	31 200	16	91
13	92 000	12	146	28	53 125	15	91
14	135 000	9	332	29	48 000	19	74
15	55 000	15	109	30	45 625	19	55

第 8 章
回归分析

学习目标

- 掌握回归分析的概念。
- 了解简单线性回归分析的基本原理。
- 掌握简单线性回归分析的 SPSS 操作及结果解释。
- 了解多元线性回归分析的基本原理。
- 掌握多元线性回归分析的 SPSS 操作及结果解释。

前面我们已经学习了相关分析，相关分析可以利用相关系数研究变量间的关系，但是它只能描述出变量间关系的强弱，如果想要通过一个变量的值去推测另一个变量的值，就需要用到回归分析了。回归分析是指通过构建变量之间的数学表达式来定量描述变量间关系的数学过程。在回归分析中，通常确定出谁是自变量，谁是因变量，构建回归方程其实就是根据自变量去估计因变量取值的过程。一般而言，如果相关系数显示变量间存在较高的相关性，接下来便会进行回归分析。相关和回归都是研究变量间的关系的，是一个问题的两个方面，可以简单地认为相关系数倾向于在质上判断变量间的关系强弱，而回归分析偏重于在量上构建变量间的数量关系。有人简单地把回归分析当作研究事物的因果关系式，把自变量当因，把因变量当成果，这是不严谨的，本质上回归分析只是研究变量间的相关依存的关系，至于这种依存关系是不是因果关系还需要严格控制其余条件后进行验证。

回归分析可以用下列方程表示，即

$$y = f(x_1, x_2, \cdots, x_n) + \varepsilon \tag{8.1}$$

式中，y 是因变量或响应变量；x_1，x_2，…，x_n 被称为自变量、解释变量或者预测变量；f 则被称为回归函数；ε 为随机误差，它是一个独立于自变量的随机变量，其常被假设为均值为零的正态分布变量，即 $\varepsilon \sim N(0, \sigma^2)$。

根据 f 的形式，可以把回归方程分为线性回归方程和非线性回归方程。

线性回归方程可以表示为

$$y = \beta_0 + \beta_1 x_1 + \beta_2 x_2 + \cdots + \beta_n x_n + \varepsilon \tag{8.2}$$

式中，β_0 被称为常数项或者截距；β_1，β_2，…，β_n 被称为回归系数；ε 是随机误差。当 $n=1$ 时，方程被称为一元线性回归方程，或简单线性方程(Simple Linear Regression)；当 $n \geq 2$ 时，被称为多元线性方程(Multiple Linear Regression)。

如果方程不能表示为线性，我们称该回归方程为非线性回归。SPSS 的回归菜单中有"非线性""二元 Logistic""多项 Logistic"和"Probit 回归"等非线性回归程序，本章主要介绍线性回归方程的构建。

8.1 回归方程的构建步骤

尽管回归方程种类繁多，但是其构建的步骤却具有一定的共性。

步骤 1：确定回归方程的变量。

在回归方程中首先要确定方程的自变量(一般用 x 表示)和因变量(一般用 y 表示)，通过建立起 x 和 y 的回归方程可以知道随着 x 的变化 y 将会有怎样的取值变化。一般情况下，自变量和因变量需要根据研究者的意图和理论假设设定。例如，有两个变量"科研投入"与"利润"，到底该选择谁为自变量和因变量？如果研究者想了解某种程度的科研投入能产生多大的利润，那么这里应该把"科研投入"设为自变量 x，把"利润"设置为因变量 y；但是如果研究者想了解要获得某种程度的利润需要多大的科研投入，就应该把"利润"设置为自变量 x，把"科研投入"设置为因变量 y。

步骤 2：确定回归模型种类。

通过散点图判断回归模型的性质，如果自变量和因变量之间存在的是线性关系，那么应该构建线性回归方程；如果散点图显示自变量和因变量之间的关系是非线性的，则应该进行非线性回归分析，构建非线性回归模型。当然还需要注意自变量的个数问题，如果是一个自变量，则构建一元回归方程；如果是多个自变量，则构建多元回归方程。

步骤 3：构建回归方程。

在一定的统计拟合准则下估算出回归模型中的各个参数，得到一个完整的模型。

步骤 4：对回归方程进行参数检验。

SPSS 会根据样本数据估算出回归模型的参数，同时对估算出的回归模型中的参数进行检验，研究者需要根据检验的结果对参数做出取舍。

步骤 5：利用回归方程进行预测。

有了回归模型后，便可以依照回归模型在某种条件下对因变量取值进行预测了。

8.2 一元线性回归方程

在一元线性回归方程中，只有两个变量，一个为因变量，另一个为自变量，其回归方程可以表示为

$$y = \beta_0 + \beta_1 x_1 + \varepsilon \tag{8.3}$$

式中，y 为因变量或响应变量；x 为自变量或预测变量；β_0 为常数项或截距；β_1 为自变量 x 的回归系数；ε 为随机误差。通常假设 $\varepsilon \sim N(0, \sigma^2)$，且假设 ε 与自变量 x 无关。

要构建一元线性回归模型，需要满足下列条件。

第一，线性关系假设。y 和 x 在总体上具有线性关系，这个是最基本的假设。如果 y 和 x 的真正关系不是线性，构建了线性模型就没有什么意义了。

第二，正态性假设。正态性假设是指回归分析中的 y 服从正态分布。与某个 x_i 对应的系列 y 值可以构成 y 的一个子总体，这些子总体都需要服从正态分布。

第三，独立性假设。首先一个 x 值对应的一组 y 值与另一个 x 值对应的一组 y 值之间彼此独立；另外，不同 x 所产生的误差之间应相互独立；最后，误差项与自变量 x 相互独立。

第四，误差等分散性假设。特定 x 水平的误差，除了应呈现随机化的常态分配外，其变异量也应该是相等的。

8.2.1 一元线性回归方程求解

如果公式 8.3 中 β_0 和 β_1 是已知的，对于给定的 x 值，利用该公式就能计算出 y 的值，但是总体回归参数 β_0 和 β_1 是未知的，需要利用样本数据对 β_0 和 β_1 进行估计，分别用 $\hat{\beta}_0$ 和 $\hat{\beta}_1$ 代替回归方程中的参数 β_0 和 β_1，这时就得到了估计的回归方程，即根据样本数据求出估计的回归方程，可以表达为

$$\hat{y} = \hat{\beta}_0 + \hat{\beta}_1 x \tag{8.4}$$

通常情况下，采用最小二乘法估算出 $\hat{\beta}_0$ 和 $\hat{\beta}_1$，即

$$\hat{\beta}_1 = \frac{\sum_{i=1}^{n}(y_i - \bar{y})(x_i - \bar{x})}{\sum_{i=1}^{n}(x_i - \bar{x})^2} \tag{8.5}$$

$$\hat{\beta}_0 = \bar{y} - \hat{\beta}_1 \bar{x} \tag{8.6}$$

公式8.5和公式8.6中，x_i 和 y_i 是指两列样本数据的各个观测值；$\bar{x}$ 和 $\bar{y}$ 是指两列样本数据的算术平均数。最小二乘法的估算过程有兴趣的读者可以参考相关统计书籍。

8.2.2 一元线性回归方程拟合度检验

当研究者建立回归模型后，紧接着要考虑这个模型是否有效？是否真正反映变量间线性关系？因此，建立回归模型后，要对它进行检验和评价。

1. 回归模型的有效性检验

回归模型的有效性检验，就是对求得的回归方程进行显著性检验，看是否真实地反映了变量间的线性关系。线性回归模型的有效性检验通常使用方差分析的思想和方法进行。总平方和SST反映了因变量 y 的波动程度或者不确定性，它可以分解成回归平方和SSR和误差平方和SSE，即 SST=SSR+SSE。其中，SSR是由回归方程确定的，即由自变量 x 可以解释的部分，SSE是由自变量 x 之外的因素引起的波动。当SSR越大，即SSE越小时，说明估计的一元线性方程与原始数据的线性关系越吻合；当SSE为0时，SST=SSR，说明所有原始数据的点都被成功地拟合成了一条直线。所以，考查SSR是否显著大于SSE，可以证明拟合的方程是否真实反应自变量和因变量线性关系。但SSR到底要大SSE多少才算是显著的大呢？可以参照方差分析思想构建出 F 统计量进行检验，即

$$F = \frac{SSR/1}{SSE/(n-2)} \tag{8.7}$$

式中，SSR为回归平方和；SSE为误差平方和；n 为样本数；F 统计量服从第一个自由度为1；第二个自由度为 $n-2$ 的 F 分布。如果 F 值达到显著水平，意味着自变量造成因变量的变动要远远大于随机因素对因素变量造成的影响，亦即因变量与自变量间存在显著的线性关系。SPSS在回归输出结果的"Anova"表中给出SST、SSR、SSE的值及其自由度，并且计算出 F 统计量以及 F 值的显著性检验 p 值。

2. 回归系数的显著性检验

一元线性回归方程需要检验两个参数 $\hat{\beta}_0$ 和 $\hat{\beta}_1$，常数项 $\hat{\beta}_0$ 的检验一般通过 t 检验完成，其统计量为

$$t = \frac{\hat{\beta}_0 - \beta_0}{\text{SE}\left(\hat{\beta}_0\right)} \tag{8.8}$$

式中，$\text{SE}\left(\hat{\beta}_0\right)$ 为 $\hat{\beta}_0$ 的标准误差，有兴趣的读者可以参考相关统计教材获得公式。

回归系数 $\hat{\beta}_1$ 的检验同样也是通过 t 检验完成，其统计量为

$$t = \frac{\hat{\beta}_1 - \beta_1}{\text{SE}\left(\hat{\beta}_1\right)} \tag{8.9}$$

式中，$\text{SE}\left(\hat{\beta}_1\right)$ 为 $\hat{\beta}_1$ 的标准误差，有兴趣的读者可以参考相关统计教材获得公式。

SPSS 在"系数"输出表中给出 $\hat{\beta}_0$ 和 $\hat{\beta}_1$ 的标准与非标准化估计值，同时给出两个系数检验的统计量 t 以及 t 值的显著性水平 p 值。

3. 决定系数 R^2 的估计

前面提到，总平方和 SST 反映了因变量 y 的波动程度或者不确定性，它可以分解成回归平方和 SSR 与误差平方和 SSE，即 SST=SSR+SSE。SSR 是由自变量 x 造成的，SSR 是由 x 以外的因素造成的。回归直线拟合的好坏取决于 SSR 以及 SSE 的大小，或者说取决于回归平方和 SSR 占总平方和 SST 的比例大小。因为各观测值越靠近直线，SSR 占 SST 的比例就越大，直线拟合就越好，因此，将回归平方和占总平方和的比例称为判定系数，记为 R^2，判定系数度量了回归直线对观测数据的拟合程度，所以常被称为拟合优度检验，公式为

$$R^2 = \frac{\text{SSR}}{\text{SST}} = 1 - \frac{\text{SSE}}{\text{SST}} \tag{8.10}$$

判定系数的取值范围在[0, 1]，当 R^2 为 0 时，说明 y 的变化与 x 无关；当 R^2=1 时，所有的观测点都落在回归直线上，此时 SSE=0，直线的拟合度是最好的。可见，当 R^2 越接近 1 说明回归平方和占总平方和的比例越大，回归直线与各观测点越接近，x 能解释 y 值的变差部分就越多，回归直线的拟合程度就越好；相反，R^2 越接近 0 时，回归直线的拟合程度就越差。在一元线性回归中，判定系数 R^2 是自变量和因变量相关系数 r 的平方。SPSS 可以输出复相关系数 R，判定系数 R^2，以及调整后的 R^2 等数据。

8.2.3 一元线性回归的 SPSS 过程

为了数据分析的延续性，这里仍以第 7 章案例 7-1 的数据为例，因为在第 7 章的相关分析中，我们已经知道该例中的"国内生产总值"与"全社会固定资产投资"有很强的正相关，如果研究者想要进一步了解两者的数量关系，就可为两者构建一元线性回归方程。

假设我们想要了解的是投资对生产的影响，则可以将"国内生产总值"设为因变量 y，将"全社会固定资产投资"设为自变量 x。当然，如果想要通过生产总值预测当年大概的投

资额，可以将两者关系对调，这取决于研究者的研究目的和假设。接下来以"国内生产总值"为因变量，以"全社会固定资产投资"为自变量，为两者构建起一元线性回归方程。有兴趣的读者可以完成以"国内生产总值"为自变量，以"全社会固定资产投资"为因变量的一元回归方程构建。

步骤1：打开第 7 章数据"生产与投资.sav"，依次选择【分析】→【回归】→【线性】命令，如图 8-1 所示。

图 8-1　回归分析

步骤2：单击【线性】进入其对话框，这里把"国内生产总值"放入【因变量】框，把"全社会固定资产投资"放到【自变量】框，其他选项选择系统默认值便可，如图 8-2 所示，最后单击【确定】按钮，提交系统分析，结果输出如表 8-1、表 8-2 和表 8-3 所示。

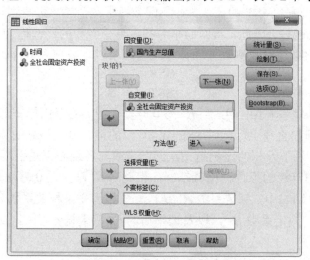

图 8-2　【线性回归】对话框

步骤3：结果解释。

(1) 方程拟合度检验。表 8-1 表示的是回归方程的拟合度。从表 8-1 上的结果我们可以看出复相关系数 R=0.987，复相关系数和第 7 章的相关系数类似，反映的是自变量和因变量间的密切程度，其数值在 0 到 1 之间，越大越好。当只有一个自变量时，其值和自变量与因变量的相关系数一致。决定系数 R^2=0.974，它是复相关系数的平方，它说明该回归模型自变量"全社会固定资产投资"可以解释因变量"国内生产总值"97.4%的变差,提示拟合效果很好。

表 8-1　模型汇总

模 型	R	R方	调整R方	标准估计的误差
1	.987a	.974	.973	31343.468

a. 预测变量: (常量), 全社会固定资产投资。

表 8-2 表示的是模型检验结果,可以看出其是一个标准的方差分析表。从"平方和"一栏可以看出总平方和(SST,即表上的总计)、组间平方和(SSR,即表上的回归)和组内平方和的大小(SSE,即表上的残差);从"df"一栏可以知道各个部分的自由度。各自的平方和除以其自由度便得到了"均方"一栏的数据,F 值就是组间(回归)均方除以组内(残差)均方的取值。从结果上看 $F=1037.144$,其检验的概率水平 $p=0.000$,小于 0.05 的显著性水平,说明一元线性回归模型在 0.05 的显著水平上有统计意义。

表 8-2　方差分析表 b

模 型		平方和	df	均　方	F	Sig.
1	回归	1.019E12	1	1.019E12	1037.144	.000a
	残差	2.751E10	28	9.824E8		
	总计	1.046E12	29			

注：a. 预测变量: (常量), 全社会固定资产投资；

　　b. 因变量: 国内生产总值。

(2)　回归系数检验及方程构建。表 8-3 给出了线性回归模型的系数估计,系统给出了非标准化回归系数,同时也给出了标准化的回归系数。t 值为回归系数检验的统计量,Sig.为该统计量的显著性水平 p 值。一般情况下,在构建方程时,常数项不管显著与否都保留其数值,该例常数项的显著性检验统计量 $t=5.750$,其 $p=0.000$,小于 0.05;自变量的回归系数的显著性水平检验统计量 $t=32.205$,其 $p=0.000$,也小于 0.05,因此,两个系数都应该给予保留。

表 8-3　回归系数及其检验 a

模　型		非标准化系数		标准系数	t	Sig.
		B	标准误差	试用版		
1	(常量)	40762.310	7088.591		5.750	.000
	全社会固定资产投资	1.320	.041	.987	32.205	.000

a. 因变量: 国内生产总值。

自变量的回归系数一般采用非标准化系数,可以根据上述结果构建起全社会固定资产投资(x)和国内生产总值(y)的方程,即

$$y = 1.32x_1 + 40\,762.31 \tag{8.11}$$

当然也可以构建标准化的方程，即

$$y = 0.987x_1 \tag{8.12}$$

在标准化方程中，标准化系数等于自变量和因变量的 Pearson 相关系数，即 Beta(β)=r。如果想要从数据上了解两变量的关系强度，可以看标准化回归系数，因为$|\beta| \leq 1$，绝对值越靠近 1 说明自变量与因变量关系越紧密，这和 Pearson 相关系数的含义一样。如果打算根据自变量的取值预测因变量的值，需要采用非标准化系数方程，即公式 8.11，例如，当全社会固定资产投资 x 取值 100 000(亿元)时，则国内生产总值

$$y = 1.32 \times 100\,000 + 40\,762.31 = 172\,762.31$$

8.3 多元线性回归方程

在多元线性回归方程中，有一个因变量，有多个自变量，其回归方程可以表示为

$$y = \beta_0 + \beta_1 x_1 + \beta_2 x_2 + \cdots + \beta_n x_n + \varepsilon \tag{8.13}$$

式中，β_0 为常数项或者截距；β_1，β_2，$\cdots$，β_n 为回归系数，也叫作偏回归系数，表示在其他变量固定不变的情况下，x_i 每改变一个单位所引起的因变量 y 的平均改变量；ε 是随机误差，与一元线性回归的假设类似。

8.3.1 多元线性回归方程求解

如果 β_0，β_1，β_2，$\cdots$，β_n 是已知的，对于给定的任何一组 x_1，x_2，$\cdots$，x_3 值，利用公式 8.11 就能计算出 y 的估计值，但是总体回归参数 β_0，β_1，β_2，$\cdots$，β_n 是未知的，只能通过利用样本数据对 β_0，β_1，β_2，$\cdots$，β_n 进行估计，分别用 $\hat{\beta}_0$，$\hat{\beta}_1$，$\hat{\beta}_2$，$\cdots$，$\hat{\beta}_n$ 代替回归方程中的参数 β_0，β_1，β_2，$\cdots$，β_n，这时就得到了估计的回归方程，即根据样本数据求出估计的回归方程，可以表达为

$$\hat{y} = \hat{\beta}_0 + \hat{\beta}_1 x + \hat{\beta}_2 x_2 + \cdots + \hat{\beta}_n x_n \tag{8.14}$$

多元线性回归模型中偏回归系数的估计同样采用最小二乘法，通过使因变量的观察值与估计值之间的残差平方和达到最小，求得 $\hat{\beta}_0$，$\hat{\beta}_1$，$\hat{\beta}_2$，$\cdots$，$\hat{\beta}_n$ 的值。因为计算过程复杂，有兴趣的读者可以参考相关教材了解其中的详细求解过程，而这一过程 SPSS 只需要十分简单的操作便可以估算出来了。

8.3.2 多元线性回归方程拟合度检验

1. 回归模型的有效性检验

与一元线性方程类似，多元线性回归方程的显著性检验利用方差分析的思想和方法通过 F 检验完成，即

$$F = \frac{\text{SSR}/k}{\text{SSE}/(n-k-1)} \tag{8.15}$$

式中，SSR 为回归平方和；SSE 为误差平方和；n 为样本数，k 为自变量个数。F 统计量服从第一个自由度为 k，第二个自由度为 $n-k-1$ 的 F 分布。同样的，如果 F 值到达显著水平，说明构建的回归方程是成立的，即自变量和因变量间存在线性关系。

2. 回归系数的显著性检验

与一元线性回归方程一样，采用 t 检验检验各个系数是否显著的大于 0，即

$$t = \frac{\hat{\beta}_i - \beta_i}{\text{SE}\left(\hat{\beta}_i\right)} \tag{8.16}$$

式中，$\text{SE}\left(\hat{\beta}_i\right)$ 为各个 $\hat{\beta}_i$ 对应的标准误差，有兴趣的读者可以参考相关统计教材获得公式。SPSS 在回归系数输出表中给出常数项 $\hat{\beta}_0$ 值以及 $\hat{\beta}_i$ 的标准与非标准化估计值，同时给出回归系数检验的统计量 t 以及 t 值的显著性值水平 p 值。

在建立多元回归模型时，通常希望以最少的变量构建最简洁的模型，因为自变量众多，自然就涉及变量的筛选问题，SPSS 提供了以下几种变量的筛选方法。

方法一：进入法(Enter)。这种方法是系统默认的方法，是将所有变量都引进方程，不管其显著性与否它都不会剔除任何变量，因此也被称为强制进入法。如果研究者在研究前已经依据自己的理论假设强制构建确定自变量数目的方程，那么可以根据自己的理论假设将需要的变量按序放入方程。

方法二：向前法(Forward)。这种方法是不断将变量加入到回归方程中。首先，选择与因变量具有最高线性相关系数的自变量进入方程，并做检验。然后，在剩下的变量中选择与因变量偏相关系数最高并通过显著性检验的变量进入回归方程，再做检验。这一过程一直持续到没有符合条件的变量进入为止。

方法三：向后法(Backward)。这种方法是不断剔除回归方程中的变量。首先，将所有的变量全部引入回归方程，并对回归方程进行检验；然后，剔除不显著的回归系数中的 t 值最小的自变量并重新做检验。如果新方程里所有变量的回归系数都显著，则方程构建完成，否则就一直持续以上步骤直到没有变量可剔除为止。

方法四：逐步法(Stepwise)。逐步法实际上是向前法和向后法的综合。向前法是变量只进不出，即变量一旦进入就不再会被剔除；向后法是变量只出不进，即变量是不断地被剔除。而逐步法是在向前法的基础上加上向后法的策略，具体思路是先依据相关性高低依次引进变量，如果检验发现引进的自变量系数因为某种原因(常见的是多重共线性问题)不再显著，那么这样的变量仍旧会被剔除出去。

方法五：删除法(Remove)。SPSS 可以提供多层回归分析模式，即把某一些变量合在一起，称"组块"，几个变量可以组成若干"组块"，它们以"组块"的整体模式进入方程，这个过程可以通过 SPSS 回归界面的"下一张(层)"完成，有多少个"组块"就有多少层。各个组块可以选用不同的方法筛选变量，如果某个板块采用删除法，一旦这个组块未能达到统计标准将会被整体删除。

3. 决定系数 R^2 的估计

多元线性回归方程判定系数 R^2 的计算和一元线性回归是类似的，其公式为

$$R^2 = \frac{\text{SSR}}{\text{SST}} = 1 - \frac{\text{SSE}}{\text{SST}} \tag{8.17}$$

与一元线性回归一样，R^2 越接近 1，回归直线拟合程度越高；反之，R^2 越接近 0，拟合程度越小。但是，判定系数 R^2 的大小受到自变量个数的影响，一般随着自变量个数的增多，R^2 就会增大。由于增加自变量个数引起的 R^2 增大与方程的拟合好坏无关，因此，统计学家提出公式对其加以修正，即

$$R_n^2 = 1 - (1 - R^2)\frac{n-1}{n-k-1} \tag{8.18}$$

R_n^2 为多重判定系数；SPSS 输出结果称其为调整的 R^2 (Adjusted R^2)；n 为样本数；k 为自变量的个数。R_n^2 度量了回归直线对观测数据的拟合程度，被称为拟合优度检验；而 R_n^2 的平方根被称为多重相关系数 R，也称为复相关系数，它度量的是因变量与 k 个自变量的相关程度。

8.3.3 多重共线性

多元线性回归常常包含有两个或两个以上的自变量，而这些自变量有可能因为彼此相关性较高而存在某种线性关系，这个时候某个自变量往往可以用其他的自变量的线性函数来表示，这种现象被称为多重共线性(multicollinearity)。共线性问题是多元线性回归中的一个常见问题，它经常会让我们误判自变量和因变量间的关系。衡量多重线性回归的指标有以下几个。

(1) 容忍度(Tolerance)：容忍度越小，则说明被其他自变量预测的精度越高，多重共线性越严重，如果容忍度小于 0.1 时，就存在严重的多重共线性。

(2) 方差膨胀因子(Variance Inflation Factor，VIF)：是容忍度的倒数，数值越大，多重共线性越严重，一般不应该大于 5，大于 10 时，提示有严重的多重共线性。

(3) 特征根(Eigenvalue)：特征根越接近 0，则提示多重共线性越严重。

(4) 条件指数(Condition Index)：当某些维度的条件指数大于 30 时，则提示存在多重共线性。

8.3.4 多元线性回归的 SPSS 过程

表 8-4 为某公司 30 名员工的信息表(见本章数据"年薪影响因素.sav")，研究该公司员

工的年薪是否受到其教育水平(指接受教育年限)、雇佣时间(指进入该公司的工作时间)、行业经验(指从事该行业的时间)的影响。如果有,是否能够将它们构建起回归模型?如果可以,最终构建的模型是怎样的?

表 8-4 年薪的影响因素

编号	年薪/元	教育水平/年	雇佣时间/月	行业经验/月
1	479 880	21	96	199
2	360 000	20	73	150
3	315 000	21	83	258
4	284 940	19	86	150
5	270 000	19	96	120
6	270 000	18	66	50
7	264 600	16	66	128
8	261 000	19	83	156
9	255 060	19	65	54
10	254 880	19	85	134
11	239 940	19	96	175
12	225 000	18	88	264
13	220 500	19	80	199
14	217 440	18	78	149
15	210 240	19	67	75
16	210 060	19	91	68
17	209 880	17	83	9
18	209 880	18	75	74
19	209 880	19	67	99
20	209 880	19	65	129
21	209 880	17	93	207
22	202 500	19	81	62
23	202 500	12	74	272
24	198 000	19	68	9
25	198 000	19	64	27
26	198 000	19	78	45
27	194 940	18	80	29
28	194 940	16	77	264
29	194 940	18	75	125
30	194 940	19	69	81

案例分析：这里研究的是某个因素受到多个因素影响的问题，即因变量只有 1 个，而自变量有多个，我们可以采用多元回归方程命令来解决此类问题。

1. 采用逐步法构建回归方程

步骤 1：把表 8-4 的数据"年薪影响因素.sav"录入 SPSS 中，数据的录入请参考第 2 章、第 4 章和第 5 章的案例题，都有较为详尽的描述，在此不再赘述。最终录好的数据部分截图如图 8-3 所示。

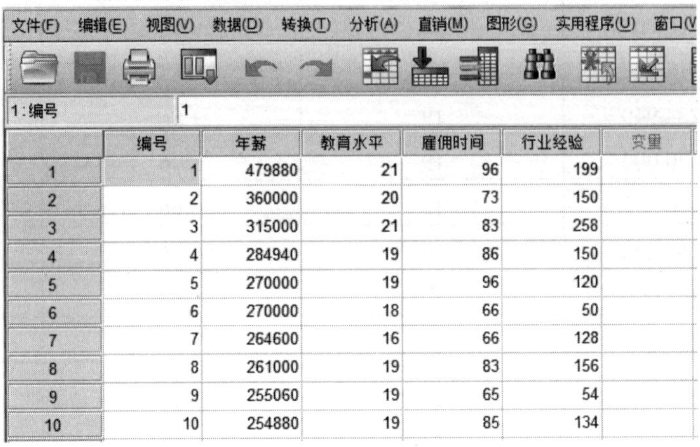

图 8-3　年薪的影响因素

步骤 2：打开数据，依次选择【分析】→【回归】→【线性】命令，如图 8-4 所示。

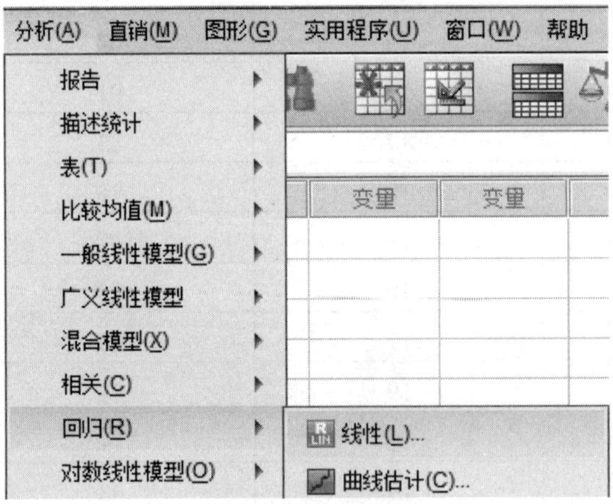

图 8-4　回归分析

步骤 3：单击【线性】进入其主对话框。因为研究的是年薪的影响因素，所以"年薪"被假设为因变量，而影响因素就被假设为自变量，因此，这里把"年薪"放入【因变量】框，把"教育水平""雇佣时间"和"行业经验"放到【自变量】框，在【方法】下拉列表框中选择"逐步法"，如图 8-5 所示。

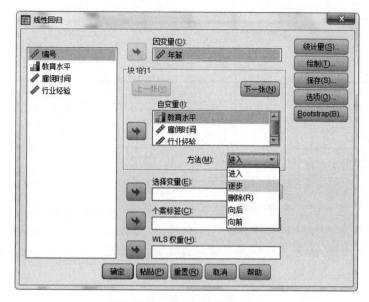

图 8-5 【线性回归】对话框

步骤 4：单击【统计量】按钮进入其对话框，因为存在多个自变量，需要研究各个自变量间是否存在共线性问题，因此在默认选项的基础上选中【共线性诊断】复选框，如图 8-6 所示。然后单击【继续】按钮回到主对话框，最后单击【确定】按钮，提交系统分析，输出结果如表 8-5 到表 8-9 所示。

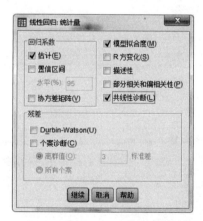

图 8-6 【线性回归：统计量】对话框

步骤 5：结果解释。

(1) 方程拟合度检验。表 8-5 给出了方程模型的汇总信息，从这里可看到系统拟合了两个回归方程，我们需要从这些方程中选择最优的方程模型。从数据上看，第一个方程的判定系数 R^2 是 0.201，第二个方程的判定系数 R^2 是 0.371，第一个的判定系数要小于第二个，我们可以初步选定第二个方程。当然，在做方程选择时，需要综合分析所有的数据再下定论。如果第二个方程在增加了好几个自变量的情况下仍旧只比第一个方程判定系数稍大一些，那么读者就需要通过自己的判断去选择方程了，毕竟回归方程的构建以简洁为好。第二个方程的判定系数说明年薪有 37.1% 的变差可以由自变量来解释，这个解释比例不算高，只能说拟合程度可以接受，调整后的判定系数为 0.325，与 R^2 接近。

表 8-5　模型汇总

模　型	R	R 方	调整 R 方	标准估计的误差
1	.448[a]	.201	.172	55129.966
2	.609[b]	.371	.325	49802.757

注：a. 预测变量：(常量)，教育水平；
　　b. 预测变量：(常量)，教育水平，行业经验。

表 8-6 给出了两个回归方程模型的显著性检验结果，其解读和一元回归方程是一样的。从方差分析结果来看，两个方程的 F 统计量分别为 7.042 和 7.970，相应的 p 值分别为 0.013 和 0.002，都小于 0.05 水平，说明两个方程都在 0.05 的显著水平上有统计学意义，即两个方程的线性关系都是显著的。

表 8-6　方差分析表

模　型		平方和	df	均　方	F	Sig.
1	回归	2.140E10	1	2.140E10	7.042	.013[a]
	残差	8.510E10	28	3.039E9		
	总计	1.065E11	29			
2	回归	3.953E10	2	1.977E10	7.970	.002[b]
	残差	6.697E10	27	2.480E9		
	总计	1.065E11	29			

注：a. 预测变量：(常量)，教育水平；
　　b. 预测变量：(常量)，教育水平，行业经验；
　　c. 因变量：年薪。

(2)　回归系数检验及方程构建。表 8-7 给出了两个方程回归系数检验的多项结果，其结果的解答和一元回归方程的基本一致，也提供了标准化和非标准化回归系数及其检验情况。逐步分析法纳入到方程中的变量都是显著的，可以从表 8-7 中看出纳入两个方程的自变量的显著性水平 p 值都是小于 0.05 的，综合上面的分析，这里仍旧倾向于采纳第二个方程，所以可以构建起因变量和自变量的方程为

$$y = 20\,088x_1 + 327.624x_2 - 171\,817.594 \tag{8.19}$$

式中，y 指"年薪"；x_1 指"教育水平"；x_2 指"行业经验"。

表 8-7　回归系数及其检验[a]

模　型		非标准化系数		标准系数	t	Sig.	共线性统计量	
		B	标准误差	试用版			容差	VIF
1	(常量)	-63580.909	114427.299		-.556	.583		
	教育水平	16438.636	6194.769	.448	2.654	.013	1.000	1.000

续表

模型		非标准化系数		标准系数	t	Sig.	共线性统计量	
		B	标准误差	试用版			容差	VIF
2	(常量)	−171 817.594	110 850.872		−1.550	.133		
	教育水平	20 088.830	5 756.708	.548	3.490	.002	.945	1.058
	行业经验	327.624	121.172	.424	2.704	.012	.945	1.058

注：a. 因变量：年薪。

如果一个人的教育水平和行业经验已知，就可以通过公式 8.19 预测出其年薪水平。

当然，也可以构建其标准化的回归方程，即

$$y = 0.548x_1 + 0.424x_2 \tag{8.20}$$

如果想要了解哪个因素对因变量的影响更大，可以比较标准化回归方程中自变量的标准化回归系数。例如，该例中教育水平的标准化回归系数为 $\beta=0.548$，行业经验的标准化回归系数为 $\beta=0.424$，可以看出该例子中教育水平对年薪的影响要比行业经验要大一些。

(3) 共线性分析。通常情况下，多元线性回归分析需要分析变量之间是否有共线性问题。从表 8-7 和表 8-8 可以看出，容忍度(即容差)接近 1，VIF 的值较小，都提示变量之间不存在多重线性问题。而表 8-9 的特征根也不等于 0，条件指数(即条件索引)小于 30，这些条件也说明了变量之间不存在多重线性问题。总之，本例题的回归模型不存在共线性的问题。

表 8-8 已排除的变量 c

模 型		Beta In	t	Sig.	偏相关	共线性统计量		
						容差	VIF	最小容差
1	雇佣时间	.263a	1.579	.126	.291	.974	1.027	.974
	行业经验	.424a	2.704	.012	.462	.945	1.058	.945
2	雇佣时间	.094b	.536	.597	.104	.776	1.289	.753

注：a. 模型中的预测变量：(常量)，教育水平；

b. 模型中的预测变量：(常量)，教育水平，行业经验；

c. 因变量：年薪。

表 8-9 共线性诊断 a

模型	维数	特征值	条件索引	方差比例		
				(常量)	教育水平	行业经验
1	1	1.996	1.000	.00	.00	
	2	.004	22.693	1.00	1.00	
2	1	2.792	1.000	.00	.00	.03
	2	.204	3.695	.00	.01	.88
	3	.004	28.159	.99	.99	.09

注：a. 因变量：年薪。

2. 采用进入法构建回归方程

进入法的步骤和逐步法基本一样，它们的不同主要体现在结果的解答上。现把表 8-1 的例子用"进入法"进行分析，分析时选择系统默认的"进入法"，如图 8-7 所示。其他步骤和"逐步法"一样，因此，省略具体的操作步骤，只呈现结果进行解释。

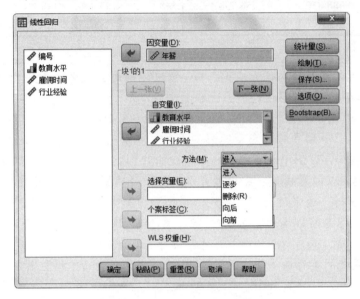

图 8-7 【线性回归】对话框

进入法是指无论自变量的回归系数显著还是不显著都强制把自变量留在方程中，所以它只建立一个回归模型。从表 8-10 可知，回归方程的判定系数 R^2=37.8，说明自变量能解释因变量 37.8%的变差，调整的判定系数 R^2=30.6，和逐步法获得的 R^2 相差不大。从表 8-11 可知，方程显著性检验的统计量 F 值=5.268，p=0.006<0.05，说明方程是存在统计学的意义的。

表 8-10 模型汇总

模型	R	R 方	调整 R 方	标准估计的误差
1	.615[a]	.378	.306	50473.610

注：a. 预测变量:(常量)，行业经验，教育水平，雇佣时间。

表 8-11 方差分析表[b]

模型		平方和	df	均 方	F	Sig.
1	回归	4.027E10	3	1.342E10	5.268	.006[a]
	残差	6.624E10	26	2.548E9		
	总计	1.065E11	29			

注：a. 预测变量:(常量)，行业经验，教育水平，雇佣时间；
  b. 因变量：年薪。

如表 8-12 所示，回归系数的显著性检验显示只有教育水平(t=3.147，p=0.004<0.05)和行业经验(t=2.140，p=0.042<0.05)两个变量具有统计学上的显著性。但是因为采用的是强制进入法，无论是否显著都将自变量保留下来，因此，可以构建其年薪和其他几个自变量的回归方程，即

$$y = 19158.701x_1 + 562.949x_2 + 294.412x_3 - 194599.728 \tag{8.21}$$

式中，y是"年薪"；x_1，x_2，x_3分别表示"教育水平""雇佣时间"和"行业经验"。或者构建标准化回归方程，即

$$y = 0.522x_1 + 0.094x_2 + 0.381x_3 \tag{8.22}$$

式中，各字母含义与公式 8.21 相同。

表8-12　回归系数及其检验[a]

模型		非标准化系数		标准系数	t	Sig.
		B	标准误差	试用版		
1	(常量)	--194599.728	120122.187		-1.620	.117
	教育水平	19158.701	6087.070	.522	3.147	.004
	雇佣时间	562.949	1050.733	.094	.536	.597
	行业经验	294.412	137.563	.381	2.140	.042

a. 因变量：年薪。

小　　结

本章介绍了构建回归方程的一般步骤；介绍了一元和多元线性方程的基本概念；重点讲解了一元和多元线性方程的 SPSS 构建过程及其结果的解答；比较了进入法和逐步法做多元线性回归方程的异同；同时介绍了怎样利用回归方程以自变量对因变量取值做出预测。

思考与练习

1. 什么是回归分析？回归分析有哪些种类？
2. 回归分析与相关分析有什么区别和联系？
3. 构建回归分析的一般步骤是什么？如何对回归方程的拟合优度进行检验？
4. 表 8-13 是随机抽取的 16 家商场的同类产品的销售价格和购进价格(见本章数据"购价与售价.sav")，请根据要求回答下列问题：

(1) 做销售价格和购进价格两者关系的散点图，并且计算出两者的相关系数，判断两者是否存在线性关系。

(2) 通过以上分析，你认为用购进价格来预测销售价格是否合适？为什么？

表 8-13　购价与售价

企业编号	售价/元	购进价格/元	企业编号	售价/元	购进价格/元
1	124	95	9	129	76
2	127	88	10	109	50
3	121	43	11	113	49
4	120	65	12	116	84
5	111	78	13	109	64
6	131	84	14	127	48
7	132	79	15	145	68
8	115	89	16	114	69

5. 表 8-14 记录了某银行 20 家分行的不良贷款数据(见本章数据"不良贷款.sav"),请根据要求回答下列问题:

(1) 不良贷款和贷款余额、担保贷款项目数、信用贷款项目数、本年累计应收款是否有关?

(2) 能否将不良贷款与其他几个因素的关系用回归模型表达出来?如果可以,请构建这样的回归模型。

表 8-14　不良贷款

编号	不良贷款/亿元	各项贷款余额/亿元	担保贷款项目数	信用贷款项目数	本年累计应收贷款/亿元
1	11.22	316.20	9	20	17.33
2	1.21	133.56	8	5	22.00
3	3.52	96.00	2	11	8.00
4	8.58	238.80	11	5	18.33
5	1.76	128.88	9	3	11.89
6	1.10	115.32	2	5	1.89
7	2.86	87.36	6	9	10.11
8	2.97	19.44	5	9	2.44
9	4.40	158.64	15	4	12.44
10	5.28	207.60	9	7	8.56
11	3.52	96.00	2	11	8.00
12	3.85	209.52	18	8	14.11
13	3.30	95.16	7	8	9.89
14	13.75	222.48	10	15	30.11
15	7.92	235.44	8	18	17.56
16	3.52	122.64	2	6	13.33

续表

编号	不良贷款/亿元	各项贷款余额/亿元	担保贷款项目数	信用贷款项目数	本年累计应收贷款/亿元
17	1.32	131.52	6	4	11.44
18	7.48	167.28	9	8	8.00
19	12.76	441.84	10	14	18.67
20	1.76	114.84	2	6	4.22

第 9 章
部分高级分析方法

学习目标

- 了解聚类分析的基本原理和应用范围。
- 掌握聚类分析的 SPSS 操作及结果解释。
- 了解判别分析的基本原理和应用范围。
- 掌握判别分析的 SPSS 操作及结果解释。
- 了解因子分析的基本原理和应用范围。
- 掌握因子分析的 SPSS 操作及结果解释。

在前面的章节里，我们已经学习了描述统计和推论统计的几种常用方法，这些都是常用的统计分析方式。随着我们社会的高度计算机化和网络化，可用数据以前所未有的速度增长，全球的商业活动产生了海量的数据集，包括销售业绩、股票交易记录、产品描述、消费者反馈、公司利润和员工管理等。大数据时代需要强有力的统计工具对数据进行处理，从而发现有价值的信息，以便指导实际工作。数据挖掘的各种工具中，以多变量分析技术应用最为广泛，即同时分析多个变量(多个维度)关系的统计方法。在商业及社会科学研究中，多变量分析方法主要包括聚类分析、判别分析和因子分析等，这些分析方法的结果都能以图形的方式直观地呈现。

聚类分析和判别分析属于将个案分类的方法，而因子分析则是将变量分组的降维方法。根据事先是否固定类别或组别来看，聚类分析属于无监督学习，判别分析属于监督学习(机器学习)，因子分析分为探索性和验证性两种。本章着重介绍上述方法的基本原理、SPSS 操作步骤及结果解释。

9.1 聚类分析

聚类分析是一类技术和算法的总称，目的在于根据个案的相似性或差异性将其分类，以形成几个性质不同的类别，达到类内同质、类间异质的目的。所谓个案的相似性或差异性，是针对它们在多变量上的测量取值而言的，因此，聚类分析一般应用于个案数较多的数据库。进行聚类分析时，并无自变量和因变量的区分，也不需要满足正态分布及方差齐性等基本假设，但原则上所有的变量必须是等距变量。聚类分析不属于统计推断，一般不用于从样本推断总体的研究，也不涉及概率分布和显著性检验，而仅仅是对高维数据的一种描述和简化，是根据数据资料本身的性质，展现出其自然的结构。聚类结果可用"冰柱图"和"树状图"直观地表现出来。

聚类方法的核心在于个案之间相似程度的度量，一般常用的测度方法为欧氏距离，即

$$d(p,q) = \sqrt{(q_1-p_1)^2 + (q_2-p_2)^2 + ... + (q_n-p_n)^2} = \sqrt{\sum_{i=1}^{n}(q_i-p_i)^2} \quad (9.1)$$

式中，p 和 q 分别代表两个个案各自在所有变量上的取值向量，p_i 和 q_i 分别代表两个个案在第 i 个变量上的取值。在聚类分析之前，还要将欧氏距离标准化以使所有变量有相同的尺度和方差。其他相似度的测度方法有似然距离、马氏距离和闵可夫斯基距离等。

聚类分析属于日益热门的数据挖掘技术，在各行各业都有其应用价值。在商业领域中，聚类分析被广泛用于研究消费者行为模式、发现不同的客户群、寻找新的潜在市场以及评估不同经营模式等。聚类分析早在 1932 年就被人类学家 Driver 和 Kroeber 提出，因卡特尔 1943 年用于心理学中人格的分类而逐渐为人所注意，它常随着学科的不同有着不同的名称。按照 SPSS 软件的编排，目前聚类分析技术主要分为：两步聚类、K-均值聚类和系统聚类，它们的区别主要在于划分个案的方法和步骤。

9.1.1 两步聚类

1. 两步聚类概述

两步聚类又称二阶聚类,算法分为如下两步。

第一,构建聚类特征数。起初把某个案作为树的根节点,根据指定的距离测度方法作为个案间的相似性依据,并确定一个相似性的临界值,把每个后续个案放到最相似的节点中;如果某个案没有找到与它足够相似的节点,即相似度达不到临界值内,就使它成为一个新的节点。

第二,确定最优聚类个数。通过比较 Akaike 信息准则(AIC)或 Schwarz-Bayesian 信息准则(BIC)找出最拟合数据又最简洁的聚类模型。AIC 和 BIC 都是拟合优度和模型选择的重要指标,假如某聚类模型使 AIC 和 BIC 两者的值最小,则说明该聚类模型最优。

在评价所选聚类结构的优劣时,还使用轮廓指数。该指数描绘的是平均个案与聚类结果中两个类别的相对距离之差,其公式为

$$轮廓指数 = \frac{B - A}{\max(A, B)} \tag{9.2}$$

式中,A 为个案到其所在类别的中心的距离,而 B 是其到距其最近的类别中心的距离。如果轮廓指数为 1,是所有个案都处在其所属类别的中心这种极端情况,这代表完美的聚类结果;若轮廓指数取值为-1,则所有个案都处在不包含自己的类别的中心上,这代表聚类分析完全错误的情况。一个聚类结果模型中,个案距离自己所在类别的中心比距离其不属于的类别中心近,就说明所选聚类模型是好的。因此,从轮廓指数可以把模型分为优、中、差三等。两步聚类分析可以同时处理连续变量和名义变量,对数据要求变量间的独立性和连续变量的正态性,但由于两步聚类分析不属于推论统计方法,实际运用中对数据的这些要求并不非常严格。

2. 两步聚类的 SPSS 过程

案例 9-1

本章数据"经济指标.sav"记录了某一时期一些城市和地区的经济指标,部分数据截图如图 9-1 所示。请根据所给的这些经济指标,将这些地区进行分类(注:数据来源于国家统计局)。

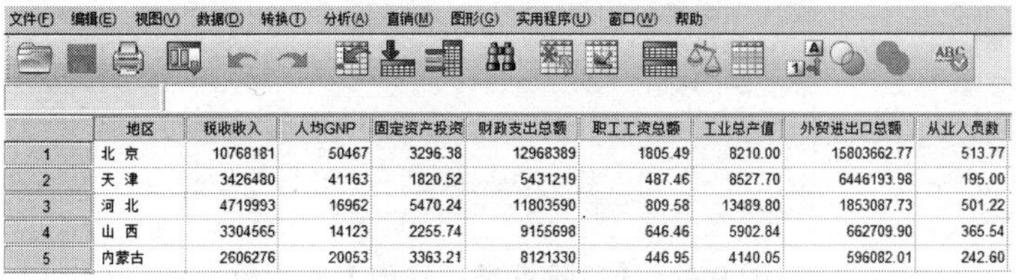

图 9-1 经济指标

案例分析：聚类分析的意图是利用一些测量指标对个案进行分类，以方便研究者对它们进行描述，这里先采用两步聚类法做分析。

步骤1：打开本章数据"经济指标.sav"，依次选择【分析】→【分类】→【两步聚类】命令，如图9-2所示。

步骤2：单击【两步聚类】进入其对话框，除"地区"这一变量外，把其余各项经济指标置入【连续变量】框中，由于都是连续变量，所以在【距离度量】处选择Euclidean(欧氏距离)，如图9-3所示。

图9-2　两步聚类

图9-3　【二阶聚类分析】对话框

步骤3：单击【输出】按钮，在弹出的对话框中将名义变量"地区"置入【评估字段】框中，并选中【创建聚类成员变量】复选框，以便在原来的数据变量后面显示分类结果，如图9-4所示。单击【继续】回到主对话框，最后单击【确定】按钮，提交系统分析，输出结果如图9-5、图9-6所示。

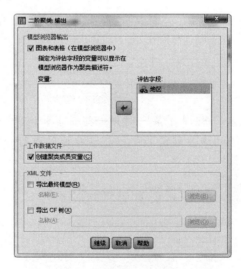
图9-4　【二阶聚类：输出】对话框

第 9 章　部分高级分析方法

	职工工资总额	工业总产值	外贸进出口总额	从业人员数	TSC_3678
1	1805.49	8210.00	15803662.77	513.77	1
2	487.46	8527.70	6446193.98	195.00	2
3	809.58	13489.80	1853087.73	501.22	2
4	646.46	5902.84	662709.90	365.54	2
5	446.95	4140.05	596082.01	242.60	2
6	935.88	14167.95	4839024.05	498.02	2
7	431.09	4752.72	791403.78	265.91	2
8	753.15	5440.17	1285654.67	496.54	2
9	1092.40	18573.13	22752419.59	332.52	1
10	1520.39	41410.40	28397838.36	679.37	1

图 9-5　聚类变量

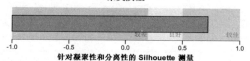

图 9-6　模型评估

步骤 4：结果解释。

(1) 聚类结果。 一个名为 "TSC_3678" 的新变量出现在原来的数据视窗的最后一列，此变量即为聚类成员变量，如图 9-5 所示(注：图上变量只是数据的部分变量)，这是系统自动生成的，该变量的取值为两个，分别是 "1" 和 "2"，即把这些地区分成了两个类别。查看 "地区" 变量就可以看出，通过两步聚类，北京、上海、江苏、浙江、山东和广东被分到同一类，以取值 "1" 表示，而其余的地区则被分到类别 "2"。

(2) 聚类效果评估。 在输出窗口中，SPSS 给出了聚类模型的评价，如图 9-6 所示，用于聚类的变量为 8 个，最后将个案分为 2 类。"针对凝聚性和分离性的 Sihouette 测量" 图中显示的便是轮廓指标的数值，由图 9-6 可以看出，本次聚类结果得到的值接近 1.0，被评价为 "较佳" 的结果。

9.1.2　K-均值聚类

1. K-均值聚类概述

K-均值聚类在 SPSS 里又称为快速聚类。K-均值是一种基于聚类簇中心的方法，由相似个案组成的簇的中心有多种定义方法，其中最常用的一种是以簇内所有个案的均值为中心。

K-均值聚类的算法流程如下：首先，在样本中随机地选择 k 个个案，每个个案代表一个分类簇的初始均值或中心。然后，对剩下的每个个案，根据其与各个簇中心的相似度将它分配到最相似的簇中。最后，用 K-均值算法迭代地改善簇内的变异，即在每次分配新的对象后，用更新后的均值作为新的簇中心，重新分配所有对象。迭代反复进行直到分类稳定，即新一轮个案分配到的簇固定不再更改为止。实际应用中，达到指定的迭代次数也可终止算法。

2. K-均值聚类的 SPSS 过程

本章数据"customers_model.sav"为 SPSS 自带的数据，该数据由 5990 个个案和 13 个变量组成，部分数据截图如图 9-7 所示。若我们选取其中几个变量作为消费者分类的依据，如"Amount"（一定时期内的总购物额）、"Frequency"（一定时期内的购物次数）、"Age"（年龄）、"Income_group"（收入组）。试问利用这些变量如何把个案分为 5 类？这 5 个类别具有什么样的特征？

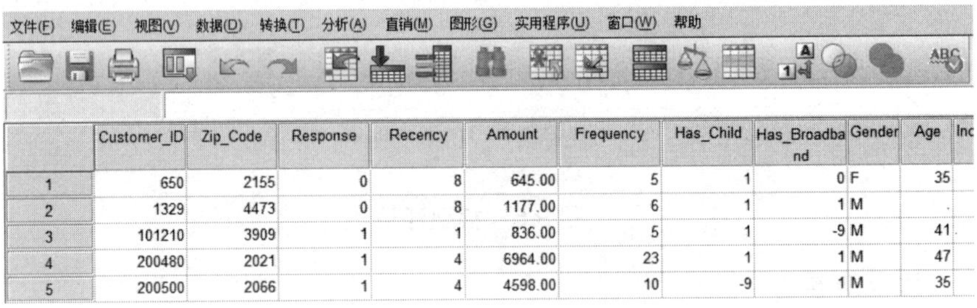

图 9-7 消费数据

案例分析：K-均值聚类也是一种常用的聚类方法，与案例 9-1 不同的是本例中明确要求将个案分为 5 类，操作时要加以注意。

步骤1：打开本章数据"customers_model.sav"，依次选择【分析】→【分类】→【K-均值聚类】命令，如图 9-8 所示。

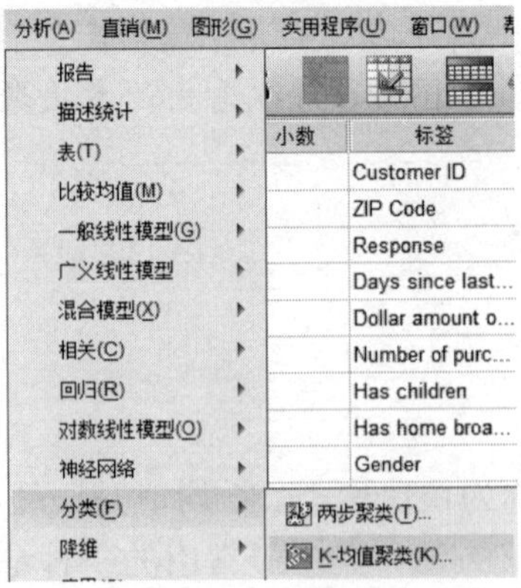

图 9-8 K-均值聚类

步骤 2：单击【K-均值聚类】进入其对话框。在该对话框中，将 Amount，Frequency，Age 和 Income_group 四个变量置入【变量】框中，而将 Customer_ID（顾客序号）置入【个案标记依据】框中，在【聚类数】框中填入"5"，表示将数据分成 5 类，如图 9-9 所示。

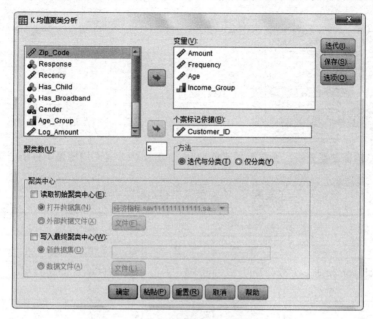

图 9-9　【K-均值聚类分析】对话框

步骤 3：单击【迭代】按钮，在弹出的对话框中将"最大迭代次数"改成 20，以便算法执行到分类稳定为止，如图 9-10 所示，单击【继续】按钮回到主对话框。

图 9-10　【K-均值聚类分析：迭代】对话框

步骤 4：单击【保存】按钮，进入保存对话框，选择经过运算后存入原数据的变量，选中【聚类成员】和【与聚类中心的距离】复选框，如图 9-11 所示。这样做是方便在原数据上找到相关变量，这些变量可以给出每个个案的聚类结果。然后单击【继续】按钮回到主对话框。

步骤 5：单击【选项】按钮，进入选项对话框，选中【统计量】选项组的【初始聚类中心】和【ANOVA 表】复选框，如图 9-12 所示。单击【继续】按钮回到主对话框，最后单击【确定】按钮，提交系统分析，输出结果如表 9-1 到表 9-5 以及图 9-13 所示。

图 9-11 【K-均值聚类分析：保存】对话框　　图 9-12 【K-均值聚类分析：选项】对话框

表 9-1　K-均值聚类初始聚类中心

	聚 类				
	1	2	3	4	5
Dollar amount of all purchases	32427.00	30.00	16205.00	53662.00	97805.00
Number of purchases	21	4	49	16	68
Age	47	38	47	60	55
Income group	9	5	4	4	4

表 9-2　K-均值聚类迭代历史记录[a]

迭 代	聚类中心内的更改				
	1	2	3	4	5
1	1436.866	1988.235	3429.633	3977.368	6856.021
2	2545.116	95.649	1136.270	2953.470	.000
3	3291.346	81.161	1138.720	1976.661	.000
4	1674.231	90.151	878.373	1691.685	.000
5	1003.617	72.586	632.336	.000	.000
6	1298.096	51.171	526.309	986.489	.000
7	1088.672	41.398	428.741	1630.404	.000
8	831.539	55.867	425.416	1356.501	.000
9	945.247	38.764	322.201	2030.891	.000
10	1002.555	34.651	284.104	2075.445	.000
11	987.106	30.205	301.522	1423.548	.000
12	555.491	35.348	288.805	271.722	.000
13	351.790	21.263	156.627	544.963	.000
14	287.038	12.865	116.340	259.847	.000

续表

迭代	聚类中心内的更改				
	1	2	3	4	5
15	92.874	13.271	80.042	.000	.000
16	68.829	11.711	66.499	.000	.000
17	22.943	8.858	42.531	.000	.000
18	22.897	4.753	25.106	.000	.000
19	.000	2.022	8.362	.000	.000
20	.000	.000	.000	.000	.000

注：a. 由于聚类中心内没有改动或改动较小而达到收敛。任何中心的最大绝对坐标更改为 .000。当前迭代为 20。初始中心间的最小距离为 16 175.067。

表 9-3　K-均值聚类最终聚类中心

	聚　类				
	1	2	3	4	5
Dollar amount of all purchases	14920.97	1316.53	5917.13	32483.09	90949.00
Number of purchases	32	8	19	44	85
Age	46	43	44	47	51
Income group	5	5	5	6	5

步骤 6： 结果解释。

(1) 聚类过程。 初始聚类中心为计算机随机选取的 5 个个案，它们在各变量上的取值如表 9-1 所示。经过 K-均值聚类算法的迭代，5 个类别的中心随着邻近个案的加入不断更新，表 9-2 中显示了每一次迭代后这 5 个中心变动的距离，第 20 次迭代后中心距离不再更改，即值都已经变为"0"，迭代便终止。最后的 5 个类别的中心呈现在表 9-3 中。

(2) 类别差异检验。 聚类分析得到的这 5 个类别是否可取？即它们是否满足类别内同质，类别间异质的要求呢？表 9-4 的方差分析给出了答案，从显著性水平看 p 值都为 0.000，都是小于显著性水平的，即 $p<\alpha=0.05$，说明每一个变量在最后得到的 5 个类别间都存在显著差异。

表 9-4　K 均值聚类 ANOVA 表

	聚　类		误　差		F	Sig.
	均方	df	均方	df		
Dollar amount of all purchases	2.215E10	4	2138111.571	4477	10358.603	.000
Number of purchases	54123.417	4	45.734	4477	1183.447	.000
Age	858.442	4	77.323	4477	11.102	.000
Income group	61.652	4	3.011	4477	20.477	.000

注：F 检验应仅用于描述性目的，因为选中的聚类将被用来最大化不同聚类中的案例间的差别。观测到的显著性水平并未据此进行更正，因此，无法将其解释为是对聚类均值相等这一假设的检验。

(3) 个案归属。 最后我们需要知道是哪些个案被分到了这 5 类中，表 9-5 给出了每一类包含的个案总数。而在原来的数据中产生了两列变量"QCL_1"和"QCL_2"，分别表示个案所属的类别和与所在类别中心的距离，如图 9-13 所示。每个顾客群被划分为不同的类别，商家就可以根据他们各自的特点进行市场细分，从而制定更为有效的措施以区别化应对不同的顾客。

表 9-5 每个聚类中的案例数

聚类	1	195.000
	2	3428.000
	3	824.000
	4	33.000
	5	2.000
有效		4482.000
缺失		1508.000

	Age	Income_Group	Age_Group	Log_Amount	QCL_1	QCL_2
1	35	3	1.00	6.47	1	1536.76779
2	.	5	-9.00	7.07		
3	41	5	2.00	6.73	1	1345.74825
4	47	7	3.00	8.85	1	4782.28354
5	35	6	1.00	8.43	1	2416.27711
6	36	4	1.00	6.93	1	1160.77495
7	.	-9	-9.00	5.06		
8	.	3	-9.00	5.41		
9	60	5	4.00	4.67	1	2074.81502
10	29	3	1.00	6.56	1	1472.82355

图 9-13 聚类分析结果

9.1.3 系统聚类

1. 系统聚类概述

系统聚类也称层次聚类，根据分析过程的不同又分为凝聚法和分裂法。凝聚法是自下而上的聚类法，而分裂法是自上而下的分类法。凝聚法是指初始时把每个个案都视为单独的一类，然后根据两类间的相似度逐步合并成越来越大的类，直到最后所有个案成为一个大类为止。分裂法是指初始时把所有个案置于一个类，然后根据差异程度划分成多个较小的子类，以此类推，直到最底层的类都足够凝聚(同质)，即仅包含一个个案，或类内的个案彼此都十分相似为止。无论是凝聚法还是分裂法，用户都可以指定期望的类的个数作为算法的终止条件。

无论是凝聚法还是分裂法，其中两个类别之间的距离是算法的基础。与前面介绍过的个案间相似度的测度方法类似，类别间的距离称为连接度量，它代表了将两簇个案间的相似度的综合。常用的连接度量有以下几个。

(1) 最小距离：类别间距离定义为两个类别各自包含的个案间距离的最小值。使用该距离的算法被称为最近邻聚类算法。如果当最近两个类别间的距离超过用户预设的临界值时聚类终止，则又称为单连接算法。

(2) 最大距离：类别间距离定义为两个类别各自包含的个案间距离的最大值。使用该距离的算法被称为最远邻聚类算法。如果当最近两个类别间的距离超过用户预设的临界值时聚类终止，则又称为全连接算法。

(3) 平均距离：类别间距离定义为两个类别各自包含的个案间距离的平均值，即分属两个类别的个案间距离之和除以两个类别中个案数的积。使用该距离的算法被称为组间连接算法。

此外，还有组内连接算法、质心连接算法，中数连接算法和 Ward 算法等。使用不同的连接算法视研究目的和数据结构而定，当然，得到的聚类结果可能会略有不同，在某些情况下需要尝试多种不同的距离和相似度度量方法来找到最佳聚类模型。

2. 系统聚类的 SPSS 过程

我们仍以案例 9-1 中我国各地区的经济指标数据为例，演示系统聚类的 SPSS 操作过程。

步骤 1：打开本章数据"经济指标.sav"，依次选择【分析】→【分类】→【系统聚类】命令，如图 9-14 所示。

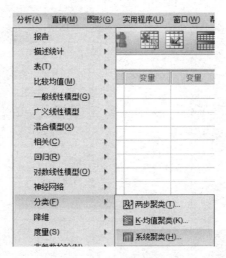

图 9-14　系统聚类

步骤 2：单击【系统聚类】进入其主对话框。我们仍然把数据中所有的经济指标作为分类的根据，将名义变量"地区"置入【标注个案】框中，其余变量置入【变量】框中，如图 9-15 所示。

步骤 3：单击【统计量】按钮，在弹出的对话框中选中【合并进程表】复选框，其余保持系统默认选项，如图 9-16 所示，然后单击【继续】按钮回到主对话框。

步骤 4：单击【绘制】按钮，在弹出的对话框中选中【树状图】复选框，其余保持系统默认选项，如图 9-17 所示，然后单击【继续】按钮，回到主对话框。

步骤 5：单击【方法】按钮，在弹出的对话框中有关于聚类方法和距离度量标准的选项，基于本例中变量的性质，我们可以保持系统默认选项，即聚类方法为"组间联结"，度量标准为"平方 Euclidean 距离"(欧氏距离),如图 9-18 所示。单击【继续】按钮回到主对话框,最后单击【确定】按钮,提交系统分析,输出结果如表 9-6、图 9-19 和图 9-20 所示。

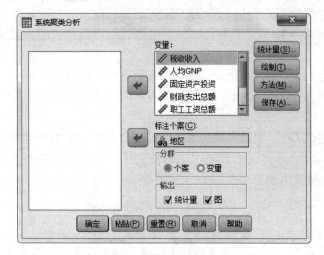

图 9-15 【系统聚类分析】对话框

图 9-16 【系统聚类分析:统计量】对话框

图 9-17 【系统聚类分析:图】对话框

图 9-18 【系统聚类分析:方法】对话框

表 9-6 系统聚类表

阶	群集组合		系 数	首次出现阶群集		下一阶
	群集 1	群集 2		群集 1	群集 2	
1	5	27	3.279E10	0	0	15
2	29	30	6.614E10	0	0	4
3	8	12	9.542E10	0	0	12
4	26	29	1.141E11	0	2	8
5	14	20	1.390E11	0	0	10

续表

阶	群集组合		系　数	首次出现阶群集		下一阶
	群集 1	群集 2		群集 1	群集 2	
6	7	31	1.751E11	0	0	10
7	4	25	2.873E11	0	0	12
8	21	26	2.889E11	0	4	25
9	17	18	2.978E11	0	0	17
10	7	14	3.011E11	6	5	16
11	22	24	4.451E11	0	0	14
12	4	8	7.189E11	7	3	15
13	16	23	8.780E11	0	0	19
14	22	28	1.259E12	11	0	16
15	4	5	1.756E12	12	1	17
16	7	22	2.323E12	10	14	21
17	4	17	3.404E12	15	9	21
18	2	13	4.614E12	0	0	24
19	3	16	5.437E12	0	13	22
20	1	11	7.787E12	0	0	26
21	4	7	1.109E13	17	16	24
22	3	6	1.726E13	19	0	27
23	9	10	3.743E13	0	0	28
24	2	4	4.097E13	18	21	25
25	2	21	4.787E13	24	8	27
26	1	15	5.152E13	20	0	28
27	2	3	7.091E13	25	22	29
28	1	9	2.028E14	26	23	29
29	1	2	5.284E14	28	27	30
30	1	19	2.916E15	29	0	0

步骤 6：结果解释。

(1) 聚类过程。由聚类表 9-6 我们可以看出个案分配的具体过程，其中"阶"表示每一阶段个案被凝聚的过程，在第 1 阶段，两个距离最近的个案，即 5 号"内蒙古"和 27 号"陕西"被合并成一类，它们之间的距离则为表中"系数"一列的数值，即第 1 阶段被合并的两个个案间欧氏距离为 3.279×10^{10}，它的值是最小的，表示 5 号"内蒙古"和 27 号"陕西"的距离是最小的。"下一阶"列表示另一个个案与第 1 阶段产生的类再合并的阶段，我们看到第一阶后面的"下一阶"数值为 15，意味着这个类别直到阶段 15 时又出现合并，查到第 15 阶段时是 4 号"山西"又被归到 5 号"内蒙古"所在的类。在"首次出现阶群集"中显示，5 号"内蒙古"在第 1 阶段被合并过，而 4 号"山西"在第 12 阶段被合并过。依此类推，可以得到完整的聚类过程，当然，这个聚类过程看起来稍微复杂了点。我们可以通过冰柱图和树状图来解释这一过程。

(2) 冰柱图。图 9-19 的条形表示的是每个个案，一个个案一个条形。因此，条形自上而下垂直的形象像冬天垂下的冰凌，冰柱图因此而得名。冰柱图展示了从单个个案自成一类(即聚类数等于个案数)到所有个案归为一类的聚类过程。可以从图形的下部往上观察就能看到这个过程，在最低部时，全部个案被归为 30 个类，即类别等于个案数量。第一阶段归类时，可以看到是 5 号"内蒙古"和 27 号"陕西"的条形被连在一起。随着聚类的减少，越来越多的条形被连接在一起。例如，聚类数为 5 类时，个案"广东"自成一类，与右侧第二类隔开，第二类则包含"辽宁""四川""河南"和"河北"，第二类又与右侧第三类隔开，第三类包含了大多数个案，在此省略个案名称，依此类推，个案"江苏"和"上海"成为第四类，其余的"山东""浙江"和"北京"为第五类。如果只分为两大类，则只有"广东"是和其余个案隔开的，即"广东"自成一类，其余个案组成一个大类。

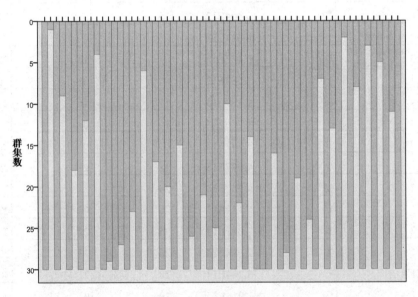

图 9-19　冰柱图

(3) 树状图。树状图和冰柱图相类似，也是用直观形象的方式表现了整个聚类的过程。因为有点像一棵树一样开枝散叶，所以形象的称呼它为树状图，如图 9-20 所示。我们从左到右观察树状图上可以发现，所有的个案被众多的聚类慢慢地聚成了只有一个类别。最左侧时，我们看到"广东"是一类，"北京""浙江"和"山东"是一类，"上海"和"江苏"是一类，其余个案是一类，这里一共是有 4 类。类中的个案距离小，类间的个案距离大，例如上海和江苏两地的特点就相似，而北京、浙江和山东三地的特点相类似。再往下聚类就会发现，"广东"始终保持自成一类的特点，其他的三个类别中，先是"北京""浙江"和"山东"这一类与"上海"和"江苏"这一类合并成大类，最后其再和另外一类合并。

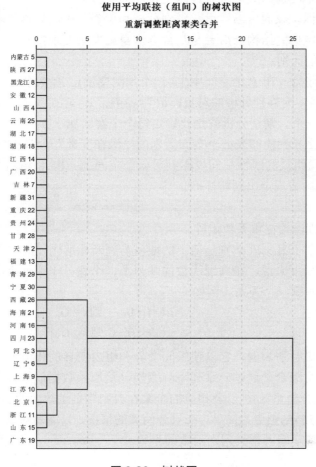

图 9-20　树状图

SPSS 提供的三种聚类方法虽然都是以个案分类为目的，但算法的过程各不相同，能按照用户的要求调整聚类所用的变量、聚类的类别数以及算法终止的条件等。然而，对同样的数据使用不同的聚类方法可能得到不同的结果，这也是聚类分析的缺点之一。读者可以尝试用不同的数据，不同的变量，改变每种聚类方法中的终止条件，距离度量和联结方式等细节来比较所得的结果。

9.2　判别分析

9.2.1　判别分析概述

判别分析属于监督学习，即事先有一个已知分类的数据集，判别的目的是把新的未知分类数据归入已知的分类中去。例如，银行已经从大量已有的信用良好客户和信用不良客户(训练样本)中知道两者的区别，在于他们在逾期记录、担保人代还以及透支额度等这些预测变量上的表现不同，用这些区别作为标准来判断一批新的未知客户，并将其划分入信用良好和信用不良两个类别。既然这些预测变量能够充分体现训练样本中各个类别的差异，它们就叫作判别指标。我们可以看出，判别分析和聚类分析的思路是相反的，前者是从已知类出发来规定新数据的结构，后者是从数据本身出发去发现潜在的结构，这也就是监督学习和非监督学习的区别。

问题的数学表述为：在 P 维空间中(即 P 个预测变量)，有 k 个已知类别 G_1，G_2，…，G_k；n 个新的个案样本为判别分析的对象，记为 $x_i=(x_{i1}, x_{i2}, x_{i3},…,x_{ip})$，$i=1,2,…,n$，它属于且仅属于 k 个类别中的一个。判别分析就是要确定每个个案 x_i 属于哪一个已知类别。

判别分析算法是找到能够表征个案间区别的"潜在变量"，即一个基于预测变量 p 的线性组合，将原变量组成的线性空间投影到另一个空间上。由此构建出判别函数(又称分类器) $g(x)$，并由判别函数规定出判断标准。

$$g(x) = w^\mathrm{T} x \tag{9.3}$$

式中，w 为判别函数权重系数矩阵。

新数据中的每个个案 x_i 在判别函数上的取值与判断标准比较的结果决定个案 x_i 被分到哪一类。从另一个角度来说，在判别函数的映射下，个案处于哪一个类别得到的条件概率大，就将个案分配到哪一个类别。例如

$$\left.\begin{array}{l} g(x) > 0, \quad 则 x \in G_1 \\ g(x) < 0, \quad 则 x \in G_2 \end{array}\right\} \tag{9.4}$$

以最常用的典则判别为例，它以使组间变异和组内变异的比值最大化为依据确定构建判别函数的最佳线性组合。通过一系列矩阵变换，从原始数据最终得出典则判别函数的系数(即原变量线性组合的系数)，以及相应的个案在典则判别函数上的得分。

费雪线性判别(LDA)则更为简单，在只分两类的情况，只需要对训练样本中的两组数据的共同变异矩阵求逆，即可得到判别函数的系数。

9.2.2 判别分析的 SPSS 过程

按照地区的发展程度(development)将 41 个地区分为发达"1"、中等发达"2"和不发达"3"三个类别，现掌握了这 41 个地区的部分经济指标，包括工作时间(work)、物价(price)和工资(salary)(见本章数据"cities.sav")。现又搜集了 5 个地区的数据(Tel Aviv、Tokyo、Toronto、Vienna、Zurich)，但未获知其发展程度的，请根据已有 41 个地区的数据对这 5 个城市的发展程度进行判别。部分数据的组合截图如图 9-21 所示。

案例分析：这是一个典型的判别分析案例，我们首先需要从已有数据中找到不同发展程度的城市的经济特征，进而判断新搜集的城市属于哪个发展水平。

步骤 1：打开本章数据"cities.sav"，依次选择【分析】→【分类】→【判别】命令，如图 9-22 所示。

	city	work	price	salary	development
1	Amsterdam	1714.00	65.60	49.00	1.00
2	Athens	1792.00	53.80	30.40	1.00
3	Bogota	2152.00	37.90	11.50	3.00
41	Taipei	2145.00	84.30	34.50	2.00
42	Tel Aviv	2015.00	67.30	27.00	.
43	Tokyo	1880.00	115.00	68.00	.
44	Toronto	1888.00	70.20	58.20	.
45	Vienna	1780.00	78.00	51.30	.
46	Zurich	1868.00	100.00	100.00	.

图 9-21　城市特征数据

图 9-22　判别分析

步骤 2：单击【判别】进入其主对话框，将"development"置入【分组变量】框中，置入【分组变量】框的要求为离散变量。把所有用于构建判别函数的自变量置入【自变量】框中，如图 9-23 所示。

步骤 3：单击【分组变量】框下的【定义范围】，在弹出的对话框中定义所分类别的范围，该变量分成三个类别，即发达、中等和不发达三种，所以最小值填 1，最大值填 3，如图 9-24，单击【继续】按钮回到主对话框。

步骤 4：单击【统计量】按钮，在弹出的对话框中可选择许多描述判别分析结果的统计量，我们仅选中【函数系数】选项组的 Fisher 和【非标准化】复选框为例加以说明，它们是指输出判别函数的系数，如图 9-25 所示，单击【继续】按钮回到主对话框。

步骤 5：单击【分类】按钮进入其对话框，在【图】选项组中选中【合并图】选项，在【输出】选项组中选中【摘要表】复选框，表示对个案进行判别分析后的数据汇总，其他为默认系统选择，如图 9-26 所示，然后单击【继续】按钮回到主对话框。

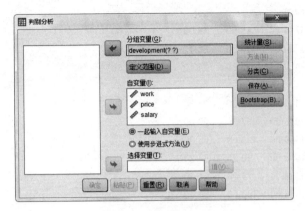
图 9-23 【判别分析】对话框

图 9-24 【判别分析：定义范围】对话框

图 9-25 【判别分析：统计量】对话框

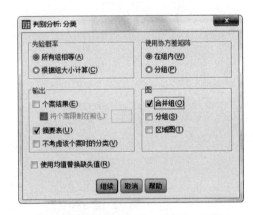
图 9-26 【判别分析：分类】对话框

步骤 6：单击【保存】按钮，在弹出的对话框中选择保存至原数据中的变量，这里选中【预测组成员】和【判别得分】复选框，如图 9-27 所示。前者是指让系统输出对某个个案所属类别的判断，后者是指某个个案在判别函数上的取值。然后单击【继续】按钮回到其主对话框，最后单击【确定】按钮，提交系统分析，主要输出结果如表 9-7 到表 9-13，以及图 9-28 和图 9-29 所示。

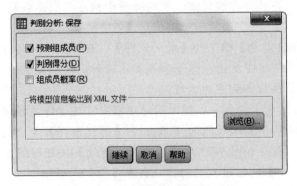
图 9-27 【判别分析：保存】变量

步骤 7: 结果解释。

(1) 判别函数检验。 本次分析系统构建了两个判别函数，表 9-7 给出了典则判别函数的特征值以及方差贡献情况。特征根值取变量数以及类别数减 1 中的较小值，本例分为 3 类，变量也是 3 个，因此特征根数为 2，其中第 1 个特征根为 2.154，能够解释所有变异的 99.7%，第 2 个特征根解释了 0.3%。而表 9-8 给出了典则判别函数的有效性检验，即利用 Wilks 的 Lambda 统计量来检验各个判别函数有无统计学意义。第一个判别函数的 p 值为 0.000，在 0.05 水平上显著，而第二个判别函数 p 值为 0.895，在 0.05 水平上不显著。这个结果说明第二个函数的效用非常小，即只用第一个函数就可以把个案所属类别判别出来了。

表 9-7 特征值

函 数	特征值	方差的 %	累积 %	正则相关性
1	2.154[a]	99.7	99.7	.826
2	.006[a]	.3	100.0	.077

注：a. 分析中使用了前 2 个典型判别式函数。

表 9-8 Wilks 的 Lambda

函数检验	Wilks 的 Lambda	卡方	df	Sig.
1 到 2	.315	42.727	6	.000
2	.994	.223	2	.895

(2) 判别函数。 表 9-9 中的系数是两个判别函数中各个变量的标准化系数，也就是线性判别函数中各原始变量的权重系数，正如在多元回归中的回归系数一样，判别函数便可以表示为

$$\left.\begin{array}{l} g_1(x) = -0.196x_1 + 0.303x_2 + 0.747x_3 \\ g_2(x) = 0.985x_1 + 0.453x_2 + 0.060x_3 \end{array}\right\} \quad (9.5)$$

式中，x_1 表示 Average working hours；x_2 表示 Measure of average prices，x_3 表示 Measure of average salaries。

表 9-9 标准化的典型判别式函数系数

	函 数	
	1	2
Average working hours	-.196	.985
Measure of average prices	.303	.453
Measure of average salaries	.747	.060

从标准系数方程中可以看出各判别函数主要受到哪些变量的影响。例如，判别函数 1 受变量"工资"(Measure of average salaries)的影响较大，而判别函数 2 受变量"工作时间"(Average working hours)和"物价"(Measure of average prices)的影响较大。

但是如果需要通过判别函数找到该个案在二维坐标上的取值，就需要用到各变量的非

标准化系数构建起判别函数，如表 9-10 所示，这时判别函数可以表达为

$$\left.\begin{array}{l}g_1(x) = -0.001x_1 + 0.021x_2 + 0.053x_3 - 1.094 \\ g_2(x) = 0.006x_1 + 0.031x_2 - 0.004x_3 - 13.673\end{array}\right\} \quad (9.6)$$

式中自变量的含义与公式 9.5 一致。

表 9-10　非标准化典型判别式函数系数

	函　数	
	1	2
Average working hours	-.001	.006
Measure of average prices	.021	.031
Measure of average salaries	.053	.004
(常量)	-1.094	-13.673
非标准化系数		

每个个案(都可用三个自变量，即"work""price""salary")可以在两个判别函数上分别取得两个值，这两个值就可以当作该个案的坐标，那么每个个案在二维直角坐标上都可以标识出来，这样就可以判断出个案所属的类别了，这里是三个类别，如图 9-28 所示。这三个类别的质心(重心)在两个判别函数的取值(坐标的纵轴和横轴取值)见表 9-11。第一个类别的质心的取值为 (1.102,0.013)，第二个类别是 (-1.221,-0.138)，第三个类别是 (-2.224,0.096)。

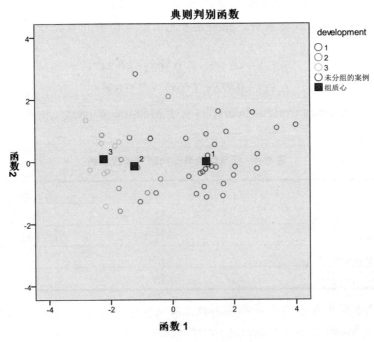

图 9-28　典则判别得分散点图

第 9 章 部分高级分析方法

表 9-11 组质心处的函数

development	函 数	
	1	2
1.00	1.102	.013
2.00	-1.221	-.138
3.00	-2.224	.096

注：在组均值处评估的非标准化典型判别式函数。

系统同时提供了一个更为简便的方法判断个案所属类别，如表 9-12 所示。表 9-12 给出的是 Bayes 的 Fisher 线性判别函数的系数，利用表中的数据可以直接写出 Bayes 判别函数，判别的类别变量有几类就有几个判别函数，因为发展水平(development)有三个类别，因此这里有三个函数，即

$$\left.\begin{array}{l}g_1(x) = 0.080x_1 + 0.475x_2 + 0.169x_3 - 97.178 \\ g_2(x) = 0.082x_1 + 0.422x_2 + 0.046x_3 - 92.711 \\ g_3(x) = 0.085x_1 + 0.408x_2 - 0.005x_3 - 96.529\end{array}\right\} \quad (9.7)$$

式中自变量的含义与公式 9.5 一致。

表 9-12 分类函数系数

	development		
	1.00	2.00	3.00
Average working hours	.080	.082	.085
Measure of average prices	.475	.422	.408
Measure of average salaries	.169	.046	-.005
(常量)	-97.168	-92.711	-96.529

注：Fisher 的线性判别式函数。

将每个个案的变量值分别带入 Fisher 线性判别函数，将会获得三个函数得分，比较三者大小，哪个函数值大就表示这个个案是属于该类别的。

(3) 判别结果输出。图 9-28 表示的是每个个案在两个判别函数上得分的散点图，该图的横坐标为个案在函数 1 上的取值，纵坐标为个案在函数 2 上的取值。从图 9-28 上我们可以直观地看出判别分析的结果。类别 1(发达)与其他两个类别的差距比较明显，而类别 2(中等发达)和类别 3(不发达)之间的差异则比较模糊。在原数据，我们还可看到增加了三个新变量，即"Dis_1""Dis1_1"和"Dis2_1"，数据部分截图如图 9-29 所示。Dis_1 表示预测的个案所属类别，可以与数据中原有的分类进行对比。Dis1_1 和 Dis2_1 表示个案在两个标准化判别函数上的得分。我们可以看到 5 个城市依次被判定为类别"2"(Tel Aviv)"1"(Tokyo)"1"(Toronto)"1"(Vienna)"1"(Zurich)。表 9-13 对这 5 个城市的判别情况做了汇总，即 4 个被判定为"1"，1 个被判定为"2"。

图 9-29 判别分析保存变量

	city	work	price	salary	development	Dis_1	Dis1_1	Dis2_1
40	Sydney	1668.00	70.80	52.10	1.00	1.00	1.10725	-1.13467
41	Taipei	2145.00	84.30	34.50	2.00	1.00	-.11371	2.10343
42	Tel Aviv	2015.00	67.30	27.00	.	2.00	-.70455	.75581
43	Tokyo	1880.00	115.00	68.00	.	1.00	2.60575	1.58914
44	Toronto	1888.00	70.20	58.20	.	1.00	1.15081	.20781
45	Vienna	1780.00	78.00	51.30	.	1.00	1.07959	-.23530
46	Zurich	1868.00	100.00	100.00	.	1.00	3.99329	1.18780

经过对比，我们会发现系统的判断不一定完全与原来的分类一致，例如案例 41 "Taipei" 被判定为 "1"，即发达，而实际上它是 "2"，即中等发达。这样判断错误的个案数的具体情况如表 9-13 所示，例如，系统把 3 个原类别为 "1" 的个案判定为类别 "2"，把 1 个原类别为 "1" 的个案判定为类别 "3"。其他类别的错误判定情况可依此类推，最终，从表注上可以看出此次分类的正确率为 85.4%，即错判率为 14.6%。

表 9-13 判别分析汇总

		development	预测组成员			合 计
			1.00	2.00	3.00	
初始	计数	1.00	21	3	1	25
		2.00	1	6	1	8
		3.00	0	0	8	8
		未分组的案例	4	1	0	5
	%	1.00	84.0	12.0	4.0	100.0
		2.00	12.5	75.0	12.5	100.0
		3.00	.0	.0	100.0	100.0
		未分组的案例	80.0	20.0	.0	100.0

注：a. 已对初始分组案例中的 85.4% 个案进行了正确分类。

9.3 因子分析

9.3.1 因子分析概述

因子分析属于降维方法，适用于变量数量较大的数据。与前述的聚类和判别不同的是，聚类与判别的目的是将个案按照彼此间的相似程度分类，而因子分析则是将变量根据彼此间的相关程度分组。因子分析实质是将多个相关程度高的变量归成一组，也就是把描述个案的变量空间的维度降低了，从而降低了变量数目和问题分析的复杂性。

第9章 部分高级分析方法

具体地说，样本中的个案 X_i 在 k 个变量上的取值为 k 维向量 $(X_1, X_2, ..., X_k)$，由于个案取值各不相同，各个变量间的相关系数也不尽相同。此时个案处在 k 维线性空间中，因子分析就是要将这些个案投影到低维空间而不失其数据的基本变异特征。若几个变量在每个个案上的线性共变规律相近，则它们的相关程度就高，此时个案间取值的变异程度(方差)也就在很大程度上被变量间的相关共变体现出来；反之，若几个变量之间的线性共变规律相去甚远，则它们之间无显著相关，此时个案间取值的变异程度就不能被共同反映在一个维度上。因子分析把变量归并为少数几个因子，每个因子代表空间的一个维度。因子内变量的相关度高，而经过正交旋转后因子之间不相关。当分组后的因子能够解释总变异的 85%以上时，就认为用这些因子能非常好地保留原来个案在每个变量上的变异信息。

以因子分析中最常用的主成分分析法为例，降维的过程主要通过对变量间的相关矩阵进行矩阵变换，进而改用矩阵的特征向量来表征数据。原变量的 $k \times k$ 协方差矩阵的特征向量按照特征值由大到小为 $F_1, F_2, ..., F_k$。由于只需要解释原始数据的大部分方差并降低维度，一般只取特征值比较大的几个来代替原始变量，即 $F_1, F_2, ..., F_p$，其中($p<k$)。这些特征向量就是因子(或称为主成分)。于是原变量和因子之间有如下线性关系

$$\left.\begin{array}{l} X_1 - \mu_1 = a_{11}F_1 + a_{12}F_2 + ... + a_{1m}F_m + \varepsilon_1 \\ X_2 - \mu_2 = a_{21}F_1 + a_{22}F_2 + ... + a_{2m}F_m + \varepsilon_2 \\ ...... \\ X_p - \mu_p = a_{p1}F_1 + a_{p2}F_2 + ... + a_{pm}F_m + \varepsilon_p \end{array}\right\} \quad (9.8)$$

式中，μ_i 为原变量 X_i 的均值，a_{il} 成为第 i 个变量在第 l 个因子上的荷重，也就是变量 X_i 和因子 l 间的相关程度。荷重越大，说明第 l 个因子越能体现这个变量原本的信息(即变异量)，我们就是根据荷重的大小来决定每个变量被划分到哪一个因子中。等式中的最后一项 ε_i 是原变量 X_i 的特殊因子，是所有因子的影响叠加起来都解释不了的部分，在主成分分析法中，这就是我们舍掉的特征值较小的特征向量部分。

通过矩阵变换得到的几个因子不但能降低原始信息的复杂度，也便于对繁多的变量进行归类解释。有时为了便于解释因子的具体意义，要求因子之间互不相关，因此需要进行旋转使其正交。

根据研究目的的不同，因子分析可以分成探索性和验证性。前者是从未知结构的数据中寻找出潜在因子以及每个变量在因子上的荷重，从而对原数据进行降维处理、解释因子意义并且算出个案在因子上的得分。验证性因子分析是在已经对数据结构有理论假设的基础上，将实际收集来的数据拟合到该模型中，并评价其拟合优度的过程。需要注意的是，不能用同一数据集先做探索性因子分析，然后再用建立好的模型做验证性因子分析。正确的做法是将模型应用到新的数据，或者将现有数据分半，一半用于探索性因子分析，另一半用于验证性因子分析。

9.3.2 因子分析的 SPSS 过程

案例 9-4

以 SPSS 自带的数据"car_sales.sav"为例，数据中有十余个变量被用来描述各种车型的基本情况，若我们希望以更简练的方式描述汽车的特征，应该怎样把原变量的信息浓缩到少数几个变量中呢？

案例分析： 每个方案(事件)都可以采用很多的变量加描述，但过多的变量常常显得累赘，这时可以采用因子分析对数据进行降维处理。

步骤 1： 打开 SPSS 自带数据"car_sale.sav"，依次选择【分析】→【降维】→【因子分析】命令，如图 9-30 所示。

步骤 2： 单击【因子分析】进入其对话框，将所有需要降维的变量都置入【变量】框中，这里除了 manufact、model 和 type，把其余变量都放进【变量】框中，如图 9-31 所示。

图 9-30 因子分析

图 9-31 【因子分析】对话框

步骤 3： 单击【描述】按钮进入其对话框，在【相关矩阵】选项组中选择【KMO 和 Bartlett 的球形度检验】复选框，其他默认系统设置，如图 9-32 所示，单击【继续】按钮回到主对话框。

图 9-32 【因子分析：描述统计】对话框

步骤 4：单击【抽取】按钮进入其对话框，这里以系统默认设置的"主成分"法进行因子分析，选中【输出】选项组中的【碎石图】复选框，如图 9-33 所示。如果需要对抽取的因子特征值做限定，可以改变特征值，这里默认"1"。也可以指定系统抽取固定因子数，这时需要选中【因子的固定数量】选项对因子数进行设定。单击【继续】按钮回到主对话框。

步骤 5：单击【旋转】按钮进入其对话框，在【方法】选项组中选择【最大方差法】进行正交旋转，其他默认系统选择，如图 9-34 所示。单击【继续】按钮回到主对话框。

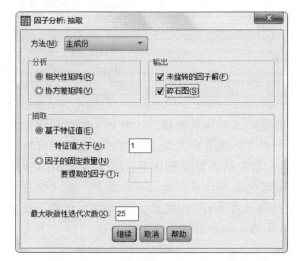

图 9-33 【因子分析：抽取】对话框

图 9-34 【因子分析：旋转】对话框

步骤 6：单击【得分】按钮，在弹出的对话框中选中【保存为变量】和【显示因子得分系数矩阵】复选框，如图 9-35 所示。然后单击【继续】按钮回到主对话框。

步骤 7：单击【选项】进入其对话框，在【系数显示格式】选项组上选中【按大小排列】复选框，这样结果出现的系数阅读起来就方便很多，如图 9-36 所示。如果研究者对系数的荷重有一定的限制，例如低于 0.05 的系数就不显示，那么可以在【取消小系数】选项上进行设置。单击【继续】按钮回到主对话框，最后单击【确定】按钮，提交系统分析，输出结果如表 9-14 到表 9-18，以及图 9-39 和图 9-40 所示。

图 9-35 【因子分析：因子得分】对话框

图 9-36 【因子分析：选项】对话框

步骤 8：结果解释。

(1) 统计检验。在做因子分析前需要对是否合适做因子分析做统计检验，通常进行巴特利 Bartlett 球形度检验和 KMO 检验。从表 9-14 中我们可以看出，巴特利 Bartlett 球形度检验的统计量为 1504.761，相应的概率 p 为 0.000，小于 0.05 的显著水平，可以认为相关系数矩阵和单位矩阵有显著性差异，同时 KMO 值为 0.815，可知原有变量是适合做因子分析的。

表 9-14　KMO 和 Bartlett 的检验

取样足够度的 Kaiser-Meyer-Olkin 度量。		.815
Bartlett 的球形度检验	近似卡方	1504.761
	df	55
	Sig.	.000

表 9-15 是因子分析初始解，显示了所有变量的共同方差数据。"初始"列是因子分析初始解下的变量共同方差，它表示对原有 11 个变量如果采用主成分分析方法提取所有特征值(11 个)那么原有变量的所有方差都可被解释，变量的共同方差均为 1(原有变量标准化后的方差为 1)。"提取"列是按要求提取特征值时的共同方差。我们可以看到，绝大部分变量的共同方差均较高(变量 Sales in thousands 的值只有 0.403，稍微小了一些)，说明各个变量的信息丢失都较少，因此，本次因子分析提取的总体效果较为理想。

表 9-15　公因子方差

	初　始	提　取
Sales in thousands	1.000	.403
4-year resale value	1.000	.868
Price in thousands	1.000	.908
Engine size	1.000	.801
Horsepower	1.000	.869
Wheelbase	1.000	.844
Width	1.000	.745
Length	1.000	.766
Curb weight	1.000	.860
Fuel capacity	1.000	.744
Fuel efficiency	1.000	.705

提取方法：主成分分析法。

(2) 因子提取。表 9-16 给出了每个因子所能解释的方差，按照特征值由大到小排列。第一部分"初始特征值"描述了因子初始解的情况，可以看到第一个因子的特征值是 6.030，解释原有 11 个变量的总方差的 54.817%，即方差贡献率为 54.817%，其他的因子可类推。累加方差贡献率则是由大到小累加因子的总贡献率。第二部分"提取平方和载入"描述了

第9章　部分高级分析方法

因子的抽取情况,可以看出这里只抽取了两个因子,这是因为分析时我们规定了只保留特征值大于1的因子(系统默认值),如果对特征值重新设定,那么提取的因子也将发生改变。从表9-16上可以看出,这两个因子共同解释了总方差的77.386%,从比例上看可以说较好地保留了原来变量的信息。第三部分的"旋转平方和载入"描述了旋转后因子的贡献率情况,从上面的数据可以看出,总的方差解释累积比例是没有发生改变的,只是比例被重新分配到了两个因子上而已。

表9-16　解释的总方差

成分	初始特征值			提取平方和载入			旋转平方和载入		
	合计	方差的 %	累积 %	合计	方差的 %	累积 %	合计	方差的 %	累积 %
1	6.030	54.817	54.817	6.030	54.817	54.817	4.869	44.262	44.262
2	2.483	22.569	77.386	2.483	22.569	77.386	3.644	33.124	77.386
3	.745	6.776	84.162						
4	.634	5.764	89.926						
5	.429	3.896	93.822						
6	.252	2.294	96.116						
7	.140	1.270	97.386						
8	.124	1.131	98.517						
9	.088	.800	99.317						
10	.053	.481	99.798						
11	.022	.202	100.000						

提取方法:主成分分析法。

如图9-37所示的碎石图直观地显示了表9-16的内容,碎石图的纵轴是特征值,横轴是因子数,从图9-37中可以看出第一个因子的特征值非常高,对解释原有变量的贡献很大。从第三个因子以后,解释的方差成分变得很小,第三个因子可以当作一个拐点,拐点左侧的因子数就是较为理想的因子抽取数,因此,这里保留前面2~3个因子应该较为妥当,系统自动选择了2个因子。

(3) 因子荷重与命名。 成分矩阵表9-17给出了因子荷重的信息,即公式(9.6)中的系数,表示每个原始变量主要体现在哪个因子中,例如变量"Sales in thousands"主要对因子2有贡献,荷重为0.629,在因子1中的荷重只有0.085;变量"Curb weight"主要对因子1有所贡献,荷重为0.917,在因子2上荷重仅有0.139;而"Price in thousands"在两个因子上的荷重基本一致,分别为0.674和0.673。

为了能更好地解释因子,必须对负荷矩阵进行旋转,旋转的目的在于改变每个变量在各因子的负荷量的大小。旋转方法有两种,即正交和斜交,正交法可以最大程度保证新生成因子间保持不相关性,这里选择了"方差极大正交旋转法"。旋转后的因子荷重如表9-18所示。可以看出Wheelbase、Length、Width、Curb weight、Fuel capacity和Fuel efficiency在因子1上的荷重比较大,而Price in thousands、4-year resale value、Horsepower、Engine size

和 Sales in thousands 在因子 2 上的荷重比较大。我们看到因子 1 的变量大多和汽车的一些物理特性有关，研究者这时便可以深入了解各个变量的深层含义，为其取一个新的名字，这里给一个名字给读者参考，即"性能与特征"。因子 2 有三个变量是和价格销量有关的，这里也给读者一个参考的因子命名，"价格与销量"。当然，Horsepower 和 Engine size 两个变量被归到因子 2 中让因子 2 的命名困难了许多，因为 Engine size 的荷重在因子 1 和因子 2 的差距微小，这种情况，我们也可以把它放到因子 1 中，因为它也可看作汽车的一种物理特征。

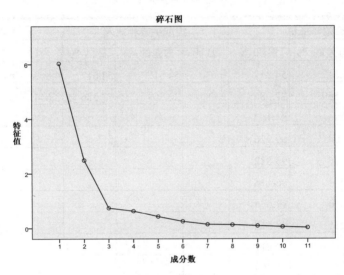

图 9-37　碎石图

表 9-17　成分矩阵 a

	成　分	
	1	2
Curb weight	.917	.139
Engine size	.880	-.162
Fuel capacity	.840	.194
Fuel efficiency	-.839	-.011
Horsepower	.804	-.473
Width	.802	.318
Length	.717	.502
Price in thousands	.674	-.673
Wheelbase	.659	.640
4-year resale value	.551	-.751
Sales in thousands	.085	.629

提取方法：主成分。

a. 已提取了 2 个成分。

表 9-18 旋转后的成分矩阵 a

	成 分	
	1	2
Wheelbase	.907	-.148
Length	.875	-.002
Width	.840	.198
Curb weight	.831	.411
Fuel capacity	.800	.322
Fuel efficiency	-.695	-.471
Price in thousands	.168	.938
4-year resale value	.022	.931
Horsepower	.389	.847
Engine size	.629	.636
Sales in thousands	.430	-.467

提取方法：主成分。

旋转法：具有 Kaiser 标准化的正交旋转法。

a. 旋转在 3 次迭代后收敛。

(4) 因子分数输出。表 9-19 中的系数是用于计算个案在新萃取的因子上的得分的，这是根据回归算法计算出来的因子得分函数的系数，我们可以根据该系数构建两个因子得分的回归函数，即

$$\left.\begin{aligned}F_1 &= 0.157x_1 - 0.98x_2 - 0.063x_3 + 0.082x_4 + 0.000x_5 + 0.237x_6 \\ &\quad + 0.182x_7 + 0.213x_8 + 0.157x_9 + 0.159x_{10} - 0.117x_{11} \\ F_2 &= -0.200x_1 + 0.300x_2 + 0.286x_3 + 0.137x_4 + 0.232x_5 - 0.149x_6 \\ &\quad - 0.029x_7 - 0.098x_8 + 0.041x_9 + 0.016x_{10} - 0.076x_{11}\end{aligned}\right\} \quad (9.9)$$

式中，x_1 到 x_{11} 分别代表 "Sales in thousand" "4-year resale value" "Price in thousands" "Engine size" "Horsepower" "Wheelbase" "Width" "Length" "Curb weight" "Fuel capacity" "Fuel efficiency" 11 个变量。

表 9-19 成分得分系数矩阵

	成 分	
	1	2
Sales in thousands	.157	-.200
4-year resale value	-.098	.300
Price in thousands	-.063	.286
Engine size	.082	.137
Horsepower	.000	.232
Wheelbase	.237	-.149

续表

	成分	
	1	2
Width	.182	-.029
Length	.213	-.098
Curb weight	.157	.041
Fuel capacity	.159	.016
Fuel efficiency	-.117	-.076

提取方法：主成分。

旋转法：具有 Kaiser 标准化的正交旋转法。

构成得分。

根据这两个因子得分函数，系统会自动计算所有样本的在两个因子上的得分，并且将2个因子得分作为新变量，保存在数据编辑窗中，如图 9-38 所示的 FAC1-1 和 FAC1-2。

	length	curb_wgt	fuel_cap	mpg	FAC1_1	FAC2_1
1	172.4	2.639	13.2	28	-1.15091	-.52616
2	192.9	3.517	17.2	25	.17058	-.23987
3	192.0	3.470	17.2	26	.	.
4	196.6	3.850	18.0	22	.72770	-.47835
5	178.0	2.998	16.4	27	-.71985	-.48857

图 9-38　因子得分变量输出

小　　结

本章主要介绍了数据挖掘的几种基本方法和它们对数据的要求，侧重于它们的思路和算法的比较；讲解了个案分类和变量分组、降维的区别，聚类分析、判别分析和因子分析与监督学习和非监督学习概念上的区别；讲解了个案间相似度的度量方法及其在聚类中的应用；介绍了聚类分析的 SPSS 操作过程和结果解释；介绍了典则判别函数和费雪线性判别的原理和 SPSS 过程；最后介绍了探索性和验证性因子分析的原理，因子抽取个数的原则，SPSS 操作步骤和结果解释。通过本章学习，读者们可以对这些方法有一定程度的了解，并将其运用到实践中，从不同的角度，用不同的方法对数据进行分析和解释。

思考与练习

1. 试比较本章介绍的三种数据挖掘工具的异同。
2. 试将两步聚类和系统聚类应用到本章 "customers_model.sav" 数据中。
3. 利用案例 9-3 的 41 个城市的数据(见本章数据 "发展程度判别.sav")，判定表 9-20 所列城市的发展程度。

表 9-20　城市经济指标

city	work	price	salary
A	1674.00	60.60	40.00
B	1700.00	50.80	30.00
C	2150.00	30.90	10.50
D	2080.00	30.30	58.30
E	1608.00	70.80	50.50
F	1601.00	50.10	10.50
G	2000.00	54.00	10.90
H	1900.00	73.90	50.90
I	1600.00	70.30	50.90

4. 打开本章数据"问卷调查.sav",它记录了一份问卷实测于 10 名被试的数据,问卷的题目共有 10 题(A1 到 A10)。请用因子分析判断该问卷的题目可以归为几个因子。假如根据原有问卷的假设需要抽取 3 个因子,该如何操作?

参 考 文 献

[1] Anderson, T. W. An Introduction to Multivariate Statistical Analysis[M]. New York：Wiley, 1958.

[2] Cattell, R. B. A note on correlation clusters and cluster search methods[J]. Psychometrika, 1944, 9: 169–184.

[3] Driver, H. E., and Kroeber, A. L. Quantitative expression of cultural relationships[J]. University of California Publications in Archaeology and Ethnology, 1932, 31: 211–216.

[4] Fisher, R. A. On the Interpretation of χ^2 from Contingency Tables, and the Calculation of P [J]. Journal of the Royal Statistical Society, 1922, 85: 87–94.

[5] Kaufman, L. and Rousseeuw, P. Finding Groups in Data: An Introduction to Cluster Analysis[M]. New York：John Wiley & Sons, 1990.

[6] Mann, Henry B.; Whitney, Donald R. On a Test of Whether one of Two Random Variables is Stochastically Larger than the Other[J]. Annals of Mathematical Statistics, 1947,18(1): 50–60.

[7] Pearson, K. On the criterion that a given system of deviations from the probable in the case of a correlated system of variables is such that it can reasonably be supposed to have risen from random sampling[J]. Phil. Mag, 1900, 5:157–175.

[8] Shao, J. Mathematical Statistics[M]. New York, Springer, 2003.

[9] SPSS Inc. Statistics Analysis Using SPSS [M].Chicago, Illinois, 2001.

[10] 陈哲. 数据分析：企业的贤内助[M]. 北京：机械工业出版社，2013.

[11] 邓铸，朱晓红. 心理统计学与 SPSS 应用[M]. 上海：华东师范大学出版社，2009.

[12] 贾俊平. 统计学：基于 SPSS(第 6 版)[M]. 北京：中国人民大学出版社，2016.

[13] 黄润龙. 数据统计分析：SPSS 原理及应用[M]. 北京：高等教育出版社，2010.

[14] 萧文龙. 统计分析入门与应用：SPSS 中文版+PLS-SEM(SmartPLS)[M]. 台北：碁峰资讯股份有限公司，2013.

[15] 邱皓政. 量化研究与统计分析：SPSS(PASW)数据分析范例剖析[M]. 重庆：重庆大学出版社，2013.

[16] 汪冬华. 多元统计分析与 SPSS 应用[M]. 上海：华东理工大学出版社，2010.

[17] 王伏虎. SPSS 在社会经济分析中的应用[M]. 合肥：中国科学技术大学出版社，2009.

[18] 王国平，郭伟宸，汪若君. IBM SPSS Modeler 数据与文本挖掘实战[M]. 北京：清华大学出版社，2014.

[19] 吴明隆. 问卷统计分析实务：SPSS 操作与实务[M]. 重庆：重庆大学出版社，2010.

[20] 吴喜之，赵博娟. 非参数统计(第 3 版)[M]. 北京：中国统计出版社，2009.

[21] 薛薇. 基于 SPSS 的数据分析(第 3 版) [M]. 北京：中国人民大学出版社，2014.

[22] 薛薇. 统计分析与 SPSS 的应用[M]. 北京：中国人民大学出版社，2015.

[23] 于义良，罗蕴玲，安建业. 概论统计与 SPSS 应用(第 2 版)[M]. 西安：西安交通大学出版社，2013.

[24] 张文彤，邝春伟. SPSS 统计分析基础教程(第 2 版)[M]. 北京：高等教育出版社，2011.

[25] 张文彤. IBM SPSS 数据分析与挖掘实战案例精粹[M]. 北京：清华大学出版社，2013.